Adolf Weissmann
Chopin

SEVERUS Verlag

Weissmann, Adolf: Chopin. 2014
Neuauflage der Ausgabe von 1931
ISBN: 978-3-86347-805-6

Umschlaggestaltung: SEVERUS Verlag

Bibliografische Information der Deutschen Nationalbibliothek: Die Deutsche Nationalbibliothek verzeichnet diese Publikation in der Deutschen Nationalbibliografie; detaillierte bibliografische Daten sind im Internet über https://dnb.de abrufbar.

Der SEVERUS Verlag ist ein Imprint der Bedey & Thoms Media GmbH, Hermannstal 119k, 22119 Hamburg

SEVERUS Verlag, 2014
http://www.severus-verlag.de
Gedruckt in Deutschland

Adolf Weissmann

Chopin

SEVERUS

INHALT

CHOPIN UND WIR

Bücher sollen Bekenntnisse sein. Bekenntnisse, die man mit dem vollen Bewußtsein ihrer möglichen Wirkung äußert. Innig mit uns selbst verknüpft, sollen sie sich nur langsam loslösen; dann aber der Öffentlichkeit mit jener Schwungkraft sich mitteilen, die langer, sehnsüchtiger Zurückhaltung entspricht. Kunstschriftstellerei zumal sollte immer nur aus innerem Zwang strömen. Und die Musikschriftstellerei wäre fürwahr das ärmlichste aller Gewerbe, wenn sie anders zu Werk ginge; denn sie, die ohnmächtig mit Worten hantiert, kann noch leichter Werte töten, anstatt sie zu beleben.

Wer ein Buch über Chopin schreibt, weiß, daß er sich einem Heiligtum nähert. Die Frauen sind es, die es hüten. Schon ist eine dritte Generation zu seinem Schutz herangetreten. Und noch immer ist Chopin lebendig wie damals, als zahlreiche Gräfinnen und Baronessen sich darüber stritten, in wessen Armen er gestorben sei. Soll aber nun darum dem Mann der Zutritt zu dem Heiligtum versagt sein? Gewiß wandte sich die lyrische Grundstimmung des Werkes an die Frau. Da, wo sie sich unter salonhafter Hülle verbirgt, von leisem Parfüm umwoben ist, durfte er am allerehesten auf weibliches Verständnis rechnen. Doch noch andere Werte ruhen in ihm. Schien Chopin der Mehrzahl seiner Zeitgenossen nur eine Episode zu sein, so rückte ihn das folgende Menschenalter in die Reihe der großen Umstürzler im Gebiet der Tonkunst. Der schwache Künstler, an dem von frühester Jugend an Krankheit zehrte, bis sie ihn nach klassischem Vorbild vor Beginn reifster Männlichkeit als Lichtgestalt entschweben ließ, zeigt Abgründe, an die sich robustere Naturen nicht gewagt hatten. Liebte ihn also die Frau, so hatte der künstlerisch empfindende Mann ihn zu werten. Ließen sich dort Nerven von der Stimmung bezwingen, so mußte hier feinnervige Männlichkeit sich den Blick ungetrübt bewahren. Und es geschah. Die Fähigkeit, hier erkennend mitzuempfinden, setzte dichterisches Schauen voraus; der Theoretiker mußte nachhinken. So kam es, daß in eine deutsche Welt, die eine Brücke zwischen der poetischen und der musikalischen Romantik noch nicht zu bauen vermochte, Robert Schumann in der „Neuen Zeitschrift für Musik" jenes schon sprichwörtliche „Hut ab, ihr Herren, ein Genie" hinausrief. Und Franz Liszt, der Kosmopolit, war freimütig genug, dem dahingeschiedenen Dichter eine begeisterte Grabrede in Buchform nachzusenden, die den Dank eines Mitstrebenden für innere Bereicherung aussprach.

Zwei Tondichter hatten gesprochen. Und wer im Reich der Kunst sich mit ihnen verwandt fühlte, zollte Chopin seinen Tribut; von Delacroix angefangen, wollte niemand ohne Gruß an ihm vorübergehen. Aber die Arbeit des Einordnens in die Musikgeschichte mußte beginnen. Mag sein, daß dichterisches Empfinden sich dagegen sträubte. Chopin selbst, obwohl unliterarisch, wollte doch ein literarisches Thema werden. Schon hatte die Familie des Dahingeschiedenen in seinem Sinn eifersüchtig auf jedes Wort in Liszts „Chopin" geachtet. Doch es dauerte lange, ehe Gelehrsamkeit sich getraute, den Nebel zu zerteilen. Es schien grausam, hier Wahrheit von Dichtung zu lösen. Die Phantastik behauptete ihr Recht auf den modernen Raffael. Weibliches Fabulieren wollte Chopin, dem tausend Herzen entgegengeschmachtet hatten, nicht freigeben. Den Polen in ihm forderten die Polen für sich. Karasowski konnte Liszts Sehergabe nicht überbieten; er zerteilte den Nebel nicht, ließ den Dunstkreis der Anekdote um Chopin bestehen und schenkte der wißbegierigen Welt als Biograph nur Briefe. Man wußte, daß des Tondichters Nachlaß durch moskowitische Barbarei 1863 in Warschau angetastet, wenn nicht zerstört war; man war also dem, der die Briefe größtenteils vorher kopiert hatte, von Herzen dankbar.

Aber der Anspruch der Polen auf den Polen ließ sich nicht halten. Chopin gehörte der Welt. Er hatte bei der Rückkehr aus England, das den Todkranken wie einen Fremdling von Ort zu Ort gehetzt hatte, anstatt ihn wie einen König zu ehren, die Engländer verständnisloser als das Vieh genannt. Ein Engländer, Niecks, gab dem Toten, was seine Landsleute dem noch Lebenden versagt hatten; er trat mit dem Rüstzeug der Gelehrsamkeit an Chopin heran; aber auch mit der verständnisvollen Liebe, die das Kunstwerk vor Zerstückelung, vor Zerfaserung behütet.

Drei Jahrzehnte sind darüber hingegangen. Kärrner arbeiteten, schmeichelten der Wißbegier; nicht immer führte die Liebe die Hand; oft fehlte der Meißel des Bildhauers, und das Bild wurde uns getrübt. Niecks ist nicht übertroffen worden; doch sind Namen wie

Tarnowski, Hoesick, Karlowicz, Leichtentritt mit Ehren zu nennen. Karlowicz und Hoesick vor allen haben den künftigen Biographen durch neue Brieffunde den Boden geebnet. Bernard Scharlitt verdeutschte sie und brachte sie unter einen Hut. James Huneker kennt sie noch nicht, glitt über den Menschen leicht hinweg, suchte aber als belesener Sammler und geistvoller, allseitig gebildeter Kritiker dem Werk gegenüber aus der Fülle fremder Meinungen und selbst gewagter Theorien einen neuen Standpunkt zu gewinnen. Und diesem Amerikaner reiht sich sein Landsmann Edgar Stillman-Kelley an, der als komponierender Nachfahre den Meister durch neue und beziehungsreiche Analyse zum Klassiker erhöhen will.

Ich gehe meinen eigenen Weg. Sagte ich ja doch eingangs, daß dieses Buch ein Bekenntnis sei. Es gab Jahre, wo ich an Chopin litt; Zeiten, da er sich mit dem Weltschmerz befreundete, die Unentschlossenheit förderte. Das war in romanischen Ländern, wo man Chopin einen besonderen Kultus weiht. In Deutschland fand ich andere Verhältnisse vor. Hier ist Chopin noch mehr von der Intimität des Salons in die weiten Hallen des Konzertsaals gedrängt worden. Jahrmarktslärm umtobt ihn. Er ist noch recht modern, fast aktuell; kein Pianist mag ihn entbehren; die berühmtesten unter ihnen locken und siegen im Zeichen Chopins. Doch er ist seinem eigentlichen Beruf entfremdet. Er, der sich von der gemeinen Menge stolz und scheu zurückzog, muß vergröbert unter ihr weilen: das sind die Folgen des Weltruhms. Aber auch die Folgen der Liebe. Sie wäre nicht denkbar ohne innige Beziehung zwischen dem Tondichter und unserer Zeit. Diese mag dem Werk des Dichters auf den ersten Blick nicht günstig sein. Aber reizte schon von jeher der weitsichtige Harmoniker, der die Wagner-Liszt-Epoche vorahnend beherrscht, ihre Nerven, sein Wohlklang das Ohr, so scheint jetzt auch seiner Lyrik die Bahn frei gemacht. In der rascher schreitenden Dichtkunst wenigstens strebt die Lyrik mit Erfolg in die Höhe und weckt wahlverwandtschaftlichen Nachhall.

Es ist also wohl an der Zeit, über Chopin zu schreiben; noch einmal zusammenzufassen, was aus eigenem Erlebnis und vielfach bereichertem Tatbestand sich ergibt. Wir Modernen sind kühn genug, auf das Prunken mit fleißig gesammelten Einzelheiten zu verzichten, aus der Biographie das Unwesentliche auszuscheiden und ein Bild nach unserer Art zu formen. Alles kennen, das Wertvolle als Baustein benutzen, ist mein Leitspruch; die Brücke zu schlagen zwischen dem Künstler und dem Menschen Chopin; beiden ihr Recht werden zu lassen, ein zweites Ziel. Denn wie sehr auch Polnisches und Chopinsches in diesem Leben sich decken, seine Künstlereigenart prägte auch dem Menschen, dem Frankreich mehr als den Vater gab, seine Spur auf. Mag darum das Dasein dieses Träumers die Ereignislosigkeit im weltlichen Sinn bedeuten, eine Bagatelle ist es nicht. Reiche Frucht verheißt es uns; aber hier wie in der so lockenden, so dankbaren Analyse des Kunstwerks gilt es eines nicht zu vergessen: daß wir ein Heiligtum betreten.

HEIM UND HEIMAT

Das Phantastische herrscht schon zu Anfang. Die Zweifel, die sich an das Geburtsdatum Friedrich Chopins knüpfen, bezeichnen sein frühestes Sichauflehnen gegen die rauhe Wirklichkeit. Gewiß kümmerte er selbst sich um seinen Geburtstag nicht. Karasowski hatte die Mitwelt mit der Angabe des 1. März 1809 in Sicherheit gewiegt. Doch bald fanden sich Zweifler. Nun steht die Sache so, daß der Taufschein Friedrich Franz Chopins den 22. Februar 1810 als Tag seiner Geburt für alle Zeiten festzustellen scheint. Verstummen die Zweifler? Was damals in den Akten stand, brauchte — um das Wort einmal umzukehren — noch nicht wahr zu sein. Chopins Schülerin, Jane Stirling, schreibt an dessen Schwester Luise, am 1. März habe sich am Grabe des Meisters niemand eingefunden, weil dieses Datum nicht bekannt sei (wohl aber der Namenstag); sie selbst habe Kränze dort niedergelegt. Sollte dies nicht Beweis genug für den verdächtigen 1. März sein? Der Familie war er offenbar heilig.

Die polnische Welt, in die Chopin hineingeboren wurde, sah trübe genug aus. Die fortgesetzten Teilungen Polens, die mißglückten Erneuerungsversuche standen in traurigstem Gegensatz zu dem glühenden Unabhängigkeitsdrang dieses noch halb orientalischen Volkes, das wohl starker Impulse, aber nicht beharrlichen Aufschwungs fähig war. Der Unterton der Wehmut also erklang stets in denen, die denken konnten. Aber es war doch ein glückliches, zufriedenes Elternpaar, das dem Neugeborenen zulächelte. Es geschah in einer ärmlichen, weißgetünchten Dreizimmerwohnung in Zelazowa Wola, dem Gut des Grafen Skarbeck, wo Nikolaus Chopin nach einem pädagogischen Intermezzo bei der Starostin Laczynska Hauslehrer geworden war und, an die dem Haus verwandte Wirtschafterin Justine Krzyzanowska gewöhnt, sich mit ihr verheiratet hatte. Also keine Ehe, die im Himmel geschlossen war; aber doch eine, die sich auch in den seelischen und geistigen Grundlagen als für den genialen Sprößling fruchtbar erwies. Man hat sich ernstlich bemüht, dem Vater durch archivalische Studien wenigstens die polnische Abkunft zu sichern; seine Vorfahren wurden an den Hof Stanislaus Lesczynskis nach Lothringen gebracht. Soviel aber steht fest, daß Nikolaus Chopin 1770 in Nancy geboren, 1787 als Franzose nach Warschau gekommen war und gerade seinem Franzosentum seinen Lebensunterhalt verdankte. Man schätzte an ihm außer seiner Kenntnis der Muttersprache auch die des Deutschen; man lobte seine guten Manieren, die doch nicht äußerlich erworben waren, sondern mit der Rechtlichkeit des Charakters in Einklang standen. Ihr entsprach auch die Richtung auf das National-Polnische, das er in dankbarer Anhänglichkeit an seine Adoptivheimat seinem Unterricht im Gegensatz zu andern französischen Erziehern gab. Der fremde Akzent, mit dem er das Polnische sprach, verlor sich nie; aber seine Gesinnung unterschied sich nicht von der seiner Umgebung. Seine meist französisch geschriebenen Briefe zeigen uns einen streng rechtschaffenen Mann, in dem das Schulmeisterliche durch künstlerische Neigungen zwar nicht aufgehoben, aber gemildert war. Bildungsdrang lebte in ihm, und Sinn für Ordnung beherrschte ihn. Die Möglichkeit der Energie also hatte unser kleiner Friedrich von seinem Vater geerbt. Diese Erbschaft war auch hier nicht zu unterschätzen; sie begründete jenes Zielbewußtsein, das als nationalpolnischer Charakterzug nicht zu gelten hat. Was die Mutter ihm gab, wirkte tiefer und fand nur leise Hemmungen. Sie war echte Polin und echtes Weib, mehr vom Gefühl als vom Gedanken geleitet, vornehm von Geburt und im Empfinden, voll Hingabe für die Ihrigen und leidenschaftliche Liebhaberin der Musik, die sie singend und klavierspielend betrieb. Von dieser Mutter also, die französische Romanzen, Arien und Volkslieder mit zarter Poesie wiedergab, am Klavichord zum Tanz aufspielte, erbte der kleine Chopin künstlerische Feinnervigkeit. Die Mischung war gut, und sie mußte auch den andern Kindern zugute kommen. Von diesen war die um drei Jahre ältere Luise klug und literarisch begabt, die jüngere Isabella nicht minder; nur daß beide mehr nach der pädagogischen Seite abschwenkten; und die jüngste, die 1813 geborene Emilie, folgte ihnen mit allen Zeichen eines ungewöhnlichen Talents. Der Vater, inzwischen 1810 zum Lehrer der französischen Sprache am Lyzeum zu Warschau aufgerückt, hält Pensionäre und zieht Vorteil aus dem erweiterten Gesichtskreis.

Schien also die Muse unserem Friedrich Chopin hold, so wollte doch der Körper das Nervensystem nicht genügend stützen. Die

Frühreife ist da; aber auch die Fatalität des Musikers erscheint. Im Kind wirft die künftige Größe ihre Schatten voraus. Ein Doppelleben beginnt. Kindliche Fröhlichkeit wird urplötzlich von der Stimmung unterbrochen, die sich in Weinen löst, sobald die Musik den Kern des werdenden Menschen berührt. Die Schwäche dieses Körpers ist offenbar; der Ausgleich wird nie zu schaffen sein: Alles schläft. Da schleicht sich der Kleine in den Salon und hält im Anschluß an das, was er am Tag gehört, Zwiesprache mit dem Klavier. Das wache Träumen des Tages setzt sich nun, wo alles Störende schweigt, in Schaffen um. Man bewundert, aber man fürchtet auch. Die Eltern erkennen bald, daß sie dem Zwingenden des Genies kein Hemmnis entgegensetzen können; aber sie führen besorgt den Kampf gegen den tückischen Feind, der es zu bedrohen scheint. Oder sollten hier körperliche Schwäche und Feinnervigkeit im Bunde leben, die eine der andern Freundin sein? Gewiß ist, daß im Haus des gebildeten Mannes, der öffentlich und privatim lehrt und erzieht, auch die nüchterne geistige Nahrung nicht vernachlässigt wird, die dem mittleren Staatsbürger nottut; dem Träumer scheint sie nötiger als dem normalen Kind. Es fragt sich nun, inwieweit sich das werdende Genie solchen Wissensstoff aneignet, und was es als zwecklos ausscheidet. Längst hat die Romantik von ihm Besitz ergriffen. Sie liegt in der Warschauer Luft. Mochte diese auch nicht ausschließlich von Parfüms geschwängert sein, wohnte auch inmitten prächtiger Paläste Schmutz, Armut und Unkultur, so gedieh doch gerade in jenen Tagen dort ein geistiges Leben, das dem Freiheitsdrang sehnsüchtig-unklarer, aber tief-poetischer Naturen seinen Ursprung verdankte. Kasimir Brodzinski war ihr Wortführer. Kein Wunder, daß Nikolaus Chopins Haus als natürlicher Mittelpunkt eines wissenschaftlich und künstlerisch gleich interessierten Kreises galt. Die Kollegen des Vaters, der Rektor Dr. Samuel Linde, Maler und Musiker gaben sich hier ein Stelldichein. Die Kinder aus vornehmen Familien, die hier erzogen und unterrichtet wurden, vermittelten ihm die Beziehungen mit dem Adel des Landes. So vereinten sich Geistes- und Geburtsaristokratie, ein ursprüngliches Abhängigkeitsverhältnis von allen Peinlichkeiten zu befreien; und die Mittel reichten hin, diesem regen Treiben einen würdigen Rahmen zu schaffen. Bald aber mußten die Eltern ihren kleinen Sohn als den Magneten betrachten, der künstlerische Naturen ins Haus zog. Seine Begabung entfaltete sich in wunderbarer Weise. Sie klammerte sich an alles, was ihr die Möglichkeit bot, sich über das rein Instinktmäßige zum Bewußten zu erheben. Hatte zuerst die Mutter Phantasie und Finger in Bewegung gesetzt, so mußte später die kleine Luise, ihm gegenüber eine Respektsperson, als Lehrmeisterin im Klavierspiel herhalten. Und als bald genug auch diese Lehrquelle erschöpft war, trat der Berufsmusiker an ihre Stelle. Er hieß Albert Zywny, war 1756 in Böhmen geboren und brachte für sein Amt als beste Eigenschaft die unbedingte Verehrung für die deutsche Musik mit. Das war von besonderem Wert in einem Land wie Polen, dem in der Tonkunst die starke Tradition fehlte. Wie überall schwärmte man hier für die italienische Melodie, die in den Opern Rossinis und geringerer Geister zu Ehren gebracht wurde. Nicht immer übrigens zu Ehren. Denn man war in Warschau sehr genügsam, lebte im Genuß der unvollkommenen Oberflächlichkeit und ließ sich auch von den ausländischen Meistern, die die Hauptstadt des Großherzogtums von Zeit zu Zeit aufsuchten, in ihm nicht stören.

Zywny also, ein braver Musikhandwerker, wies unserm kleinen Chopin den Weg zu Bach. Er hatte die ungeniale Gewissenhaftigkeit, die ein fruchtbares Zusammenarbeiten mit dem Genie gewährleistet. Die Klavierhand Friedrichs verbündet sich seiner Phantasie und zwingt den Tasten ohne geisttötende Übungen ihre Geheimnisse ab. Ja, sie stürmt über das Hindernis geringer Spannungskraft hinweg und sucht Akkorde in weiten Lagen, die dem unbegrenzten Sinn für Wohlklang entsprechen. Jene aufregenden Scharmützel des Geistes mit dem Stoff beginnen; die ersten Ideen erscheinen, verwickeln sich, fliehen, sobald die Feder sie aufs Papier bannen will. Der lehrende Zuschauer sitzt daneben; er hat die orthographische Gewandtheit ohne die Phantasie. Die Ideen, wie sie auf ihn übergesprungen sind, treten nun wieder fein säuberlich dem kleinen Komponisten vor die Augen. Es sind nicht dieselben, die seine Phantasie, sein Ohr ersann. Er bessert hier, er bessert dort. Pedanterie hat den kühnen Schritt nicht gewagt, der ihm natürlich erscheint. Allmählich schließen Kühnheit und Regel ein Kompromiß. So entstehen die Polonäsen, die Tänze, die Märsche, deren Form unserm Genie die Umgebung leiht, deren Inhalt sich aber zu weiten beginnt. Das ist erster Klavierunterricht. Der achtjährige Chopin ist eine Lokalberühmtheit geworden, wie 1818 sein glänzendes Debüt mit einem Konzert von Adalbert Gyrowetz beweist. Echt kindliche Streiche vervollständigen das Bild dieses Knaben. Die Kindlichkeit steigert sich hier als Reaktion auf die erhöhte Nerventätigkeit im Gebiet des Unbewußten bis zur Wildheit. Unser Szopének — so wird er polonisiert — tritt 1823 ins Lyzeum ein und lernt, was den mittleren Staatsbürger ziert. Er hat seinen Beruf längst begriffen und behandelt die Schule mit einer gewissen Überlegenheit. „Niemals", so schreibt er 1828, „ist mir der Gedanke in den Sinn gekommen, dieser echte Schartekenkramer, dieser Philologe, der einzig im Schiller hockt, könnte die Feder in die Hand nehmen, um an den beinah wie eine elende Peitsche ausgelassenen Zimbalisten, an den, der bisher noch keine einzige Lateinseite durchgelesen, an jenes Ferkel, das, an der Schlempe Fett ansetzend, diesen Speck wenigstens um den zehnten Teil berauben will, einen Brief zu schreiben." Der Adressat ist Jan Matuszynski, ein Freund fürs Leben, einer, der auch wirklich als Arzt der Gelehrsamkeit treu bleibt und ihm in Paris die Sehnsucht nach der Heimat mildert. Der Ort, der ihn so fröhlich stimmt, ist Szafarnia, das Landgut der Eltern eines Schulkollegen, wo er seine Ferien verbringt und frei von Lyzeumssorgen als ausgelassener Zimbalist dahinlebt. So scheint es. Aber diese Wochen verstreichen ihm nicht ungenutzt. Sein Genius läßt ihn hier die Seele des Volkes belauschen; der Träumer in ihm ist wach und schlürft gierig den Trank, der bald, durch den Filter des Schaffenden hindurchgegangen, ein an ihm selbst und an den Zeitgenossen zehrendes narkotisches Gift werden soll. Wenn im masorischen Dorf Bauern und Herrschaft im Mazurek sich drehen, Geigen, Bässe und Dudelsack mehr schreien als spielen, dann erschließt sich dem Tondichter der tiefere Sinn dieser Disharmonie; das innere Ohr eint sich dem äußeren; die Phantasie ist am Werk und baut für die Zukunft vor. Dies alles, das Zwingende in ihm, verschweigt er dem Freund und spielt sich nur als den ausgelassenen Zimbalisten auf. Eine solche Briefseite verrät den ganzen Menschen. Echt polnisch kann er sich in Äußerungen freundschaftlichen Gefühls nicht genug tun, er drückt seinen lieben,

teuren Jas auf zwanzig Meilen an die Lippen; er ist heiter ohne
scheinbaren Nebensinn, macht sich über die Deutschen lustig, spricht
von allem, was sein Gegenüber unterhalten kann; nur von seinem
Innersten spricht er nicht. Hier nicht. Denn es wird Zeiten geben,
da das drängende Innere den Wall des Schweigens durchbricht.
Auch der Volkston, der in seiner Mazurka erklingt, setzt sich ins
Wort um. Wir hören Derbheiten, die uns mit dem vornehmen Ton
in Widerspruch zu stehen scheinen. Wie ja auch das Schweigen
über sich selbst im letzten Grund polnisch und hier nur individuell
gesteigert ist. Die in Chopins, des jüngsten, Briefen stets wiederkehrende Wendung: „dies aber bleibt unter uns", zeigt uns bereits
eine natürliche Schwäche, das Fehlen breiteren Menschtums, mit
dem unbekümmertes Draufgängertum sich paaren muß. Etwas
Leises ist in ihm. Den Lyzeumschüler, der Freundschaften fürs
Leben knüpft, zieht es — wir sehen das zornige Gesicht des päd-
agogisch denkenden Vaters — zu den Mädchen, wie dem Jüngling
und Mann die Frauen ein unentbehrlicher Schmuck des Lebens sein
werden. Das ist polnische Ritterlichkeit, die in einem Musiker von
äußerster Reizsamkeit schöpferische Bedeutung gewinnt. „Sanft, ge-
fühlvoll, über alle Maßen vornehm, besaß Chopin in seinem fünf-
zehnten Lebensjahr alle Reize der Jugend, die jedoch mit dem Ernst
des Alters merkwürdig gepaart waren. Ebenso wie sein Geist war
aber auch sein Körper von außerordentlicher Zartheit. Doch dieser
Mangel der physischen Entwicklung bewahrte ihm eine gewisse,
sozusagen geschlechts- und alterslose Schönheit . . . Gleichsam ein
Engel von schlanken, ätherisch-olympischen Formen, mit dem schönen
Antlitz einer traurigen Frau, das zu gleicher Zeit von einem zärt-
lichen und strengen, jungfräulich-keuschen und leidenschaftlichen Zug
umspielt wurde." So sah ihn eine grande dame. Er selbst ist von
seiner körperlichen Vollkommenheit nicht ebenso überzeugt. Sein
Spott verschont die eigene Person nicht. „Oft setzen sich Fliegen
auf meine hervorragende Nase", schreibt der Fünfzehnjährige an
einen Freund. Diese Nase, ein Erbteil, das auf geistige Überlegenheit deutet, macht ihm auch später noch zu schaffen. Aber eine
Zeichnung aus dem Jahr 1828 bestätigt den Eindruck, dem hier
Worte geliehen wurden. Äußerlich also scheint er der großen Welt
bestimmt. Nur in dieser Luft kann er atmen. Hier ist es ihm ge-

stattet, unter der Maske der Höflichkeit, ja Freundlichkeit die Zuckungen seines überempfindlichen Nervensystems zu verbergen; eine artistische Technik, die ihm zur zweiten Natur wird und ganz natürlich in seine Kunst übergeht. Hier darf er auch jene geistige Ökonomie treiben, die einer hohen Begabung Bedürfnis ist. Freilich wird er sich nie ganz mit seinem Kreis decken: er hat Anspruch auf das „se faire pardonner", läßt als Causeur die großen Pausen eintreten, die wie in der Musik durch das, was ihnen vorangegangen ist, bedeutungsvoll werden. In dieser polnischen Adelsgesellschaft aber lebte, bei allem Anschluß, den der angeborene Witz, der Trieb zur Äußerlichkeit sie an das Franzosentum suchen und finden ließ, noch etwas von der bête humaine, wenn auch nur in der Gestalt der schmeichlerischen Katze. Erstarrte Formen gab es nicht. Der kleine, doch zur Reife gediehene Friedrich fügte sich als etwas Besonderes in sie, und die auf einen kleinen Kreis begrenzte, dann aber unbegrenzte Herzensgüte — Ökonomie der Seele — entschädigte für die Verschlossenheit und das Mit-halbem-Ohr-Hinhören, das manchen verstimmt haben mochte. So war Friedrich Chopin in den Salons der Czartoryski, Czetvertyrski, Radziwill, der Skarbek, Wolicki, Pruszak heimisch geworden; ja, er hatte als Schützling der Fürstin Lowiczka selbst das Barbarenherz des Großfürsten Constantin mit seiner Musik begütigen dürfen; und hier war ihm auch in der Person der jungen Komtesse Alexandra de Moriolles, der Tochter des Prinzenerziehers, eine jener holden Göttinnen erschienen, die ihn auf seinem Wege geleiten und ihm die Feder führen. Denn auch in der musikalischen Laufbahn ist eine neue Etappe erreicht. Zwei Wohltätigkeitskonzerte des Jahres 1825 zeigen ihn der Öffentlichkeit als den werdenden Tondichter; in einer von ihnen macht er die Zuhörer, die seinen fragmentarischen Vortrag des f-moll-Konzerts von Moscheles höchst beifällig aufnehmen, zu Zeugen einer freien Fantasie auf dem Älopantalon, einem harmoniumartigen Instrument. Und die Warschauer Welt liest im gleichen Jahre auch den Namen des Komponisten auf seinem op. 1, Rondo c-moll, das nach mancherlei musikalischen Heimlichkeiten und halböffentlichen Versuchen den ersten mannhaften Schritt bedeutet. Diese Kühnheit hatte gute Gründe. Zywny hatte vor den Fortschritten seines Schülers, dessen Phantasie die frauenhaft beweglichen und fein-

gegliederten Hände zum Siebenmeilenschritt zwang, die Waffen
strecken müssen; es genügte ihm, den Weg von Bach zu Haydn,
Mozart, Beethoven gewiesen, Hummel und Ries als ihre Nachfolger
empfohlen zu haben. Der dreizehnjährige Chopin stand allein. Aber
den Künstler verlangte es bald wieder nach neuer Leitung; die Phantasie forderte die spanischen Schnürstiefel des Kontrapunkts; wer
in der Vollgriffigkeit der Akkorde sein Heil sucht, sich am Wohlklang berauscht, sieht seine Sicherheit bedroht, wenn er an Bach
und an das horizontale Verhältnis der Stimmen denkt. Es war einer
gekommen, der an Bach dachte, ohne dem Genie den Schraub-
stock anzulegen. Der gute Geist Joseph Elsner war die natürliche
Fortsetzung des ersten Klavierlehrers. Hier war Steigerung im
Können mit kluger Einsicht verbunden. Elsner, 1769 in Grottkau
geboren, war allmählich von Schlesien über Österreich nach Polen
gelangt und hatte, als utilité mit allen Regeln der Kunst vertraut geworden, seine Kraft darangesetzt, Warschau als Musikstadt auf eigene
Füße zu stellen. Seine Phantasie war fruchtbar genug, um ein hüb-
sches Quantum Kompositionen zu liefern, die sich von der Kirche
bis zum Theater erstreckten. Sie erschütterten die Welt nicht, sollen
aber neben der gründlichen Kenntnis des reinen Satzes bewiesen
haben, daß die Regel nicht ihr Tyrann war. Für die Oper bekannte
er sich zum neueren italienischen, für alles andere zum deutschen
Stil, und als Pädagoge überhaupt zu dem Grundsatz, daß man die
Natur zur Originalität nicht zwingen könne. Wo sie aber von selbst
gedieh, wie in seinem neuen Schüler Chopin, da konnte die Harke
das fruchtbare Erdreich vor Unkraut bewahren. Elsner war, nach
seines Zöglings Ansicht, ein Lehrer, von dem auch der größte Esel
etwas lernen müsse; vor ihm verneigt er sich auch dann, als er
sich längst des rechten Weges und der eigenen Überlegenheit bewußt geworden ist. Der Meister hatte dem Schüler wohl schon
Rat geliehen, bevor sich ihm 1826 die Pforten des Konservatoriums
öffneten, dessen Direktor Elsner seit 1821 war. Denn schon Chopins opus 1 läßt nichts von der Unsicherheit im Klaviersatz spüren,
die den Gang der Ideen bei Anfängern hemmt. Freilich waren
Chopin und das Klavier Freunde, die sich à demi-mot verstanden.

Doch die Gesundheit mahnt. Zum erstenmal ist das Gleich-

gewicht zwischen Körper und Geist ernstlich gestört. Die schwach-
brüstige Emilie wird 1826 nach Bad Reinerz in Schlesien geschickt,
und Friedrich geleitet zwei Schwestern unter der Hut der Mutter.
Der Kranke unterzieht sich der Kur ohne üble Laune und ist, wie
ein Brief an seinen Schulkameraden W. v. Kolberg zeigt, glücklich, seine polnische Nörgelsucht persönlich karikierend betätigen
zu können. Unter den Musikern hat es ihm „ein hagerer Fagottist
mit einer schnupftabaktriefenden Sattelnase" angetan; auch die Gesellschaft seiner Landsleute stimmt ihn angenehm, sein Aussehen
bessert sich, und es bleibt, wie er seinem Lehrer Elsner schreibt,
nur zu beklagen, daß die Klaviere in Reinerz seinen Versuchen,
ihnen Wohlklang zu entlocken, hartnäckig widerstehen. Die Marter
hat bald ein Ende, und ein Besuch in Stryszéwo, an den sich ein
noch wichtigerer in Antonin, dem Gut des Fürsten Radziwill, knüpft,
bildet den Abschluß der ersten bescheidenen Auslandreise des jungen
Chopin. Fürst Radziwill, der Komponist der Faustmusik, Statthalter
von Posen und eine unter den Berliner Musikern hochangesehene
Persönlichkeit, soll unserm Friedrich nach Liszts Darstellung mehr
als ein Gönner, ein freigebiger Förderer gewesen sein. Die Familie
Chopins, von der polnischen Noblesse angekränkelt, hat diese keines-
wegs ehrenrührige Behauptung mit Entschiedenheit in das Reich
der Legende verwiesen. Sie scheint auch zweifelhaft, wenn man im
Briefwechsel der sorgfältigen Behandlung finanzieller Fragen begegnet. Tatsache ist, daß Fürst Radziwill, ein häufiger Gast Warschaus, der Lokalberühmtheit Chopin nähertrat und der ungewöhnlichen Erscheinung aufmerksame Sympathie schenkte.

Die Ereignisse in Warschau überstürzen sich nicht. Der Konservatoriumsschüler überwindet, wie sich von selbst versteht, den
Lyzeumszögling; der entzückte Elsner läßt ihm mehr und mehr freie
Hand. Chopin glänzt in den Salons, lebt ein Doppelleben, oder vielmehr lebt seinem Genius. Aus dem Traumleben seiner Seele führt
kaum eine Brücke zur Wirklichkeit, deren Anprall er unter Um-
ständen wie einen physischen Schmerz empfindet. Von den Dingen
der Welt ist es fast ausschließlich der Mensch, der ihn zur Reaktion
reizt. Wie er mit merkwürdiger zeichnerischer Begabung Karikatu-
ren hinwirft — ein Akt der Gegenwehr? —, so fesselt das häusliche
Theaterspiel den Mimiker in ihm. Der Schauspieler im modernen

Musiker erscheint. Das Witzige und das Schwärmerische, das Heine im geringsten Polen entdeckte, findet hier eine höhere Synthese.

„Jetzt aber schreibe ich Dir wie ein Wahnsinniger, denn ich weiß tatsächlich nicht, was mit mir geschieht. Ich reise heute nach Berlin!"; diese Ankündigung lesen wir nach einer kurzen Einleitung in einem Schreiben vom 9. September 1828 an Titus Wojciechowski. Wieder einer von jenen Freunden, denen er romantischen Gefühls-überschwang widmet. Der Küsse unendliche Zahl, die schranken-lose Hingabe erinnert an die geschlechtslose Schönheit, von der jene feine Beobachterin sprach. Romantisches Empfinden, polnische Zärt-lichkeit ist hier wiederum individuell gesteigert. Und das Feminine in Chopin sucht Halt an einem Menschen, den wie Titus, einen zu-künftigen Landwirt, ein starker Wirklichkeitssinn auszeichnet. Die Männlichkeit dieses Freundes wehrt sich, wie Chopins sanftes Schmollen und immer stürmischeres Drängen beweist, bei aller auf-richtigen Zuneigung gegen solchen Überschwang; er ist kühler, kritischer, aber doch so musikalisch, daß ihm nicht ohne Grund, nicht ohne Stolz vorzugsweise die Chronik des Geschaffenen, Fertigen, in vielen Fällen auch die Entscheidung über Einzelheiten anvertraut wird. Aber es ist rührend zu sehen, wie beharrlich der Dichter den Tatmenschen, der doch immer noch Pole ist, weich zu machen sucht. „Erbarm Dich doch und schreib mitunter ein Wörtchen, sei's auch nur ein halbes, wenigstens einen Buchstaben, auch dieser wird mir teuer sein." Was ist uns Titus Wojciechowski! Und wieviel gilt uns der Schreiber, dem die Freundschaft der ganzen Welt gehört! Die Welt vernimmt aus diesen Briefen allerlei: für die Reise nach Berlin, die ihn in so wahnsinnige Aufregung versetzt, wird hier das Programm mitgeteilt: „Um eine Oper von Spontini mit anzuhören, — reise ich mit der Diligence — zur Erprobung meiner Kräfte." Wir sehen: dem Genius wird die musikalische Heimat zu eng. Nicht die große Stadt lockt ihn, sondern die Aus-sicht, die Fühler nach der Welt auszustrecken, ihr zuzurufen: anch' io . . .

Naturforscherversammlung in Berlin; unter Alexander von Hum-boldts Leitung. Auch der Professor Jarocki aus Warschau, Freund der Familie Chopin, nimmt die Einladung an. Friedrich Chopin wird ihm anvertraut. Die Zoologen langweilen, die Musiker reizen ihn. Er soll sie durch Professor Lichtenstein, der als Freund Webers eine Nebenpersönlichkeit der Musikgeschichte ist, kennen lernen. Aber das gesellschaftliche Chaos vereitelt dies. Und scheu beobachtet der junge geniale Bruder in Apoll, der den Weltruhm in der Tasche hat, die abgestempelten Berühmtheiten Mendelssohn, Spontini und Zelter. Die Naturforscher haben es zu büßen, daß sie ihn langweilen. „Ein Fröschchen, besaß er die Pfoten eines Bären." So rächte er sich an dem Professor, der im Eifer des Gesprächs mit seinen Fingern auf Chopins Teller herumscharrte. Von den Berlinerinnen sagt er: „Sie putzen sich wohl, doch es ist wahrlich um die herrlichen, feingeschnittenen Musselins für solche Lederpuppen schade." Der Karikaturist ist an der Arbeit, nagelt Formlosigkeit und Ungrazie fest. Darin erschöpft sich sein schriftstellerisches, sein zeichnerisches Talent. Sonst gewinnt ihm die Berliner Wirklichkeit wenig ab; den Dichter in ihm verurteilt sie zum Schweigen. Er sucht Klaviere, möchte gern der Schlesingerschen Musikalienhandlung mehr als einen flüchtigen Besuch abstatten; in der Bibliothek entdeckt er einen eigenhändigen Brief Kosziuskos. „Das Wichtigste aber ist, daß ich bereits ein Oratorium in der Singakademie, den Cortez, Cimarosas „il matrimonio segreto" und Onslows „Kolporteur" mit Befriedigung mit angehört habe. Händels „Cäcilienfest"-Oratorium nähert sich jedoch am meisten dem Ideale, das ich mir von erhabener Musik gebildet." Die Aufführung fordert manches „Wenn" und „Aber" heraus. „Dies wird wohl erst in Paris wegfallen." Doch zu einem Akt der Klugheit reicht immer noch die Zeit: „Ich habe auch den Redakteur einer Berliner Musikzeitung gesehen und mit ihm einige Worte gewechselt." Sollte es der Beethovenapostel Marx gewesen sein?

Dem jungen Chopin sagt das damalige musikalische Berlin nicht viel. Ein frostiger Hauch weht ihn von der Stadt der Bildung und Gelehrsamkeit an. Ein feiner Instinkt läßt ihn ahnen, daß hier unromantische Nüchternheit wohnt, trotz E. T. A. Hoffmann, der, vom Schicksal nach Warschau verschlagen, der polnischen Hauptstadt eine feurige klassische Lektion gehalten hatte. Ahnt er, daß es hier einen Kritiker Ludwig Rellstab gibt, der wenige Jahre darauf versuchen wird, Chopins Poesie mit Keulenschlägen zu töten, weil sie seiner Grammatik widerspricht? Er kehrt mit Erfahrungen heim; die Sehnsucht nach der Welt verläßt ihn nicht; es gärt in ihm; sehen wir zu, wie der Träumer und Stürmer sich auseinandersetzen.

VIRTUOSENTRÄUME

So sind wir denn wieder in Warschau; in dem Warschau, das als echter Krähwinkel mit den Allüren der Großstadt den Kleinkrieg eifersüchtiger Musikanten für musikalischen Fortschritt hält; wo hier ein Kapellmeister Kurpinski, dort ein zugewanderter italienischer Gesanglehrer Soliva das Intrigenspiel kleinhirniger Menschen betreibt. Selbst die Patriarchengestalt eines Elsner ist dem Streit dieser Duodezdirigenten und patentierten Stimmverderber nicht entrückt. Die Presse, die sich zu ihrem Sprachrohr macht, schafft dem Publikum die — menschlicher Bosheit, und wäre es auch die liebenswürdigste — unentbehrliche Unterhaltung. Theater und Oper nähren sich von ausländischen Brocken, und das sonst so reizbare polnische Nationalgefühl gibt sich zufrieden.

Diesem Treiben also fühlt sich das junge Genie fremder denn je. „Ich renne von Annas zu Kaiphas und bin heute auf einen Abend bei Wincengerod, von der ich auf einen zweiten zu Fräulein Kicka fahre. Du weißt, wie das schmeckt, wenn man schlafen will und um eine Improvisation gebeten wird. Es allen recht machen! Nicht häufig kommen mir solche Gedanken, wie sie mir oft des Morgens an Deinem Pantaleon so leicht unter die Finger kommen. Wohin ich mich auch wende — überall die elenden Instrumente Lesczynskis! Ich habe auch nicht eins gefunden, das im Ton dem unsrigen oder dem Pantaleon Deiner Schwester gleichkäme . . .“ So klagt er seinem Titus. Der hätte ihn die eherne Rücksichtslosigkeit lehren können, die ein schwacher Musiker seiner Konstitution dem Salon gegenüber noch nicht aufbringt. Kleinere Geister wissen sich zu wehren; er aber, der Überempfindliche, von Stimmungen mehr als andere Abhängige soll Phantasie und Klavier zu einem Bündnis zwingen, zu dem sie sich in glücklicher Stunde von selbst zusammenschließen. Und in seiner Mappe ruhen bereits, mehr oder weniger abgeschlossen, jene Erstlinge, die sich nach einer Opuszahl sehnen. Seinem Titus erzählt er von ihnen, aber die Öffentlichkeit hat noch keinen Anteil daran, und der Monograph tut recht, erst dann, wenn sie sich in salonfähiger Kleidung zeigen — denn diese ersten Musenkinder sind im besten Fall nur salonfähig — den Schleier von ihnen zu ziehen.

Stärkere Hemmungen hat der Auslandsdrang des Virtuosen noch nicht zu überwinden. Freundschaft, selbst die romantischste, kann ihn nicht halten; zumal wenn die Männlichkeit jenes Tatmenschen zum Entschluß drängt und das Aufgeben der Unentschlossenheit als ein Zugeständnis an die Freundschaft betrachtet. Auch die Liebe schlingt noch nicht ihre Bande um ihn, wie sie ihn einige Monate später beseligend hemmen wird. Ja, der Bericht über die Verführung einer Gouvernante, die nur deshalb nicht auf seine Rechnung zu setzen ist, weil die äußeren Reize der jungen Dame nicht lockend genug waren, zeigt, wie er wohl imstande wäre, seinen natürlichen Instinkten unbekümmert und unromantisch zu gehorchen. Dagegen gibt es Positives genug, was ihn zum Aufbruch mahnt. Fremde Virtuosen lassen sich hören und regen seinen Ehrgeiz an. Hummel, ein Meister, der ihn als Komponist und als Pianist dankbar stimmen muß, Jünger Mozarts, zu dem er sich freudig bekennt, hat 1828 mehrmals im Warschauer Theater gespielt. Der große Paganini, dem er schon in Berlin entgegengeharrt, erfüllt 1829 seine Sehnsucht. Sie setzen sich in inneres Erlebnis um, ohne, soweit unsere Briefkenntnis reicht, einen Erguß in Worten hervorzurufen. Stephen Heller konzertiert im gleichen Jahr. Und endlich entläßt das Warschauer Konservatorium ihn, den begabtesten seiner Zöglinge, mit dem musikalischen Handwerkszeug, das seinem Genie längst natürliches Ausdrucksmittel geworden ist, ihm die Schwingen zu freiem Flug gestärkt hat.

Wir dürfen uns daher nicht wundern, ihn schon am letzten Juli des Jahres 1829 in Wien zu finden. Dort ist nicht lange vorher Beethovens sterbliche Hülle beigesetzt worden. Ob unseren Friedrich Chopin die Schauer der Ehrfurcht packen werden? Nein, davon ist nichts zu spüren. Der echte Beethoven war ihm kaum vertraut, und wäre er es gewesen, so hätte den so anders Gestimmten das nicht hindern können, sich dem Vollgenuß der ersten Virtuosenerfolge hinzugeben. Aber auch der Komponist kann um so kühner aller Tradition und Pietät entsagen, als er sich von unstillbarem Verlegerheißhunger ermutigt sieht: „Haslinger behauptet, es werde für meine Kompositionen von Vorteil sein, wenn Wien sie hören wird, die Zeitungen würden sogleich lobend über mich schreiben, wofür alle bürgen . . . Er bürgt mir dafür, daß gegenwärtig der geeignetste Zeitpunkt sei, weil die Wiener nach neuer Musik lechzen." Man denke: die Wiener lechzen nach neuer Musik, nachdem sie eben nicht nur Beethoven, auch Schubert zu Grabe getragen haben. Würfel, ein Warschauer Musiker, nun Kapellmeister am Kärntnertheater, versichert ihm das, und es wird wohl wahr sein. So räumt leicht geschmeichelte Virtuoseneitelkeit und unbeschwerte Jugendlust bald die seelischen Hemmungen hinweg, die sich zwischen Chopin und ein öffentliches Auftreten stellen. Ein Gedanke, den er kaum zu fassen wagt, wird ausgeführt. Was werden die Seinigen, was wird Elsner davon denken? „Seid um meine Person und um meinen Ruhm unbesorgt." So schreibt er zwischen dem ersten und dem zweiten Konzert, läßt Elsner um Verzeihung bitten, freut sich der Hochachtung der Journalisten, die sich von Berufs wegen noch nicht haben vernehmen lassen, quittiert entzückt über irgendein privates Lob, gerade weil es von deutscher Seite kommt, und hat vor allen Dingen selbst das Gefühl, den ersten Schritt nicht umsonst getan zu haben. Beethovens Prometheusouvertüre, die er wohl bei diesem Anlaß zum ersten Male hört, hat seine erste musikalische Akademie eingeleitet. Seine Variationen über „la ci darem la mano" und sein Krakoviak, rondeau de concert, sollen die gewöhnlichen Gesangsnummern umrahmen. Das Orchester weiß sich aber in den Stimmen des letzten Werkes nicht zurechtzufinden und macht dem unbekannten Komponisten Schwierigkeiten, die von ihm kurzerhand dadurch beseitigt werden, daß er eine freie Fantasie an die Stelle des Rondos setzt. Selbst auf die Streikenden springt der Funke über, und sie stimmen in den lauten Beifall des Publikums ein. So folgt der ersten Akademie eine zweite auf dem Fuß; man läßt sich diese glänzende Zugkraft nicht entgehen, die nichts fordert, viel einbringt und die Kenner durch alle Schnörkel hindurch eine neue Welt schauen läßt. Die Variationen bewilligt er noch einmal als ritterlicher Freund der Frauen; und auch die Schuld des Krakoviak löst er ein. Es ist nicht ohne Reiz, Zeuge der Ausbrüche von Lebenslust, der Freude über seine Triumphe zu sein; wir gönnen sie dem Künstler, in dem solche Stimmungen später nur flüchtig auftauchen, von Herzen. „Man verspricht mir gute Rezensionen. Ich war heute bei einem Journalisten; zum Glück habe ich ihm gefallen." Die guten Rezensionen

ließen ein wenig auf sich warten; aber sie kamen, bestärkten das
Gefühl der Befriedigung, das Musiker, Freunde, er selbst im Inneren genährt, und deuteten, die einen eindrucksvoller, die anderen
vorsichtiger, auf seine Eigenart. Der leise Vorwurf, den Stimmen
aus dem Publikum ihm zu verstehen gaben, daß er nämlich den
an das Pauken der großen Pianofortevirtuosen gewöhnten Ohren
zu wenig kräftig gespielt habe, wandelt sich ihm sofort in ein Lob.
Der Graf Moritz Lichnowsky, „derselbe, der Beethovens bester Freund
war," spendet ihm gleich anderen Mitgliedern der Aristokratie höchste
Anerkennung, will ihm aber nach dem ersten Konzert seinen eigenen
Flügel zur Verfügung stellen. Wir begreifen: auch der Freund des
großen, knorrigen Beethoven verlangt, aus ganz anderem Grund
als die gemeine Menge, Größe des Tones. Chopin lehnt geschmeichelt
ab: es sei eben nur seine Art zu spielen. „Ich weiß, daß ich den
Damen und den Künstlern gefallen habe." Oder: „Die Gelehrten
und die Gefühlvollen habe ich für mich eingenommen." Die Erkenntnis der eigenen Art ist ihm aus dem Dämmerlicht getreten.
Der edlen Frau, der er sich verwandt fühlt, weiht er den Inhalt
seiner Musik; mag den jungen Künstler auch nur ein kokettes Lächeln
entlohnen, es kann ihm Quelle des Schaffens werden. Aber heilig ist
ihm die Tonkunst; die seinige soll das Parfüm des Salons atmen, ohne
von ihm betäubt zu werden, soll Anschluß an die Meister der Vergangenheit suchen. So zeichnet sich ihm in klaren Umrissen das
Wesen seiner Kunst. Er sieht sich verstanden; auch von den Deutschen, denen er als Pole stets etwas am Zeuge flickt. Seine Empfindlichkeit ist um so leichter gereizt, wenn in dem Lobeshymnus
ein Mißton erklingt. Er fehlt nicht. Aber zum erstenmal spricht
der Briefschreiber mit einer unaufhörlich sprudelnden Naivität, die
uns einen Ersatz für schriftstellerisches Können bietet, da Wien
ihn begeistert. Anders als in Berlin tritt er — und er berichtet es
stolz — in der geselligen, lebhaften Donaustadt den Musikern Gyrowetz, Franz Lachner, Konradin Kreutzer, Schuppanzigh, Seyfried,
Leopoldine Blahetka näher, fühlt sich als einer von ihnen. Der
würdige Schulmeister Czerny wird von dem genialen Antipoden,
der Leute solchen Schlages aus dem Sattel heben soll, trotz aller
Güte bekrittelt: „ein guter Mensch, sonst nichts." Der Freuden-
rausch, die Steigerung des Selbstgefühls dauert auch nach dem rüh-

renden Abschied von Wien an. Prag, wo er dem Slawentum mit einem Mazurek seine Reverenz bezeigt, führt ihm auf einen Streich den ansässigen Musiker Pixis und den berühmten Dresdner Kollegen Alexander August Klengel zu. Der spielt ihm zwei Stunden lang seine Fugen vor. „Er spielt hübsch, ich würde mir jedoch einen besseren wünschen (darüber aber Stillschweigen!). Doch immerhin: Eine schöne Bekanntschaft, ich schätze sie mehr als die des armen Czerny (doch darüber Stillschweigen)." Es fehlt unterwegs nicht an angenehmen Zwischenfällen, die den Karikaturisten reizen. Der Niederschlag aller Empfindungen wird Titus Wojciechowski vorbehalten. Er bekennt ihm, daß nach Krakau (der Polenstadt) Wien ihn „betäubt, geblendet, betört", seine Sehnsucht nach der Heimat, nach den Seinigen, nach dem Freunde zum Schweigen gebracht habe. Wirklich? Aber der lebensfrohe Chopin vergißt den anderen, der eben in jenen Wiener Tagen in sein Tagebuch folgendes geschrieben hatte:

„Heute war es schön im Prater, eine Menge von Leuten, die mich nichts angehen. Das Grün bezauberte mich, der Frühlingsduft und die Unschuld in der Natur weckten in mir Gefühle aus meinen Kindheitstagen. Ein Gewitter war im Anzuge, ich kehrte daher nach Hause zurück. Das Gewitter verzog sich, und mich erfaßt jetzt Trauer. Warum? Selbst die Musik erfreut mich heute nicht; es ist schon so spät, und ich habe noch nicht das Bedürfnis zu schlafen. Ich weiß nicht, was mir eigentlich fehlt, und ich habe vor kurzem doch das dritte Jahrzehnt begonnen! Die Zeitungen und Plakate kündigen schon mein in zwei Tagen stattfindendes Konzert an, aber mich geht das so wenig wie möglich an. Ich beachte die Komplimente nicht mehr, die mich immer fader dünken. Ich sehne mich nach dem Tode und möchte meine Eltern noch einmal wiedersehen. Konstanzes Bild steht mir vor Augen, ich glaubte sie nicht mehr zu lieben, und doch umschwebt sie mich noch immer. Alles, was ich bis jetzt von der Fremde kennen gelernt, dünkt mich so kalt, so unerträglich und weckt nur Sehnsucht nach der Heimat, nach all den herrlichen Augenblicken, die ich dort nicht zu schätzen wußte. Was mir einstmals groß schien, kommt mir heute so alltäglich vor, die Menschen hier sind nicht die meinigen, sie sind wohl gut, aber gut aus Gewohnheit, tun alles so ordentlich, ach gar zu ordentlich, flach, mittelmäßig, was mich vollends aus der Fassung bringt. Nicht einmal riechen kann ich die Mittelmäßigkeit. So traurig bin ich, kann mir keinen Rat schaffen!"

Wir haben Chopin bei einem Selbstgespräch belauscht. Es ist so charakteristisch, enthüllt den Grund seines Wesens so klar, daß nichts in ihm verschwiegen werden darf; nicht der Bedeutung des Gedankenganges wegen, die ohne weiteres preiszugeben ist. Ja, diese Gedanken müssen begrenzt sein, weil sie der Stimmung entströmen, ihr die Logik entleihen. Und nicht etwa einer erhabenen Stimmung, sondern einem nervösen Ermattungszustand der Pubertätsjahre, dem sich Chopin nach weiblicher Art willenlos überläßt. Die Reizbarkeit eines Polen, eines durch Zärtlichkeit Verwöhnten, im besonderen Einzelfall gesteigert. Der Groll gegen eine Welt, deren flaches Empfinden sein Feingefühl verletzt, glimmt im Künstler unter der Maske der Höflichkeit, Liebenswürdigkeit, Fröhlichkeit fort. Aber die Lyrik gleitet — selten genug — in das Wort. Ein Frauenname taucht auf: Konstanze. Wie sie, die kaum Geschaute, die vergessen Geglaubte, ihm den männlichen Entschluß zur Reise nach Wien noch nicht durchkreuzt hat und ihn doch heimsucht, so wird sie auch die Muse sein, die ihn auf seinem Weg ins künstlerische Neuland geleitet.

ZWISCHENSPIEL

Wir wohnen nun einem ganz einzigen Schauspiel bei: Chopin im Kampf zwischen Vernunft und Herz. Der Pole in ihm hängt mit allen Fasern an der Scholle; das Genie, das für seine Kunst aus der heimatlichen den Saft gesogen hat, fühlt sich von dem brennenden Ehrgeiz nach musikalischem Weltbürgertum, von dem Glauben an eine hohe Sendung getrieben; endlich kommt die erste Liebe, durchdringt, verklärt sein Schaffen und läßt in dem Ringenden die Wagschale nach der Seite des Gefühls sinken: doch rafft er sich auf und folgt dem inneren Dämon, der ihn zwingt, den Weltruhm mit ewiger Entbehrung zu erkaufen. Wohl nirgends erscheint uns der gebrochene Wille des Musikers in so hellem Licht wie in jenen Briefen, die er nun ganz selbstverständlich an den Tatmenschen Titus Wojciechowski richtet, als an den einzigen, der stark genug ist, in ihm die Entscheidung herbeizuführen. So meint er wenigstens; denn das Zwingende ist in ihm, und nur die Billigung bleibt auf der andern Seite nicht aus. Der Normalmensch mit dem undurchkreuzten Willen, mit der gut bürgerlichen Weltklugheit mag diese Ergüsse überlegen als kindlich belächeln; uns andere aber reizt gerade der Mangel an Klugheit, dieses unverhüllte Sichpreisgeben mit dem Gefühl, als ob wirklich noch immer nicht alles gesagt sei. Der Schreiber setzt die Feder an, ohne sie je in ihrem Lauf zu hemmen, bringt die Willenskraft nicht auf, Inhalt und Form zu prüfen; er will nicht feilen, er will nicht Logiker noch Künstler sein. Auch den holden Selbstbetrug vorgetäuschter Wirklichkeitshemmungen verschleiert er nicht vor dem Freund; und hier ersteigt romantische Freundschaft den Gipfel. Sie kann es auch; denn jene erste Liebe und sie befehden sich noch nicht; noch ruft nicht unzweideutige Erotik den Mann herrisch zu sich, zwingt ihn nicht mit den stärksten Waffen nieder. Hier wie dort, in der Freundschaft, in der Liebe, waltet Poesie, und sie deckt zart den Schleier über die letzten Ursprünge des Gefühls. So kann es geschehen, daß die Sprache der Liebe und die der Freundschaft von dem gleichen Kapital zehren; ja, der Vertraute wird begehrt, die Geliebte nur verehrt; freilich mit einer Hingabe, die keine Hingabe fordert; mit einer Sehnsucht, der Erfüllung kein Lohn wäre. Seines

Freundes harrt er „mit rasiertem Schnurrbart", er muß sich „waschen gehen", um seines Kusses würdig zu sein. Wer lächeln möchte, liest nicht eben lange danach die stolzen Worte: „Ich habe eine große Etude nach meiner Art komponiert." Chopin blickt nach den Fenstern von Titus' Wohnung, bewahrt seine Briefe stets an seiner Brust; sehnt sich nach ihm stärker denn je. Aber die Sehnsucht erklärt sich leicht: die Stürme in seinem Herzen wollen auch in Worten austoben; ehe sie es gekonnt, sind sie Musik geworden. Es ist Musik, die ihm die Pforten zum Weltruhm zu öffnen scheint; er braucht jetzt, nur jetzt, wo der Dämon ihn quält, die Bestätigung dieses seines Gefühls. Der Freund muß ihm sagen, ob die innere Stimme nicht trügt. Über dem f-moll-Konzert schwebt als guter Geist sein Ideal. Ihm dient er bereits seit einem halben Jahr treu, ohne mit ihm zu sprechen; von ihm träumt er, seinem Andenken gilt das Adagio. „Schenke der mit + bezeichneten Stelle Deine Aufmerksamkeit. Ausser Dir weiss niemand davon." Sein träumendes Ich gewinnt mehr und mehr die Oberhand: „Wie oft, ach, halte ich die Nacht für den Tag und den Tag für die Nacht; wie oft lebe ich im Traum und schlafe am Tag, ja schlimmer noch, als wenn ich schliefe, weil ich immer dasselbe fühle; — und anstatt in dieser Betäubung etwa wie im Schlaf Erquickung zu finden, quäle ich mich nur noch mehr und werde immer schwächer . . ." Aber sein träumendes und sein schaffendes Ich sind innig verwandt. In diesen sturmbewegten Wochen und Monaten vermag seiner Gedanken Fülle selbst die große Form zu befruchten; die beiden Konzerte werden geboren; seine Eigenart leuchtet auch in dem auf, was später die Welt erschauern macht. Als einmal in den Pariser letzten Leidensjahren die Erinnerung an diese Zeit erwacht, nennt er sie eine glückliche Zeit. Und vergißt doch, daß er damals schrieb: „Ich würde gern die meine Fröhlichkeit vergiftenden Gedanken verscheuchen, fühle aber trotz alledem eine Wonne darin, mit ihnen zu kosen; ich weiss selbst nicht, was mir fehlt. . . . ." Die Ruhelosigkeit des Schaffenden ist sein Glück. Auch in dem schwermütigen Polen lebt der kindliche Optimismus, ohne den es keinen Künstler gibt.

Von diesem Hintergrunde der Erregungen heben sich die wenigen, aber doch schwerwiegenden Ereignisse ab, die den Abschied von der Heimat vorbereiten. Hinter den Kulissen ein Hinzögern von Woche zu Woche, von Monat zu Monat; auf der Bühne neben den Gleichgültigkeiten des Salonlebens künstlerische Erscheinungen, die mehr sind als flüchtige Schatten; und endlich die Kraftprobe dreier Konzerte, das ausdrucksvollste Lebewohl an Polen.

Fürst Radziwill hat ihn höflichst nach Berlin eingeladen: „de belles paroles", sagt der Fremden gegenüber so weltkluge Chopin. Aber ein kurzer Aufenthalt in Antonin wird ihn gewiß anregen. Der Herbst 1829 findet ihn dort, wo der Musiker-Gentleman dem Gast den ihn überraschenden „Faust" zeigt, er und seine gütige Gattin das junge Genie mit den feinen Manieren verhätscheln. Doch nicht nur sie. Es erscheinen jene Nebensonnen, die sein „Ideal" wohl verträgt: eine kleinere, die Prinzessin Wanda, der er mit „wahrer Wonne" die Fingerchen stellt; eine größere, die Prinzessin Elise, jenes ätherische Wesen, das in der Geschichte der Hohenzollern eine Rolle zu spielen begann und, sehr früh von jeder Erdenschwere befreit, ein bedeutendes Blatt in Chopins Lebenserinnerungen darstellt. Die f-moll-Polonäse, keine von den starken, wird ihr Lieblingsstück, das er ihr täglich vorspielen muß. Titus besitzt das Manuskript, höchste Eile tut not. Ein Mazur in Kalisch: „unter anderem war der Tanz des Jaxa Marcinkowski sehenswert, der in dreckigen Stiefeln bis zur Erschöpfung sich drehte" . . . und er ist wieder in Warschau. Hier bemüht sich seit einiger Zeit der Pianist und Etüdenkomponist Joseph Kristoph Keßler, ein geborener Augsburger, der Oberflächlichkeit durch musikalische Freitagabende zu steuern. Man spielt Hummel, Ries, des Prinzen Louis Ferdinand Quartett, ja auch Beethovens B-dur-Trio, und Chopin gesteht: „Etwas ähnlich Großes habe ich noch nicht gehört, Beethoven verspottet darin die ganze Welt". Hummel, der Klavier-Causeur par excellence, kehrt auch sonst in den Warschauer musikalischen Unterhaltungen wieder; Spohr mit seiner tiefergreifenden Romantik singt sich in Chopins Herz hinein, und nur seine Finger wehren sich gegen die Widerhaarigkeit des Klaviersatzes. Am 17. März 1830 tritt endlich der Vielbewunderte selbst auf. Sein Klavierkonzert in f-moll, das ihn mit den großen Meistern im Wettbewerb zeigt, ist die Hauptnummer des Programms; es bringt neben den üblichen Zwischengerichten auch die Fantasie über polnische Volksweisen.

Man spart nicht mit Lob; aber auch die Heuchelei hat ihren Anteil daran. Denn zum erstenmal muß unser Genie erfahren, daß zwischen seiner Musik und der polnischen eine Scheidewand sich aufrichtet; daß die seinige, im Kern polnisch, sich über die Scholle erhebt und um so weniger verständlich ist, als ihr im Namen der Phantasie das Weltbürgerrecht zuerkannt wird. Nur der Klangsinn vermag zu urteilen; und er stellt fest, daß Chopins Klavierspiel nicht kräftig genug sei. Im zweiten Konzert, wo er ein anderes Instrument spielt, verschiebt sich der Eindruck nach dieser Seite ein wenig. Doch das f-moll-Konzert, das er wiederholt, bleibt — außer dem Adagio — nicht minder rätselhaft; der Rondeau Krakowiak schlägt ein, auch eine Improvisation über polnische Volkslieder, die den Abschluß bildet, gefällt; nur ihm selbst nicht, dem Dichter, den seine Umgebung nicht hoch genug stimmte. Der Kassenerfolg übersteigt alle Erwartung; ihn läßt er kalt. Sein Freund und Kollege Orlowski, ein echter Landsmann, reinigt die polnischen Themen von allem Zubehör und macht aus ihnen Mazurken und Galoppaden. Chopin lehnt sich vergeblich gegen die Zwangspopularität auf, wie er auch nicht hindern kann, daß ihm in gebundener und ungebundener Form öffentlich gehuldigt wird. Nur sein Porträt verweigert er, um ihm die enge Berührung mit Butter und Käse zu ersparen. Warum sollten die Zeitungen klüger sein als das Publikum? Ihre Artikel sind ein einziger Lobeshymnus, in dem auch die Entgleisungen nicht fehlen. Doch findet sich in einem die Behauptung: wie die Deutschen auf Mozart, so würden dereinst die Polen auf Chopin stolz sein. „Offenbarer Unsinn!", meint der also Gefeierte, der, obwohl geschmeichelt, die Äußerungen der Lokalpresse nicht für voll nimmt. Ein drittes Konzert steht in Sicht. Aber es soll auf sich warten lassen; es soll der Ausklang sein. Indes packt ihn das Fieber, die Reisepläne, in denen Italien mehr als einmal auftaucht, versinken wieder in Vergessenheit, in Unentschlossenheit; doch diesmal rechtfertigt sie sich mit der Unruhe des Schaffenden: sein neues e-moll-Konzert läßt ihn nicht los, es muß ihn ganz befriedigen, wie es ihn erfüllt; in allen Teilen vollendet sein. Dahinter steht die Lichtgestalt seiner Konstanze. Ist sie nicht sein „Ideal", so nennt er sie einfach Fräulein Gladkowska. Eine Zweiteilung der Persönlichkeit tritt ein: das „Ideal" schwebt in seinem

Traumland, wird kaum körperlich, wenn es ihm einen Blick, ein Bändchen schenkt; doch die Sängerin Konstanze Gladkowska, die zum Menschen und Musiker spricht, unterliegt auch dem Urteil. Die Welt fordert die fromme Lüge: zu seiner Gymnasiastenliebe Alexandra de Moriolles bekennt er sich offen, um auch den beobachtenden und neckenden Eltern sein „Ideal" nicht preiszugeben. Die Warschauer Landtagssession ist Vorwand zu Festlichkeiten. Ausländisches Virtuosentum läßt sich hören. Aber auch die Damen Gladkowska und Wolkow, beide Konservatoristinnen, werden die weltbedeutenden Bretter zieren. Neuer Grund zur Unruhe; neuer Anlaß, die Solivaschülerinnen auf ihre Fähigkeiten zu prüfen, zumal eine Königin des Gesanges, Henriette Sontag, ihr Kommen angekündigt hat.

Die Sontag wird ihm eine Nebensonne. Die Frau und ihre Kunst fließen ihm zusammen. Paganinis Verzierungen, gibt er zu, wirken gewaltiger. Die Art der Sontag ist geringer. Aber man höre den ritterlichen, künstlerisch tieferregten Kritiker: „Man hat die Empfindung, als hauchte sie in das Parterre den Duft von frischen Blumen und liebkoste mit der Wonne ihrer Stimme." Lyrische Dichtung! Gemach, auch sie wird sich in Schaffen umsetzen. Kein Glied in der Perlenkette ihrer Koloraturen entgeht ihm. Und er wird nicht müde, seinen Titus zu locken, sie ihm zu schildern. Sie darf es wagen, seinem „Ideal" — nein, der Sängerin Konstanze Gladkowska Ratschläge zu erteilen, ihr ihren Beistand anzubieten. „Das ist eine Koketterie solchen Grades, daß sie schon völlig in Natürlichkeit übergeht ... im Morgennégligé ist Fräulein Sontag millionenmal hübscher und angenehmer als im Galakleid des Abends." In dieses Chaos von Empfindungen und auch in den Briefwechsel reißt ein Landaufenthalt in Poturzyn bei Titus Wojciechowski eine Lücke. Eine Sehnsucht ist gestillt; der andern zu leben, ist hier der Ort. Chopin, der kein Freilichtmusiker ist, findet in der Landschaft an sich nichts, was an sein Inneres anknüpft. Aber starke Erregung weiß Gegenstände zu beleben; seine Grundstimmung überträgt sich auf sie. Die Trauerweide unter den Fenstern will ihm nicht aus dem Sinn. Zu jener romantischen Arbaleta, mit der ihn Titus neckt, kehrt die Erinnerung sehnsüchtig zurück. Man darf annehmen, daß der Tatmensch dem Dichter das Rückgrat zu stärken

versucht hat. Umsonst. Da sind die Damen Gladkowska und Wolkow, deren Bühnenleistungen kritisch liebevoll verfolgt werden; da
ist sein e-moll-Konzert, das nun alle Etappen bis zur Aufführung
zu durchlaufen hat. Da ist das stärkste, das erschreckendste Argu-
ment: „Ich bilde mir ein, daß ich Warschau verlasse, um nie wieder
heimzukehren." Und endlich wieder das Empfindungschaos, das
sich aus Frohsinn und Schwermut zusammenballt und jede Sammlung verhindert. Das Salonleben mit seinen Nachtwachen, vor denen
Titus ihn einsichtig warnt, steigert die Unfähigkeit, sich zusammenzuraffen. Nun, da die Ausflüchte dem Freunde die Zornesröte ins
Gesicht treiben, findet sich als willkommener Anlaß zum Aufschub
der Abreise der Zustand allgemeiner Unruhe in Europa, in dem
die Julirevolution nachzittert: Pässe sind allerhöchstens nach Österreich und Preußen zu beschaffen. So, das Gewissen wäre wieder
einmal beruhigt. Das Abschiedskonzert rückt heran. Es amüsiert
ihn, eifersüchtige Duodezmusiker zur Orchesterprobe seines e-moll-
Konzerts zusammenzuladen, obwohl ihm ihr Urteil, ausgenommen
das Elsners, gleichgültig ist.

Am 11. Oktober 1830 — der Reisekoffer ist gekauft, die Ausstattung fertig, er will alle seine „Schätze" zurücklassen, will ziehen
trotz allen Tränen und Lamentos — steht Chopin zum letztenmal
vor dem Warschauer Publikum. Die Damen Wolkow und Gladkowska erweisen sich ihm so gefällig, durch ihren Gesang die unglücklichen Klarinetten- und Fagottsoli überflüssig zu machen. Soliva
hat mit der Partitur des e-moll-Konzerts seine liebe Not gehabt.
Es geht alles ausgezeichnet. Die Abschiedsstimmung stärkt den
Musikverstand so, daß nicht nur die Phantasie über polnische Themen zündet, sondern auch das Konzertstück den Wall des Miß-
verstehens zu durchbrechen scheint. Und man bedenke, wie die Nähe
der beiden eben erblühenden Schönheiten, die Mitwirkung der weiß-
gekleideten, mit Rosen im Haar geschmückten Gladkowska ihn trug,
ihn beseligte! „Diesmal habe ich mich selbst, das Orchester hat
sich, und das Parterre uns verstanden." Selbst die wohleinstudierte
Verbeugung gelingt; diese Paganiniskrupel schweigen.

Abschiedsstimmung. Ob er im letzten Augenblick ans Nimmer-
wiedersehen dachte? Seine Schwermut ist vergeßlich. Die Zukunft
erscheint ihm heiter und rosig. Ringe sind getauscht worden. Aber

auch die Frist von acht Tagen, die er sich gesetzt, verstreicht, ohne daß er sich vom Platz rührt. Am 1. November 1830 erst verläßt er Warschau. Es geschieht mit einer Feierlichkeit, die Hochachtung, Liebe und Wehmut in sichtbare Zeichen zusammenfaßt. Elsner und die Lieben geben ihm bis Wola kurz hinter Warschau das Geleit. Dort huldigen ihm die Konservatoriumsschüler mit einer Elsnerschen Kantate. Ein Abschiedsmahl ist ihnen allen bereitet. Ein Pokal mit polnischer Erde, die Mahnung, des Vaterlandes nicht zu vergessen, werden Chopin mit auf den Weg gegeben. Der Wagen entzieht ihn den Tränen, den Umarmungen, den Blicken. In Kalisch trifft er Titus: der Mann der Tat führt den Dichter in die Welt hinaus.

REVOLUTIONEN

Er geht zunächst nach Wien. War es nicht dort, wo er den ersten Virtuosentraum träumte? Wo man ihn verhimmelt, gehätschelt hatte und seiner harrte? Die Reiseunterbrechungen werden gern in den Kauf genommen. Einflußreiche Bekanntschaften Revue passieren zu lassen, sich in seinem jungen Ruhm zu sonnen, ist ehrenvoll und kann Gewinn bringen. Gern stellt er dem Lustspiel des Lebens das Spiel auf der Bühne gegenüber. In Breslau eilt er unverzüglich in die Oper; macht dem alten Kapellmeister Schnabel, Elsners Freund, dem Organisten Adolf Friedrich Hesse seine Aufwartung, läßt sich feiern und belächelt die musikalische Harmlosigkeit der Leute. In Dresden kann er so herablassend nicht mehr sein: zwischen der „Stummen" im Theater und einer Schülerin Klengels hat er zu wählen. Seine Ritterlichkeit führt ihn selbstverständlich in das Haus dieser ihm von früher her nicht unbekannten Dame. Dort „flimmerten ihm die Stricknadeln vor den Augen"; Glatzen und Brillen erregen seine Lachlust, und eine italienische Primadonna singt „nicht übel". Der Hofkapellmeister Morlacchi läßt ihn die eigene Vesperkomposition und Kastratengesang genießen; die Oper und die Kirchenmusik finden seinen Beifall nicht. Außer den polnischen Landsleuten, dem Geiger Rolla entgeht nur Klengel der Schärfe seiner Kritik; der berühmte Kollege hört ihn seine Konzerte spielen und bittet sich ihre Partituren aus. Er wird durch die seltene Art seines Anschlags an das Spiel Fields erinnert; Chopins Virtuosentum überrascht ihn so, daß er alle Hebel in Bewegung setzt, um Dresden den Genuß seiner Kunst zu verschaffen. Der Versuch mißlingt. „Außer der Gemäldegalerie habe ich mir in Dresden nichts zum zweiten Male angesehen; das ,Grüne Gewölbe' braucht man sich nicht mehr als einmal anzusehen." Kein Wort davon, ob die Sixtinische Madonna in ihm anklingt; ein höchst beredtes Schweigen und doch ein höchst merkwürdiges, wo ein Geist dem andern sich zu nähern scheint. Der Karikaturist ist viel redseliger.

In Wien trifft er Ende November ein. Erstes Stimmungsbild: „Meinem Hofarzt Jan Matuszynski, Ritter des Jaceck-Ordens mit den Klössen 1. Klasse, in seinem Palais, wenn er zu Euch kommt."

So ulkt am 22. November der Übermütige schon auf der Adresse. „Aeskulap, falls Du keinen Brief an mich geschrieben, so sollen Dich Teufel holen, soll der Blitz in Radom einschlagen, soll Dir der Kopf an der Kappe reissen . . . Ach, Du Schinder! Warst wohl im Theater? Hast wohl lorgnettiert, mit anderen karessiert! Mit den Augen geblitzt . . .! War dem so, dann fahre ein Blitz in Dich drein, dann bist Du meiner Anhänglichkeit nicht wert." Hier ist mehr als ein Gran Sehnsucht; ein Eifersüchteln und doch ein Übersprudeln der Laune; Titus ist bei ihm, „neunzig Grad Réaumur herrschen im Innern", der Ruhm winkt, und das „Hundstagsfieber" allgemeiner Verliebtheit bedroht ihn angesichts der vielen hübschen Mädchen. Dieser Ton hält an; gern läßt er sich raten, nicht ohne Honorar zu spielen, wie er dem vorsichtigen Verleger Haslinger mit dem Motto „bezahl, Bestie!" gegenübertritt. Allein weder die Wiener Unternehmer noch Haslinger kümmern sich um seine hinterhältige Tatkraft; er lernt das Strohfeuer Wiener Begeisterung kennen. Während die Konzertchancen erwogen werden, sein Selbstgefühl einen Angriff erdulden muß, eine geschwollene Nase seiner Eitelkeit ein Schnippchen schlägt, tritt der Salonmensch Chopin in seine Rechte. Es ist ein ruheloses Leben, das er nun führt. Aber zwischen den Polen, die seine Sehnsucht mildern; den Musikern, unter denen der Geiger Slavik, ein zweiter Paganini, und der Cellist Merk ihm ebenbürtig scheinen; den Mäcenen, unter denen ihm der Beethovenfreund Dr. Malfatti am nächsten steht, enteilen ihm die Wochen. Er haust aus Sparsamkeitsrücksichten im vierten Stock auf dem Kohlmarkt, läßt sich im Schlafrock von dem jungen Hummel zeichnen, empfängt die Besucher, arbeitet wenig, blickt auf den schönsten Spazierweg hinab, darf sich der nächsten Nachbarschaft der bekanntesten Verleger rühmen, plant Duette, besucht das Theater, hält Zwiesprache mit seinem Graffschen Klavier und schreibt Mazureks. Er sieht mit Bedauern, daß es mit dem Wiener Ernst nicht eben weit her ist, daß Lanner und Strauß und ihre Walzer alles ringsherum beschatten. Der Rückschlag bleibt nicht aus. Und er kommt um so sicherer, als der Warschauer Aufstand vom 29. November ihm seinen Freund Titus entführt hat. Der ist ohne ein Wort gegangen. Der Mann der Tat hat seiner Pflicht genügt und will sich nun nicht nutzlos mit dem Dichter belasten. Chopin eilt ihm nach, muß aber bald umkehren, da er ihn nicht mehr erreichen kann. Den Eltern verschweigt er die Herzensnot. Die Sehnsucht spricht sich aus, aber auch der Witz versucht sich zu behaupten. So in der Schilderung eines Mazurs: „Slavik lag bald wie ein Hammel auf dem Fussboden, und irgend eine deutsche Komtessa mit grosser Nase und löcheriger Physiognomie stelzte, indem sie (wie dies einstens Mode gewesen) mit zwei Fingerchen graziös das Kleidchen hielt und den Kopf steif zum Tänzer wendete, so dass die Halsknochen, wo nur einer konnte, hervorkrochen, mit ihren langen und mageren Beinen irgend einen merkwürdigen Walzer-pas. Sie ist jedoch eine ehrbare Person, würdig, gelehrt, plappert viel und besitzt usage de monde." Das hat gewiß mehr als episodenhaften Reiz und kann dem Biographen nicht entgehen. Doch lassen wir uns nicht täuschen. Die Eltern sollen nicht unruhig werden, sollen annehmen, daß Gesundheit und Laune vorzüglich sind. In diesen revolutionären Zeiten ist der Trieb, sich dem Freund mitzuteilen, sich bei ihm auszuweinen, den Zwang abzuschütteln, noch stark; und die Briefe bedeuten dann für ein Leben, dessen Schwerpunkt im Seelischen liegt, die sicherste Quelle. Nicht lange mehr, und sie versiegt. Ganz merkwürdig fügt es sich, daß zu jeder Zeit der rechte Beichtvater dasteht. Als es galt, sich loszureißen, sich zusammenzuraffen, aufs hohe Meer hinauszusegeln, war es Titus. Nun, da die Brücken abgebrochen sind, die Sehnsucht nach Konstanze ihn peinigt, die er leichtsinnig um der hohen, nun plötzlich zweifelhaften Sendung hinter sich gelassen, ist es Jas — Jan Matuszynski. Jenen fürchtete er als seinen Tyrannen; liebte ihn als seinen Tatkraftspender. Diesem fühlt er sich an Schwäche, an Weichheit verwandt. „Wir sind beide aus dem nämlichen Ton, und Du weisst, wie oft ich schon auseinander gegangen bin. . . . Ach, aus meinem Ton kann doch bestenfalls nur ein Häuschen für ein Kätzchen gemacht werden." Ihm also gibt er sich restlos. Und nun muß man sehen, was das Empfindungschaos im schlimmsten Fall gebiert. Weihnachten 1830. Er sitzt mutterseelenallein im Schlafrock, nagt an dem Ring und schreibt. Schreibt ruckweise, in Zwischenräumen von mehreren Tagen; wird sich des Stimmungswechsels bewußt, streicht aber nichts, nimmt nichts zurück. Der Romantiker hängt nicht nur an lieben Menschen und Dingen, er hängt auch an den Worten, an den Improvisationen der Laune und der Sehnsucht. Spiegelbild des Inneren sind sie alle. Hören wir: „Alle Diners, Abende, Konzerte, Tanzunterhaltungen, deren ich bis über die Ohren habe, langweilen mich: so wehmütig, dumpf und trübe ist's mir hier. Ich liebe dies, doch nicht in so grausamer Weise." Konstanze erscheint ihm: „Beruhige sie, sage ihr, dass, solange meine Kräfte hinreichen, dass ich bis zum Tode . . . dass ich nach meinem Tode meine Asche unter ihre Füsse streuen werde. Doch das ist noch zu wenig, was Du ihr sagen könntest, ich will selber schreiben." Schreiben oder nicht schreiben? ist nun die Frage. Eine Polin in Wien, Constanze Bayer, deren Noten, Taschentücher, Servietten den teuren Namen tragen, wird ihm Anlaß zum Kultus der Abwesenden. Mitternachtsstimmung im Stephansdom, im Ausdruck nicht leicht von einem Musiker erreicht: „Es herrschte Stille, nur das Schreiten des die Lampen anzündenden Küsters störte meine Lethargie . . . Hinter mir Gräber, unter mir Gräber, nur — ü b e r mir kein Grab . . . Eine düstere Harmonie erklang in meinem Inneren — ich fühlte mehr denn je mein Verwaistsein und sog mich in diesen erhabenen Anblick, bis Licht und Menschen sich zu häufen begannen." Der Tag verscheucht mit eins die religiösen Schauer. Der Salon ruft. Die frohe Laune bricht durch. Die Sängerin Sabine Heinefetter wird mustergültig beurteilt; Alois Schmitt mit gleichgültigen Worten abgetan. Für Sigismund Thalberg spitzt er die Feder: „Denn Thalberg zum Beispiel spielt wohl tüchtig, ist aber nicht mein Mann. Er ist jünger als ich, gefällt den Damen sehr, macht aus der „Stummen von Portici" ein Potpourri, gibt das Piano mit dem Pedal, nicht mit der Hand wieder, nimmt Decimen, wie ich Octaven, trägt Brillanthemdenknöpfe und — Moscheles imponiert ihm nicht. Kein Wunder daher, daß ihm nur das Tutti meines Konzerts gefallen hat, er schreibt nämlich auch Konzerte." Drei Tage später haben die Wiener ihre Polenfeindschaft zu büßen. Schluß . . Doch nein! „Ich kann mich noch immer nicht von meinem Jas losreissen. Const . . . (ich vermag selbst den Namen nicht hinzu-. schreiben, meine Hand ist dessen unwürdig). Ach, ich raufe mir die Haare aus bei dem Gedanken, dass sie meiner vielleicht hat vergessen können." Auch jetzt noch wird der Schluß aufgeschoben, und das Schreiben wäre durch eine ganz lustige Schilderung seines süßen, durch leibliche Genüsse gewürzten Wiener Nichtstuns gekrönt, aber:

„Falls es nicht durchaus notwendig ist, so übergib ihr das Billett nicht. Ich weiss nicht, was ich dort geschrieben habe. Du darfst es lesen. Es ist vielleicht das erste und letzte." So endet ein Brief, der in seinem Stimmungsmosaik einzig ist.

Wien, das den Polen nicht hold war; Chopin, den die Wiener Luft betäubt hatte; beides brachte zuwege, daß seine Konzertchancen immer mehr sanken. Er sucht nach Gründen vor den Eltern, deren Kasse stark mitempfindet; vor Elsner, der als Komponist auch auf die Vermittelung Chopins rechnet. Polnische Musik wird in Wien ohne sein Zutun von Unberufenen angekündigt, verunstaltet, entweiht; und die Galle steigt ihm auf. Wäre nicht Freund Malfatti, der sein behagliches Landhaus einer halben Öffentlichkeit erschließt, es wäre ein noch traurigerer Abschied von Wien. „Eine gewaltige Anzahl von fremden Zuhörern lauschte auf der Terrasse diesem Konzerte. Der Mond schien wundervoll, die Springbrunnen schlugen hoch empor, der herrliche Duft der hinausgestellten Orangerie erfüllte die Atmosphäre, mit einem Wort: eine bezaubernde Nacht, die herrlichste Umgebung." Man sieht: hier mischen sich die Reize des Frühlings denen der Tonkunst, und sie lockt auch die Sybariten. Es war ein gewählter Kreis, der Malfattis Namenstag mit ihm beging; es waren gewählte Künstler, in deren Reihe Chopin stand. In Bibliotheken wird unser bedrücktes Genie durch die Anwesenheit Chopinscher Autographen überrascht; eine neue Hanswurstiade — er kopiert Wiener Generale so, daß es zwerchfellerschütternd wirkt — bringt den Mimiker zu Ehren; der Lebensdurst erwacht stets wieder, aber auch der Trübsinn meldet sich selbst den Eltern gegenüber. Die Paßfrage, die dem Weltfremden doppelt peinlich wird, ist erledigt; London ist angebliches Reiseziel, Paris das wirkliche. Noch lächelt Chopin die Möglichkeit einer Rückkehr in die Heimat; sein Gefühl sträubt sich gegen Malfattis Überzeugung, der Künstler sei Kosmopolit.

Der junge Musiker, dessen Männlichkeit durch einseitige Favorits nach außen hin gehoben wird — auf der linken, dem Publikum abgewandten Seite, sagt er, seien sie überflüssig — gelangt Ende Juli 1831 durch die Fährnisse der Cholera hindurch nach München. Der Aufenthalt ist flüchtig, aber fruchtbar. Gerade die Planlosigkeit begünstigt ihn; Chopin spielt sein e-moll-Konzert, und der Beifall der Urteilsfähigen belohnt ihn. In Stuttgart erreicht ihn die Kunde von der Einnahme Warschaus durch die Russen. Es ist der grausamste Schlag, den das Schicksal gegen ihn führen kann. Polentum und Weltbürgertum kämpfen in dem Einsamen; wir wissen, wie die Entscheidung fällt. Aber wir ahnen nicht, wie es ihn niederwirft. Gehäufte Interjektionen, wie er sie nach Ausbruch der Revolution in fieberhafter Erregung durch seinen Jas den Aufständischen zuschreien läßt, bereiten den letzten Ausbruch vor; einer nächtlichen Beratung in Wien vor Titus' Abreise hat er selbst beigewohnt. Jenes Stammeln schon zeigte die Wut eines Ohnmächtigen, Entschlußunfähigen. Ihn vom Schauplatz zu entfernen, war Pflicht der Selbsterhaltung. Aber ohnmächtige Wut kann sich noch bis zur Denkunfähigkeit steigern; es ist das wilde Sichaufraffen eines Menschen, der im Bann der Stimmung lebt. Das Schwarzseherische, sonst durch das Auf und Ab des Lebens, durch kindlichen Übermut gebändigt, zeugt im krampfhaften Anfall die fixe Idee. Sein Tagebuch läßt uns die Nachtseite dieser Natur schauen: „Die Grossstadt zerstört, verbrannt, Jas und Wiluss gewiss auf den Wällen gefallen! Marcell in Gefangenschaft! Sowinski, diese treue Seele, in den Händen jener Schufte! Paszkiewicz, der Hund von Mohilew, nimmt die teure Stadt ein! Moskau befiehlt der Welt! O Gott, bist Du da? Bist da — und rächst Dich nicht! Bist Du der moskowitischen Verbrechen noch nicht satt? Oder — oder — bist Du am Ende gar selbst — ein Moskowiter?!" — Dann irrt die Einbildungskraft vom Vater, von der Mutter, die Hunger leiden, von der toten Schwester Emilie, deren Grab er geschändet sieht, zu den Lebenden, zu Konstanze, die Opfer der entmenschten moskowitischen Soldateska geworden sind. Sie irrt und irrt. Und wenn die Ohnmacht, die Spannung am höchsten, setzt das Schaffen ein. In die Lücken des Denkens tritt die stärkste Reizsamkeit. Das Genie schreit, ächzt zwei Präludien (op. 28, Nr. 2 und 24) und eine Etüde (op. 10 Nr. 12), Stimmungsbilder von unerhörter Ausdruckskraft, in die Welt hinaus. Er hat dem Vaterland den Tribut gezahlt. Polentum und Weltbürgertum schließen Frieden. Also gewappnet, seiner Sendung bewußt, im Kern fertig, mit Meisterwerken und Entwürfen beladen, betritt Chopin Paris.

SALON UND KONZERT

Paris 1831! Wir sind in der Hauptstadt der Welt. Wir sind da, wo alle Fäden zusammenlaufen. Niemals, nirgends mehr wird Zivilisation in bengalischer Beleuchtung erscheinen wie hier; niemals wird es einen Rausch geben wie in jenen Tagen nach dem Juliaufruhr. Während ein Regime dem andern gefolgt ist, träumt man von Napoleon, von der Revolution; Republikaner, Karlisten, Philippisten, Saint-Simonisten leben nebeneinander; man geniert sich nicht, man verspottet den König Louis Philippe, der hinter seinen bürgerlichen Allüren ein allzu königliches Herz verbirgt. „Freiheit" ist noch immer das Losungswort; niemand weiß, was es gebären wird. Wird Frankreich, das an Glanz und Pracht gewöhnte Frankreich, jemals wieder republikanisch werden können? General Ramorino, unehelicher Sohn des Marschalls Lannes, der in Warschau für die Polen mitgefochten hat, dem die Deutschen überall gehuldigt, die Franzosen die Pferde ausgespannt haben, zieht in Paris ein. Er muß sich vor dem Enthusiasmus des Volkes flüchten; eine Menge von jungen Leuten und der gesamte Pöbel geleitet ihn mit der Trikolore. Die Polizei tritt in Tätigkeit; die Läden werden geschlossen; in Pfeifen, Johlen, dem Absingen der Marseillaise kündet sich die Unzufriedenheit der drohenden Volksmasse.

Aber diese gärenden Leidenschaften, diese vulkanischen Erregungen, der Lärm, der auch an sonst ruhigen Tagen auf den Boulevards tobte, schaffen eine Atmosphäre, in der geistige Strömungen durcheinanderwirbeln. Auch die Grundlagen der Kunst sind erschüttert; die Romantik, in Deutschland eine zarte, blaue Blume, nimmt hier glühende Farbe an; die Fesseln der Form werden abgeworfen. Delacroix wird Wortführer der neuen Schule in der Malerei, Victor Hugo verkündet neue Ideale in der Dichtung, und Berlioz geht der Tonkunst mit der Fackel voran. Die alten Götter werden abgesetzt; Auber und Rossini beherrschen die Oper. Das Geld zirkuliert nicht; aber die Welt des Scheines ist mächtiger denn je. Man opfert das Gold für das Gold der Kehle; was an ersten Primadonnen und Tenören lebt, will hier mittun, will von der großen Welt bejubelt werden, den Glanz genießen und mehren. Die Malibran, die Pasta, die Schröder-Devrient, Nourrit, Rubini, Lablache entzünden sich am Wettstreit. In der italienischen, in der Großen Oper, in der Opéra comique lebt künstlerischer Schaffensdrang im Dienst des Genusses. Und die großen Instrumentalvirtuosen Herz, Liszt, Kalkbrenner, Baillot, Bériot neben den vielen andern, die in Paris wenigstens zeitweise von der Sonne des Erfolges bestrahlt werden möchten, lassen ihre Künste spielen, berauschen sich an dem koketten Lächeln schöner Frauen. Aber es sind nicht nur Scheinwerte, die hier gelten. Ein Habeneck wird der Apostel Beethovens; ein, zwei, drei Orchester mühen sich dem Streben der Neuzeit den Kollektivausdruck zu leihen. Die Salons ein Abbild dieser fiebrigen Buntheit; sie schöpfen von allem, was in der Kunst bemerkt wird, den Rahm ab; das Flüstern genußfroher Lippen, das Rauschen duftiger Gewänder, die Entfaltung aller gesellschaftlichen Talente geben jene Suggestion, von der gerade die phantastischste aller Künste, die Musik, am meisten sich nährt.

Hier also soll Chopin heimisch werden. Das Bild verwirrt ihn. Der Anblick eines zerlumpten, erregten Pöbels stößt ihn, den Feinfühligen, ab, obwohl ihm die Motive, die Sympathien für Polen, natürlich schmeicheln. Er, der den revolutionären Geist jüngst in sich aufkochen sah, muß sich doch gestehen, daß ihm der Zweck die Mittel nicht heiligt. Auch der Prunk, der Glanz, das Parfüm betäuben ihn wohl. Aber den Geist, der das Halbdunkel liebt, blendet die Fülle des Lichts. Wird für den echten Dichter in Paris, wo Scheinwerte noch immer stärker wirken als Werte, Raum sein? Es gibt Stimmungen des Salons, die ihn reizen; kokettes Flüstern lockender Frauen kann auch seiner Kunst ein würdiger Rahmen sein. Doch wo findet er die Ellenbogenkraft, um jenes: ôte-toi que je m'y mette aussprechen zu können, das allein den Erfolg verbürgt? „Ich bin, was meine Gefühle betrifft, den anderen gegenüber stets in Synkopen", sagt er geist- und selbsterkenntnisreich von sich. Wird eine Natur, die sich in der Verschleierung des Innern wohlfühlt, in diesem ruhmredigen, rückhaltlosen Paris nicht tausendmal in ihrer Empfindlichkeit verletzt werden?

So steht der Dichter inmitten des Wirbels der Lichtstadt. Er muß sich freilich sagen, daß er so ganz einsam nicht ist. Wahlverwandtschaft hatte polnische Emigranten, und zwar auch blaublütige, in Paris ein schirmendes Dach suchen und finden lassen.

Das Hotel Lambert, in dem der gütige Fürst Adam Czartoryski residiert, vereinigt die besten unter ihnen. Eine Empfehlung ebnet ihm den Weg zu den alteingesessenen Musikern; zu ihrem Haupte Cherubini. Unser Chopin spricht von ihnen sehr bald mit der Respektlosigkeit, die dem Pariser Klima angemessen, die im letzten Grund Folge seines künstlerischen Selbstgefühls ist. Mit dem Heißhunger eines Menschen, der in Warschau, Berlin, Wien immer noch einen Rest von Provinz empfunden hatte, stürmt er in die Oper. Seinen Hang zur reinen, zur italienischen Melodie muß er um jeden Preis — und er zahlt wirklich 24 Franken — befriedigt sehen. Es ist nicht eitel Genußsucht, die ihn dahin treibt. Diese Melodie, mit dem höchsten Maß von Ausdruck gesungen, faßt irgendwo in seiner Seele Wurzel, mischt sich dem Nationalen und geht, an Gehalt und Form bereichert, neugeboren aus seinem Geist wieder hervor; die Koloraturen, die andern ausdrucksloses Getändel sind, befruchten in ihrem Steigen und Fallen die Phantasie, die ihnen neues Leben schenken wird. Wie, wenn er selbst Schöpfer einer Oper würde? Einer nationalen Oper? Der Gedanke wird erwogen, aber in künstlerischer Selbsterkenntnis wieder zurückgestellt. Wir erhalten staunenswerte Beweise einer Selbstkritik des Genies, das seinen Schaffenskreis, unbeirrt von fremden Einmischungen, bestimmt abgrenzt. Man höre: der Pianist sucht ganz natürlich zunächst die Gesellschaft der Pianisten. Sein Können an dem der berühmtesten zu messen, sein höchst persönliches Klavierspiel in die pianistische Kultur einzureihen, ist sein begreiflicher Ehrgeiz. Aber nicht Liszt, nicht Herz, nicht Hiller erschüttern sein Selbstvertrauen, sondern Friedrich Kalkbrenner, den seine Kollegen wegen seines pfauenhaften Sichspreizens verhöhnen, und den ein Witzling einen in den Dreck gefallenen Bonbon nennt. Er ist der vollkommenste Mechanismus, ganz Ruhe, ganz Klangschönheit, unabhängig von Stimmung und Hemmnissen. Er schlägt Chopin, der kein vollkommener Mechanismus, aber ein Meister der Stimmung ist, einen dreijährigen Unterricht vor. Die Muse lächelt ironisch ob dieses Mißverständnisses. Und die Freunde sind entrüstet. Erregter Briefwechsel zwischen Vater, Schwester Luise, die sich von Elsner beraten lassen, und Friedrich. Elsner sieht hier eine Taktik des Virtuosenneides; befürchtet, man werde das Genie in Frankreich zu fesseln suchen; Chopins Leistungen auf dem

Gebiet der Klaviermusik seien nur ein erster Schritt auf dem Weg zum Weltruhm; die nationale Oper erwarte von ihm Taten; sein Platz sei zwischen Mozart und Rossini. Ruhig, aber bestimmt antwortet Friedrich: er wolle keine Kopie Kalkbrenners werden, er könne es gar nicht, da er entschlossen sei, sich eine neue Welt zu schaffen. Aber schon die Klugheit gebiete ihm, zunächst seinen Weg als Pianist zu suchen; so werde er am besten dem eigenen Schaffen dienen. Das Beispiel Meyerbeers, dem eben mit „Robert der Teufel" der große Wurf gelungen sei, lehre, daß man sich zum Bühnenerfolg langsam emportasten müsse. Auch von anderer Seite, vom polnischen Dichter Witwicki, dessen Texte er in diesen letzten Jahren komponiert hat, wird er in den Tagen der Unterdrückung des Polentums auf die polnische Nationaloper hingewiesen. Umsonst. Er ist zur Klarheit über sich vorgedrungen. Und schließlich fällt der ganze Kalkbrennersche Vorschlag, nachdem Chopin einen Blick in die Schule des vollkommenen Mechanismus getan hat. Es ist ein Triumph der Freunde. Oder vielmehr jener, die sein Herz zu besitzen glauben. Felix Mendelssohn, Franz Liszt, Ferdinand Hiller, Osborne, ein jeder sucht etwas von ihm zu erhaschen; der Kern dieses so unsagbar anziehenden Menschen, der so kindlich ausgelassen, so fröhlich sein kann, entschlüpft ihnen immer wieder. Dem Cellisten Auguste Franchomme glückt's ein wenig besser, doch nicht ganz. Noch berichtet er seinem Titus über diese Pariser Eindrücke; noch erzählt er von einem Abenteuer, dem er ausgewichen ist; noch klagt er über seine elende Gesundheit; bittet um ein Lebenszeichen, da ihm jemand fehle, mit dem er seufzen könne; er quäle sich, weil sein Zärtlichkeitsbedürfnis unbefriedigt sei. Was ihn aber am heftigsten quälen müßte, die Verheiratung seiner angebeteten Konstanze mit einem simplen Kaufmann Grabowski, läßt ihn nur die Worte niederschreiben: „Das bildet kein Hindernis für platonische Neigungen." Die Muse hat ihre Sendung erfüllt; die Zweiteilung tritt wieder ein; das Ideal schwebt, verschwimmt im Hintergrund; der Mensch Konstanze ist gut bürgerlich geworden. Dann wird Chopin für uns so gut wie stumm. Er taucht in dem Pariser Strudel unter, ohne zu versinken. Der Nebel teilt sich hier und da. Die polnischen Landsleute sehen ein Stück von dem wahren Chopin. Die Welt muß die kärglichen Brocken sammeln, die von dem Tisch jener Reichen, durch den Umgang mit ihm Gesegneten, fallen. Oder sie muß aus dem, was der Vater antwortet, Rückschlüsse auf sein Leben ziehen. Nur auf sein äußeres. Der alte Chopin bittet den Sohn, dem Salon nicht den Schlaf zu opfern; im Interesse seiner Gesundheit und in dem seiner Kunst. Er mahnt ihn zur Sparsamkeit, damit er sorgenfrei seinem Schaffen leben könne. Diese väterlichen Ermahnungen, ein Brief, den er an seinen Schulfreund richtet, zeigen uns, daß Chopin ohne Aufwendung von Ellenbogenkraft, allein durch die Zauber seiner Kunst und seiner Persönlichkeit sich die höchsten Gesellschaftskreise erschlossen hat. „Dies ist jedoch für mich heut das Notwendigste, denn von dort rührt augenblicklich der gute Geschmack her; Du besitzest sofort ein größeres Talent, wenn Du Dich in der englischen oder österreichischen Botschaft hast hören lassen; Du spielst sofort besser, wenn Dich die Fürstin Vaudemont (die Letzte des altadligen Geschlechts der Montmorency) protegiert hat." Die Leute vom Hof schätzen ihn, widmen ihm ihre Kompositionen; Kalkbrenner hat Chopins Mazurka (op. 7 Nr. 1) variiert; vollendete Künstler wollen von ihm lernen, setzen seinen Namen neben den Fields; doch weiß er genau, wie fern der Gipfel noch liegt, weil er sehr scharfsichtig für fremde Lücken ist; („seine Favorits auf der linken Seite wollen nicht wachsen"). „Ich habe heute fünf Unterrichtsstunden zu geben; Du denkst gewiß, daß ich mir ein Vermögen machen werde? — Das Cabriolet und die weißen Handschuhe, ohne welche Du hier keinen guten Ton haben würdest, kosten mehr. Ich liebe die Karlisten, hasse die Philippisten, bin selber Revolutionist, mache mir daher aus dem Gelde nichts, viel mehr dagegen aus der Freundschaft, um die ich Dich flehentlich bitte." Sein Inneres scheint sich, da die Forderungen des Salons an ihn herantreten, mehr und mehr einzukapseln. Es ist mehr Straffheit in ihm; das Stimmungschaos sucht und findet keinen Abfluß mehr. Die Regellosigkeit ist von der Ordnung abgelöst; das Genie erkennt die Zeit als seine Tyrannin an; es hat sich in die Fron des Stundengebens gefügt. Gefügt? Und schon will sich das Mitgefühl bei uns melden. Es dünkt uns eine Entweihung der Poesie, daß sie sich durch die Lehre mitteilen soll. Aber sie tut es gar nicht. Nur die Gebärde dieses Spiel ist nachzuahmen, ihr Wesen, ihr Zauber nicht. Nicht der Ton, der aus der liebenden Umarmung des Klaviers geboren wird; nicht der Duft, der aus diesem elfenartigen Huschen über die Tastatur aufsteigt; nicht der tiefe Urgrund von Sehnsucht, Poesie und Musik, dem die Phrase berauschend entströmt. In der Kalkbrenneraffäre hatte der Vater an den Sohn geschrieben: „Du weisst auch, dass das Mechanische des Spiels Dich wenig Zeit gekostet hat, und dass Dein Geist sich mehr beschäftigt hat als Deine Finger. Wenn andere ganze Tage zugebracht haben, um ein Klavier in Tätigkeit zu setzen, so hast du selten eine ganze Stunde dazu verwendet, die Werke anderer auszuführen." Ein Pädagoge spricht's; er weiß das Gewicht dieser Worte zu schätzen; und gerade seine Einsicht von dem Wert des nicht Anerziehbaren will dem vergötterten Sohn sein Künstlertum hüten. Dieser aber sieht es nicht bedroht, wenn er, was sein Genie ihn hatte ahnen lassen, nun noch einmal rückschauend durchdenkt. Wird es ihm gelingen, die Fäden zu entwirren, die zwischen s e i n e r Technik und s e i n e r Musik laufen? Wird sich seine Art, die Finger zu setzen, die das Revolutionäre seiner Kunst spiegelt, in den allgemeinen Strom pianistischer Kultur zurücklenken lassen? Denn nun gestattet ihm sein Selbstgefühl schon, die Methodik seiner Kunst von sich selbst aus zu entwickeln. Es gab einen Augenblick, da er schwankte; damals, als er in jener wohltönenden Zierpuppe Kalkbrenner den vollendeten Mechanismus sah; die Ausschaltung von Arm- und Handgelenk, jene vollkommene Ruhe ist ihm nun nicht höchstes Ziel mehr. Sein Mechanismus ist in seiner Art vollendet, lückenlos; und er sucht ihn als Lehrer des Klavierspiels fest zu begründen. Da ist es nun nicht ohne Reiz zu sehen, wie der Komponist den vierten Finger, das Kreuz der Pianisten, von dem quälenden Ehrgeiz befreit, es den anderen gleichzutun. Das ist eine höchst persönliche Angelegenheit; Chopin verrät uns einmal, daß ihm dieser vierte Finger (trotz allen, auch gewaltsamen und mechanischen Gegenmaßregeln) den Gehorsam verweigert. Er dekretiert kurz: der vierte sei ein der Rücksicht bedürftiges Sonderwesen. Und er packt ihm doch auch in seinen Etüden ein gut Teil Arbeit auf. Das Bahnbrechende seines eng mit den harmonischen Krümmungen, mit dem gesteigerten Ausdruck seiner Musik verknüpften Fingersatzes ist zunächst sein Geheimnis. Aber es ist da und läßt sich durch kein

Veto der Gewohnheitsfanatiker aus dem Wege räumen. So macht sein Streben, sich selbst aus dem Nebel zu flüchten, von seiner Musik aus die Methodik des Klavierspiels zu durchleuchten, den Virtuosen, und gerade den Virtuosen zum Klavierlehrer. Seine Schüler werden den Ehrgeiz, stürmende Bravour zu entfalten, für den Einblick in ein Märchenland opfern; werden in Bach, Cramer, Mozart, Hummel, Field und wenigen Erwählten die Vorstufen zu dieser Glückseligkeit sehen; werden vielleicht, wenn nicht seltene Sehergabe sie dem Meister eint, ewig antichambrieren müssen; werden endlich Apostel seiner Kunst sein.

Doch noch ein anderes erleichtert, versüßt ihm seine Pflicht: der Reiz der grande dame. Mag er über jene Aristokraten, die seinem Talent erst die Weihe geben, spötteln; in dieser Luft atmet er, der Edel- und der Adelsmensch verschwimmen ihm selbst da, wo das Geistige, das Seelische, das Künstlerische ihn nicht anziehn, in einen Begriff. Und auch da noch, wo stärkere Anreize nicht fehlen, kann Derbheit, Unfeinheit ihn bis zum Bruch abstoßen. Die Vornehmheit seiner Manieren, die Gewähltheit seiner Kleidung verschmelzen mit ihm selbst. Wüßten wir's nicht aus manchem uns gebliebenen entschuldigenden Billett, wir könnten leicht erraten, daß diese Frauen der Aristokratie Salonpflichten und Bequemlichkeit über alles stellten, ihre Lektionen absagten oder verschoben. Aber ihre Billetts waren ihm gewiß teuer. Sie erinnerten ihn an die leise Erotik, die jedes Wort der Unterhaltung belebte; an jenes Parfüm, das ihn berauschte, als er der schönen Schreiberin die Finger führte; an kokettes Lächeln, an leichtes Zittern, wenn der Dichter in Tönen sprach. So wird ihm die Musikstunde ein mondaines Vergnügen, eine Fortsetzung des Salons. Ihm entnimmt er den Zuschnitt des Lebens.

Und vom Salon spinnt sich der Faden weiter zum Konzert. Setzte er sich den neugierigen Blicken der Menge aus, sie, die er verachtet, würde Rache an ihm nehmen; sie würde ihn einschüchtern, ihr heftiger Atem ihn ersticken, lähmen, stumm machen. Nie würde er sie niederschmettern wie Liszt. Er sagt es ihm selbst; er fürchtet es immer. Ganz kann er sie nicht ausschließen. Aber den Kern des Publikums müssen immer jene durch den Adel der Geburt oder des Geistes Bevorrechteten, Feinfühligen bilden, in deren Herz seine Musik, sein Spiel als fruchtbarer Keim sich senkt. Seine Konzertschicksale wechseln; nicht immer findet sich jener Gleichklang zwischen dem Gebenden und den Nehmenden, den auch, wo alles andre stimmt, eine glückliche Stunde herbeiführen muß. Die Reizbarkeit des Dichters leidet schon vorher; sie leidet noch stärker nachher, wenn ein kritisches Wort, und sei es auch das leiseste, an seine Empfindlichkeit rührt. Aber er muß jetzt, wo es gilt, sich die Bahn freizumachen, den Wettstreit mit den Größten wagen. So spielt er am 26. Februar 1832 zum erstenmal in der Salle Pleyel. Fast nur Polen umgeben ihn und jene Mitstrebenden, die den Dichter ehren. Geschieht doch hier das Seltsame, das sogar den Neid schweigen läßt: ein Virtuose spinnt sich im Konzert ganz in seine Traumwelt ein, verwebt andere in sie; so daß ein Begeisterter ihm einmal schreibt: „on est seul avec vous au milieu de la foule." Der Eintritt Chopins in die Pariser öffentliche Musik vollzieht sich im Halbdunkel; das Programm ist nicht festzustellen. Wenn er hielt, was er in einem Brief versprach, spielte er sein f-moll-Konzert, seine Variationen in B und — Marche suivie d'une Polonaise von Kalkbrenner mit dem Komponisten. Der durfte nicht beiseitegeschoben werden, wie die Freunde gewünscht hätten. Gewiß ist, daß das erste Auftreten Chopins trotz dem gröberen Geschütz, das in Form von Virtuosensoli aufgefahren wurde, den Polen als reinste, zarteste Sensationslosigkeit in den Mittelpunkt rückte. Der vielbeachtete Kritiker Fétis gibt der Pariser Welt sachlich bekannt, daß hier neue, eigenartige Gedanken, in kühne Modulationen, glänzende Passagen gehüllt, zunächst noch in der Form von Improvisationen sich zeigen. Der Begeistertste ist Liszt: „Der stürmischste Beifall schien unserem Enthusiasmus nicht zu genügen gegenüber diesem genialen Musiker, der eine neue Phase des poetischen Empfindens, gepaart mit den glücklichsten Neuerungen des Formalen seiner Kunst, enthüllte." Es sind inhaltsschwere Worte, aus der Erinnerung geschöpft und von dem Bewußtsein eingegeben, daß der Sprecher Chopin tief verschuldet war. Hier dämmert Liszt die Erkenntnis auf, wie sehr das Dramatische seines Spiels sich von diesem Reichtum der Anschlagsnuancen befruchten ließe; bereit und fähig, dem Phänomen bis auf den Grund seines Wesens zu folgen, entdeckt er die Quelle in einem Lyrismus, den er nicht

geahnt hatte, den er nun in sein eigenes Reich überträgt. Auch
Felix Mendelssohn, der mit der Muttermilch des Berliner Rationalis-
mus Aufgezogene, begreift das Grundeigentümliche der Erscheinung;
auch er versucht sich mit Beethovens G-dur-Konzert, mit seiner
so ganz anders romantischen Sommernachtstraumouvertüre auf dem
schlüpfrigen Pariser Parkett, ist aber vorurteilsfrei genug, hier freudig einzustimmen.

Diesem ersten Schritt in die Öffentlichkeit folgt mancher andere. Mochte auch der dämonische Paganini in den Märztagen
1832 die ganze Virtuosenwelt in die Knie zwingen, für den Dichter
scheint noch Raum in diesem Paris mit dem erregten und nicht
immer ermutigenden Spiel hinter den Kulissen. Chopin wird da
und dort begehrt: einmal, am 20. Mai, stellt er sich in den Dienst
vornehm etikettierter Wohltätigkeit; ein anderes Mal vereinigt er
sich im Dezember mit Hiller und Liszt zum Vortrag eines Konzerts
für drei Klaviere von Bach; dann spielt er zum Besten der englischen
Schauspielerin Fräulein Smithson, mit der Berlioz' Geschicke sich
verknüpfen; beteiligt sich im April 1833 an der Seite der Gebrüder
Herz und Liszt an einem Quartett für acht Hände auf zwei Kla-
vieren. Es ist kein Stil in diesen echt pariserischen Konzerten; und
gewiß hätte sich der Dichter nicht in dieses Joch spannen lassen,
wären nicht die inneren Widerstände gegen solchen Flitter und
Kram zeitweilig in ihm geschwächt gewesen. Noch ist er ein Sklave
der Gesellschaft. Später wird er sie beherrschen.

Inzwischen hat Field, der angebliche, niegekannte Vater Chopinschen Spiels, 1832 Paris mit seiner unromantischen Zartheit in
sanfte Träume gewiegt; hat der aus Italien heimgekehrte Berlioz
die Musikwelt am 9. Dezember des gleichen Jahres mit der kühnen
„Symphonie phantastique" zum zweiten-, mit „Lelio" zum erstenmal überrascht. Chopin steht abseits. Seine Romantik hat mit dieser
nur die Sehnsucht nach dem Ungewöhnlichen, das Abstreifen be-
engender Fesseln gemein; sie lehnt sich gegen das Allzudeutliche
des Stoffes, gegen den Umweg über die Literatur, gegen alles Ge-
waltsame und Unmotivierte auf. Für ihn ist Berlioz einer, der
die Feder aufs Notenpapier spritzen läßt, ohne zu fragen, wie's
gerät. Ein Fall von Selbsteinkapselung des Genies; und nicht der
einzige. Das hindert aber nicht persönliche Beziehungen.

Unseres Chopin Selbstvertrauen steigt. Der Scheinwerfer der Öffentlichkeit hat vermocht, was Ellenbogenkraft nicht zustande gebracht hätte: die Verleger beachten ihn. Was schüchtern in seiner Mappe ruhte, kommt von 1832 an rasch ans Tageslicht. Doch nicht das Allereigenste, das in die Welt hinausstrebt, schafft ihm den Beginn der Volkstümlichkeit: eine blaue Blume, ohne betäubenden Duft, aber anmutig und liebreizend, das Es-dur-Nocturne op. 9 Nr. 2 gefällt allgemein, weil es nicht aufrüttelt. Der Dichter muß sich bescheiden; er muß die Gunst des Schicksals preisen, das wenigstens eine sanfte Melodie mit ihren glitzernden Ornamenten zur Scheidemünze werden läßt. Die gemeine Menge wird sich des Faßbaren bemächtigen; wird es mit seinen tausenderlei Liebkosungen erdrücken; wird es klavierspielend, geigend, singend zum Klingklang erniedrigen.

Der Zeitpunkt rückt heran, da der Atem der Öffentlichkeit ihn belästigt. Im dritten von Berlioz' Conservatoire-Konzerten, am 7. Dezember 1834, spielt Chopin zwischen den Werken des Konzertgebers das Larghetto aus einem seiner Konzerte; er bleibt im Dunkel. Er läßt nicht nach. Vielleicht hilft Gewohnheit, die Schrecken des öffentlichen Spiels zu verscheuchen. Aber das ist Selbsttäuschung des Dichters, die sich rächt. Ein Konzert in der italienischen Oper am 5. April 1835 in der glänzendsten Umgebung vollendet das grausame Werk der Ernüchterung: sein e-moll-Konzert versinkt in der Fülle der Genüsse. Kaum, daß eine Hand sich rührt. Seine leise Sprache, sein selbstvergessenes Dahinträumen scheidet ihn endgültig von der Menge; er kommt nicht zu ihr, also versteht sie ihn nicht. Weltentrückt achtete er der Eiseskälte nicht; wie der letzte Ton verklungen, macht sie ihn erstarren. Der Dichter zieht sich verwundet auf sich selbst zurück. Und fast nur dann, wenn er begehrt wird, wenn die Feinfühligen, die Poetischen ihn rufen, erscheint er ihnen wieder — in Paris wenigstens.

Und die Poetischen, die Feinfühligen haben sich um ihn geschart. Welch eine Anmut in dem Briefchen, das er 1833 Auguste Franchomme sendet! Ihn hat er einmal des Abends improvisierend in sein Märchenland geführt und nicht mehr aus den Augen gelassen. Welch ein harmonischer Dreiklang in jener Epistel, die Chopin und Liszt 1833 gemeinsam an Hiller richten! Der eine nimmt dem anderen die Feder aus der Hand; Liszt spielt in diesem Augenblick des anderen Etuden und „versetzt ihn ausserhalb seiner ehrbaren Gedanken". Chopin „möchte ihm seine Art der Wiedergabe der eigenen Etuden stehlen". Der Spieler, der das liest, läßt das Lob nicht auf sich sitzen und feiert den Komponisten. Dieser wehrt ab. Ein Postskriptum: „Ich begegnete gestern Heine, der mir auftrug, Sie zu grüßen herzlich und herzlich." Herzlich und herzlich! Deutsch gesagt und deutsch empfunden. Es ist die echte Hingabe des Freiheitsmenschen, der nach Deutschland geschrieben hatte: „Die Polen! Das Blut zittert mir in den Adern, wenn ich das Wort niederschreibt"; es ist ein Echo des Dichters, in dessen Herz Wehmut und Sehnsucht drängen; es ist endlich ein Gruß des Ironikers, der in dem spöttelnden Polen einen Geistesverwandten gefunden hat.

Wie ein Schatten huscht in diesem Kreis Vincenzo Bellini vorüber. Mit „Norma" hat er sich in Chopins Herz eingesungen. Der hörte aus seiner Melodie mehr nur als den Ton: den Adel der Seele, den Ausdruck heraus; und sah den feinen, mädchenhaften Genossen aus Genieland 33jährig vorauseilen, wohin, das fühlte er, auch er ihm nach kurzer Spanne Zeit folgen würde.

Doch nein! Ist er nicht gesünder, kräftiger denn je? Hat er der Welt nicht gegen den Einspruch des Innersten so oft mit dem gesteigerten Kraftgefühl des zum Mann Heranwachsenden als echter Virtuose getrotzt? Sein Jas, 1834 an die Ecole de médecine in Paris berufen, findet ihn in der Chaussée d'Antin erstarkt wieder. Chopin jauchzt auf, da er mit ihm, dem aus dem gleichen Ton wie er Geschaffenen, seufzen darf. Die Heimat wird ihm vorgetäuscht. Der Vater ist froh und trägt dem Freunde auf, Hüter des Sohnes zu sein, der mit Briefen kargt. Keiner von den Polen kann ihm sein, was der Freund ihm ist. Aber die Gräfin Plater, die gütige Fee der Künstler, die zu ihm spricht: „Si j'etais jeune et jolie, mon petit Chopin, je te prendrais pour mari, Hiller pour ami, et Liszt pour amant"; der Fürst Valentin Radziwill, der ihm, sagt man, den Weg zum Hause Rothschild ebnete; die Czartoryskis und andere Aristokraten mit ihrer Mischung von Vornehmheit und Zärtlichkeit hätscheln ihn, freuen sich seiner Ausgelassenheit und trösten ihn. Es gibt Landsleute, die sich an seine Kasse wenden; nicht umsonst. Geld ist ihm eine imaginäre Größe, die nur dann feste Gestalt gewinnt, wenn seine vornehme Lebenshaltung gefährdet wird. Und seine Güte versagt sich den Kindern seiner Heimat gegenüber nie. Nur dann, wenn der Künstler in ihm durch sie leidet — was nicht selten geschieht — droht er die Geduld zu verlieren. Schon in den ersten Pariser Tagen hatte er sich in der Kunst der Selbstbeherrschung üben müssen. „Wenn ich an Dich schreibe, ist es mir zuwider, dass just die Glocke ertönt und ein gewisses Etwas, großgewachsen, korpulent, mit Schnurrbärtchen hereinkriecht — sich ans Klavier setzt und, ohne selbst zu wissen was — improvisiert — sinnlos haut, paukt, sich herumwirft, die Hände übereinanderlegt, mit einem gewaltigen Finger, der dort irgendwo in der Ukraine für die Ökonom-Peitsche oder die Zügel bestimmt war, fünf Minuten lang auf einer Taste herumschlägt . . . Da hast Du das Portrait des Sowinski, der kein anderes Verdienst hat, als seine gute Figur und sein gutes Herz. Wenn ich jemals den Charlatanismus oder den Stumpfsinn in der Kunst mir vorzustellen vermochte, so ist es gewiss nie so ausgezeichnet der Fall gewesen wie jetzt, wo ich ihn häufig hören muss, während ich mich wasche und dann im Zimmer auf- und abgehe. Die Ohren erröten mir — ich möchte ihn zur Tür hinausdrücken und muss mich mässigen, ja sogar liebenswürdig sein." Albert Sowinski, der Verfasser des Werkes „Les Musiciens polonais", hat also den Zorn Chopins nicht zu spüren. Wie die meisten unter denen nicht, die ihn reizen. Jeder zügellose Ausbruch der Leidenschaft erregt ihm, dem von stärksten Zu- und Abneigungen Beherrschten, Abscheu. Nur in Sachen der Kunst kennt er kein Pardon. Totenblaß zerbricht er Bleistifte, spricht heftige, grausame Worte und — findet nach wenigen Minuten die Haltung wieder. Das letzte Sichversagen des Slawentums, während man andere mit Zärtlichkeit, Liebenswürdigkeit schmeichlerisch zu sich zieht, führt zu diesen Folgerungen; aber nie gab es sich fesselnder als hier.

Die Selbstbeherrschung hat noch mehr Anlaß sich zu üben: von Deutschland kommen die Stimmen der überschwenglichen Anhänger wie der boshaftesten Gegner zu ihm herüber. Robert Schumann spendet schon seinen Don-Juan-Variationen begeisterten Beifall; Chopin verstand hier nicht, was der deutsche Romantiker ihm andichtete: „. . . . von dem fünften Takt des Adagio sagte er, dass Don Juan Zerline in Des-dur küsst. Die Gräfin Plater fragte mich gestern, wo sich dieses Des-dur bei ihr befinde." Doch bald muß er sich glücklich schätzen, einen zwar phantastischen, aber doch sachverständigen Lobredner von unerschütterlicher Hingabe gefunden zu haben. Wälzt doch Ludwig Rellstab, der Berliner angesehene rationalistische Kritiker, in mehreren Nummern seiner Musikzeitschrift „Iris" die schwersten Blöcke kritischen Unverständnisses heran; wenn er Mazurken und Etuden sieht, fürchtet er Verrenkung der Finger und Zerreißung des Trommelfells, anstatt für sich selbst und seinen Ruf zu fürchten. Spurlos gehen diese Angriffe an Chopin nicht vorüber. Ein Anhänger zahlt Rellstab in einer Zuschrift nicht mit gleicher, sondern mit doppelter Münze, mit Schmähungen. Der Vater berichtet dem Sohn, der Empfänger halte Chopin für den Schreiber, ohne zu bedenken, daß schon seine gute Erziehung diesen Gedanken ausschließen müsse. Ein Freund Rellstabs vermittelt. Jedenfalls weist der alte Chopin immer wieder auf Deutschland hin als auf das Land, von dem Friedrich ernsteste Würdigung und sichersten Ruhm zu erwarten habe; wo er denn auch konzertieren müsse. Dieses Land ist Chopin noch vertrauter geworden. Hiller hatte ihn 1834 zum Niederrheinischen Musikfest gezogen, wo inmitten des akademischen Schadowkreises der zuerst Unbeachtete, Stumme nach wenigen Takten seines Spiels die andern vor Staunen stumm macht. Im Sommer 1835 fliegt er in Karlsbad Vater und Mutter nach langer Trennung in die Arme. Und schreibt an die in Warschau Zurückgebliebenen: „Unsere Freude ist unbeschreiblich. Wir umarmen einander ein über das andere Mal — und was vermag man denn mehr! Schade nur, dass wir es nicht alle zusammen tun. Wie ist doch Gott uns gnädig! Was ich schreibe, ist ordnungslos, es ist aber besser, heute an nichts anderes zu denken: das Glück geniessen, das man erlebt hat! Das ist das einzige, was ich heute besitze. Dieselben Eltern, immer dieselben, nur daß sie mir ein wenig gealtert sind. Wir gehen zusammen aus, führen Frau Mütterchen am Arme, sprechen von Euch, ahmen den schlimmen Neffen nach, erzählen uns, wie oft eines an das andre gedacht hat. Wir trinken und speisen zusammen, cajolieren miteinander. Ich bin au comble de mon bonheur. Die nämlichen Gewohnheiten, die nämlichen Bewegungen, unter denen ich aufgewachsen bin, dieselbe Hand, die von mir solange nicht geküsst wurde."

Er ist nach Deutschland gegangen, um Polen zu finden. Und noch einmal streckt er die Hand nach dem Vaterland aus: er möchte sich die Lebensgefährtin aus der Heimat holen. Nach so vielen Frauen, deren Duft ihn berauschte, die Frau, die ihm Verkörperung seines Begriffs von weiblicher Hoheit sein sollte: Maria Wodzinska, mit der er einst in Warschau Versteck gespielt, der er als seiner schätzenswerten Kollegin einen kleinen Walzer geschickt, deren Thema ihn zu Phantasien begeistert hat, sie ist die Erwählte. Ihr Bruder Anton, in Paris und in Spanien oft der Hilfe bedürftig, wird ihm Vorwand zum Austausch von Freundlichkeiten. Und in jenem Sommer 1835 beginnt das Liebesspiel. Wir können es nun in Briefen verfolgen. Der liebenswürdige, schalkhafte, zärtliche, anmutige Chopin wird in Dresden nach polnischer Art gehätschelt; erobert scheinbar die junge Komtesse, überreicht ihr das Manuskript des As-dur-Walzers (op. 69 Nr. 1); hat, wie die alte Gräfin schreibt, nach seiner Abreise eine fühlbare Lücke zurückgelassen; ist ihr „vierter Sohn Friedrich". Der also Verabschiedete eilt mit übervollem Herzen nach Leipzig, sieht den Schumann- und Mendelssohnkreis und spielt zum Entzücken der Anwesenden. 1836 spinnt sich das Liebesspiel weiter. Marienbad. Die Dämmerstunde, die Stunde, in der die Göttin am liebsten zu ihm herniedersteigt, die Ideen ungerufen erwachen, ist auch jene, in der sich die Herzen zu finden scheinen. Er fragt: Ihre dunklen Augen, ihr sinnlicher Mund, alles spricht: „Ja". Die Mutter hört's und willigt ein, fordert aber Schweigen. Wiederum ein Sprung nach Leipzig, wo er Robert Schumann trifft. Die Dämmerstunde, die den Glücklichen in der Erinnerung heimsucht, wird der alten Gräfin später peinlich. So ernst hat sie's nicht gemeint. Sie ist Polin. Sie ist Mutter. Die Gesundheit Chopins scheint ihr erschüttert. Sie empfiehlt ihm Kuren, ausgiebige Nachtruhe. Marie sendet warme Pantoffeln. Nur mehr als flüchtige Grüße, unverbindliche Verbindlichkeiten, Bitte um Autographen sendet sie nicht. Er ist viel dringlicher, viel ernster, viel begeisterter; porträtiert sie in seiner f-moll-Etude (op. 25 Nr. 2); widmet ihr sein cis-moll-Nocturne (op. 27, Nr. 1). Ist es wahr, daß sie, wie Hoesick wissen will, bald darauf in Genf mit dem polnischen Dichter Slowacki, einem halben Doppelgänger Chopins, andere Liebesfreuden kostete? So daß wir kaum sagen können, der Gegenstand der Liebe habe gewechselt? Der Graf Friedrich Skarbek war doch glücklicher als er: sie heiratete ihn wirklich. Aber doch immer nicht so glücklich, daß sie ihm treu blieb. Diese Ehe wurde bald geschieden. Genug: Chopin, der in Polen die Gefährtin des Daseins suchte, der sie mit dem ganzen Reichtum seines Herzens, mit seinem ganzen unberührten Idealismus beschenken wollte, war an eine schmeichlerische Katze geraten. Unter dem Titel „moia biéda" (mein Unglück) faßte er selbst das Bündel Wodzinski-Briefe zusammen.

Er ist reif für die Tragödie des Lebens.

LIAISON

Und ganz natürlich knüpft sich, was folgt, an das Vorangegangene. Wie wenn sie den ursächlichen Zusammenhang zwischen
versagtem Eheglück und der künftigen Liaison bezeugen wollten,
liegen uns zwei Briefe vor, beide an Mitglieder der Familie Wodzinski gerichtet; der eine an Anton, der andere an die Gräfin.
Beide bestätigen das eine: Chopin ist krank. Die Ärzte haben ihm
Ems verordnet. Auch die Freunde sehen es. Ein Brief des Marquis
de Custine, seines Bewunderers sans phrase (und Bekannten der
George Sand) kann nur aus dieser Zeit stammen: „Vous êtes ma-
lade; vous pourriez surtout le devenir bien plus sérieusement; vous
êtes sur la limite des chagrins de l'âme et des maux du corps."
Er will ihn über den Rhein nach Ems bringen; dort werde er sicher
genesen. Eine Randbemerkung Chopins zum ersten der Briefe darf
nicht verschwiegen werden: „Ich gehe vielleicht für ein paar Tage
zu George Sand . . ." Schon sein elftägiger Aufenthalt in London mit Camille Pleyel im Juli verlief seltsam in den Augen der
Welt: ein Musiker von Ruf bleibt der Londoner Gesellschaft un-
sichtbar, begnügt sich damit, einen Blick in den Musikbetrieb zu
tun, und verschwindet.

Wir sind mitten in der George-Sand-Affäre; und sehen zugleich den Anfang des Siechtums; die Dämmerung im Dasein des
Meisters.

Chopin und George Sand! Es ist eine Angelegenheit, die eine
Spur von Trivialität in das Leben des Tondichters bringt. Bisher
hatte wohl einmal Orlowski nach der Heimat schreiben können:
„Er verdreht allen Französinnen die Köpfe, und die Männer sind
eifersüchtig auf ihn"; oder der Geiger Artôt aus Moskau an ihn
selbst: „Wissen Sie, dass Sie mich höllisch eifersüchtig machen?
Ueberall wohin man kommt, beschäftigt sich jeder Weiberrock mit
Chopin: Kennen Sie Chopin? O Gott, wie gern möchte ich Chopin
kennen lernen." Der Vielbegehrte blieb ganz und gar nicht unberührt davon, aber er ließ sich nicht ketten; denn, wie Liszt noch
von dem Dahingeschiedenen rühmt: „Er hat sich an keiner Affaire,
an keinem Drama beteiligt . . .; er entschlüpfte allen Banden, allen
Freundschaften, die ihn hätten fesseln können; er sprach weder

von Liebe noch von Freundschaft." Das stimmt eben zu seiner Weltfremdheit und Weltfeindlichkeit, zu seiner Abneigung gegen das Triviale, zur ganzen Phantastik seines verschleierten Daseins.

Und doch! Eine Frau brachte den Dichter ins Gerede von Paris und in das der Welt. Diese sah in ihm die Fortsetzung Alfred de Mussets als Geliebten der Sand; hielt sich an die merkwürdige Ähnlichkeit der Beziehung eines Mannweibes zu einem Schwächeren. Und vergaß nur eines, daß eben der polygame Musset Chopin so ganz unähnlich war; bis sein Leiden sie belehrte.

Das Netz von Trivialitäten, in das Chopin wider Willen allmählich geriet, hat sich in den letzten Jahren noch verdichtet. Man darf sagen: es ist fast alles aufgehellt. Briefe der George Sand, ihrer Tochter, haben, was der Meister nur andeutete, schonungslos aufgedeckt; und es ist ein Glück, daß er aus all dieser üblen Nachrede, ohne ernstlich Schaden zu nehmen, ja gereinigt hervorging. Wem Chopin lieb ist, der wird hier doppelt haushälterisch sein; denn weder erhöht noch berührt es überhaupt seinen menschlichen Wert, wenn George Sand der Nachwelt selbst in erschreckendster Gestalt erscheint.

Sie hat ohnehin längst beides, ihren Ruhm und ihren Ruf, eingebüßt. Sie steht in dem weiten Museum dichterischer Halbbegabungen, hat aber als menschliche Merkwürdigkeit mit ihrer Mischung von Bohèmetum und Ordnungssinn, von glühender Einbildungskraft und kühlster Berechnung Anspruch auf den Nachruhm.

Schon ihre Körperlichkeit verrät die Widersprüche ihrer Natur. Daß sie eine schöne Frau war, bezeugen Musset und Heine. Der eine liebt in ihr das Rassige, das braune, bleiche, olivenfarbige Gesicht „mit bronzeartigen Reflexen und Augen so groß wie die einer Indianerin". Doch diese Augen, die nach Heine in einem Gesicht von griechischer Regelmäßigkeit wohnen, sind stille, sanfte Augen, „die weder an Sodom noch Gomorrha erinnern". Aber diese Ruhe und Würde scheint auch für den wohlwollendsten Betrachter nicht ganz ungetrübt zu sein. Denn schon die nicht eben klassische, gewöhnliche Nase bildet den Übergang zu dem, was der Ausdruck ihres Instinktlebens ist: im Mund noch kämpft das Harte mit dem Weiblichen so, daß die Anmut sich flüchtet; „die etwas hängende Unterlippe", gesteht selbst der hier besonders freundliche Heine, „verrät ermüdete Sinnlichkeit. Das Kinn ist vollfleischig, doch schön gemessen." Sie verzichtet gänzlich auf Esprit und Witz, die ihr ja unter den Französinnen den Vorrang nicht einräumen würden; sparsam in dem, was sie sagt, saugt sie den Inhalt fremder Rede ganz in sich ein, um ihn in eigene Münze umzuprägen.

Die Selbstsucht, die sich hier äußert, bleibt nicht rein literarisch; sie hat ihre Quelle im Menschlichen, und hier tritt sie durch nichts gemildert auf. Die Schriftstellerin empfindet das Fehlen starker geistiger Grundlagen; obwohl aufs Ernste gerichtet, vermag ihr Denken an sich nicht die letzte Unerbittlichkeit aufzubringen, noch verfügt es über einen reichen, durch Kenntnisse vermittelten Stoff, über den es frei schalten könnte. Selbstsüchtig baut sie sich ihre voraussetzungslose Lebensweisheit auf; ihre Tatkraft bleibt am Menschlichen, Allzumenschlichen haften und versagt, wenn sie die Gebilde ihrer Phantasie aus der Fülle fesselnder Einzelheiten in die charakteristische, bleibende Form gießen möchte. Geburt und Erziehung — sie stammt in letzter Linie vom Maréchal de Saxe und der dame de l'opéra Fräulein de Verrières, und hatte eine Mutter, die als Tochter eines Pariser Vogelhändlers erst viele Stufen bis zu anständiger Bürgerlichkeit emporsteigen mußte — lehren die kleine Dupin, im Ungewöhnlichen das Übliche zu sehen; und eine lästige Ehe mit dem ihr gleichgültigen Herrn Dudevant macht sie reif für ein Leben, in dem sie die letzten Folgerungen aus solchen Schicksalen zieht. Sie hat gelernt, sich auf sich selbst zu stellen. Sie schüttelt jeden Zwang ab, haßt alles Konventionelle. Sie vertauscht die weibliche Kleidung gegen die männliche; tritt mit eisernen Absätzen auf. Und während sie sich vom Instinkt, vom Sturm ihrer Leidenschaften treiben läßt, bewahrt sie sich die Kraft zu herrschen, zu beobachten und zu schildern. Von 1831 an, wo sie den Mann nach gütlichem Übereinkommen verläßt, macht sie in diesem bunten, erregten Paris zugleich ihre literarischen und ihre erotischen Lehrjahre durch und gilt bald als Meisterin. Kurze Pausen treten ein, wenn sie in Nohant, ihrem in Berry gelegenen Grundbesitz, den Gatten und die beiden kleinen Kinder Maurice und Solange wiedersieht. Sie hat mehrere Spielarten des Liebesgenusses erprobt, Jüngere umgarnt und beherrscht und ist als Aurore Dudevant und als die berühmte Schriftstellerin George Sand zweiunddreißig Jahre alt geworden. Sie streift nun auch die letzte Fessel ab und erzwingt die Scheidung von ihrem Mann, die sie materiell unabhängiger macht. Sie könnte nun, zumal sie die Maske der Keuschheit liebt — schon die ruhigen Augen und die Einfachheit ihrer Rede sagen das — die Ehe mit einem Objekt ihrer Leidenschaft schließen. Doch sie kann nicht den Schatten eines Zwanges ertragen. „Ich aber beanspruche, jetzt und für immer, die stolze und schrankenlose Unabhängigkeit, die Ihr allein zu genießen das Recht zu haben glaubt. Ich würde sie nicht jedermann raten; aber, soweit es mich betrifft, soll kein Liebesverhältnis jene Unabhängigkeit auch nur im mindesten beschränken. Ich gedenke meine Bedingungen so hart und so klar zu stellen, daß kein Mann kühn oder gemein genug sein wird, sie anzunehmen."

Die ermüdete Sinnlichkeit verlangt von der Einbildungskraft neu gespeist zu werden; und diese stellt die gleiche Forderung an ihre Sinnlichkeit. Polen ihrer Bekanntschaft sprechen von den polnischen Frauen mit leuchtenden Augen, mit leise durchschimmernder Erregung; erzählen von den lässigen, atembeklemmenden, schlangenhaften Bewegungen dieser Körper, die ihre Sehnsucht doch mit Anmut und Geist verhüllen. Es ist anbetende Ritterlichkeit in ihren Worten. Liszt, der Kenner, stimmt ein. Und wie er selbst in Chopins Musik den höchsten Ausdruck solcher Anbetung verehrt, teilt er seinen Rausch George Sand mit, die zugleich Freundin der Gräfin d'Agoult ist. Diese so völlig neue Note, die sehnsüchtig anbetende Keuschheit, fehlt im Album ihrer erlebten und geschilderten Liebesgenüsse. Sie will Chopin erobern; ihn beherrschen. Hier gibt's stärkste Widerstände zu überwinden. Sie, die in Selbstanbetung lebt, will dieses Gefühl von einem Dichter geheiligt und bis zur Vergötterung ihrer selbst gesteigert sehen. Die Forderung ihrer Einbildungskraft, das Toben der Sinne übertönt ihr den Widerspruch, daß der, den sie programmgemäß zu demütigen hat, ihr diesen ganz reinen Kultus nicht mehr weihen kann, weil er nach ihrer eigenen Logik zu „niedrig" wäre.

Das sind die Vorgänge, die sich in der Seele der Frau abgespielt haben. Erst die Tatsachen: Begegnung, Kampf und Sieg entziehen sich den forschenden Blicken derer, die in jeden Winkel hineinleuchten wollen. Die Einleitung durfte auch nach dem Willen der Sand das Legendenhafte nicht verlieren. Gewiß ist, daß die Sand die Widerstände nicht hoch genug angeschlagen hat, und daß Chopin nur nach langem Widerstreben mit dieser Frau bekannt geworden ist. Wie er ihr nicht mehr entschlüpfen konnte, fand er sie unangenehm; dann ließ er sich von ihr in Ketten legen. Die Abneigung des so unendlich Feinfühligen, in Kleidung und Formen Überempfindlichen gegen diese unweibliche Verächterin des Geschmacks, der Eleganz und der Sitte ist leicht zu begreifen. Aber gerade weil sie von ihren Geschlechtsgenossinnen rücksichtslos und erfolgreich abrückte, triumphierte sie über ihn.

Chopin hat zu jener Zeit den kritischen Augenblick seines Lebens erreicht. Er träumt nicht mehr allein von der Poesie der Liebe. Inmitten der Zärtlichkeit von Eltern, Geschwistern und Freunden aufgewachsen, sehnt er sich nach dem ruhigen Glück der Ehe. Das Bohèmetum ist ihm zuwider; der Dichter fühlt sich den tausend Kleinigkeiten des Lebens gegenüber machtlos; auch sein Schaffen soll sich aus dem festen Grund von Liebe, Sorglosigkeit und Ordnung erheben. Poesie und Prosa fließen hier zusammen. Aber noch mehr: viel Sinnlichkeit ist in ihm aufgespeichert; auch im Leben seiner Sinne ist Unrast, die den geschwächten Körper des Schwindsüchtigen noch heftiger quält und schüttelt. Dem Traum von dem Glück in Polen an der Seite Marie Wodzinskas ist die Ernüchterung gefolgt. Er ist ein wenig mürbe, für den neuen Eindruck empfänglicher geworden. Nun tritt ihm die Herrennatur einer George Sand gegenüber. Nur so lange, als sie begehrlich den Entweichenden suchte, unterschied sie sich nicht von den anderen Frauen. Nun aber, wo sie ihre Augen ruhig auf ihn heftet, empfindet er das Mißbehagen dessen, der nicht erliegen möchte, sich in inneren Zuckungen windet und erliegt. Hier ist Rasse und Kraftgefühl; seine Sinne geraten in Aufruhr, weil er, der Schwache, zum erstenmal einen starken Arm über sich fühlt. Hier ist aber auch Ruhm, Phantasie und Geistigkeit; so braucht auch der ideale Mann nicht zu darben. Und wie er einst von seinem Titus als von einem Tatmenschen alle Entscheidungen erwartet hatte, legt er sie nun in die Hände dieses Mannweibes, in dem das Weib ihn mit den stärksten Ketten der Sinnlichkeit fesselt, die Herrscherin ihn vertrauensvoll stimmt. Es wäre die höhere Einheit, die letzte Zusammenfassung alles Wünschenswerten, wenn die

Poesie, die ihm dies alles zuletzt wieder verklärt, auch in dieser seltsamen Frau den Schleier über Leidenschaft und Geist breitete. Im Dichter, der in seiner Abneigung gegen eine Liaison sich fast dem gutbürgerlichen Ideal nähert, keimt der Gedanke an eine dauernde Vereinigung auf. Die Dichterin hat aber in ihrem nun befriedigten Herrschergefühl die Kraft wiedererlangt, ihr Programm durchzuführen: das Programm der schrankenlosen Unabhängigkeit. Sie kann ihn, wenn sie sich selbst den Reiz der unbedingten Hingabe Chopins an sie nicht rauben oder kürzen will, nicht völlig demütigen, muß also zu kleinen Abstrichen bereit sein. Und darf es um so mehr, als diesem zarten, willenlosen Geschöpf gegenüber allmählich etwas wie Muttergefühl in ihr erwacht. Er selbst, dessen Wünsche an ihrer selbstsüchtigen Unerschütterlichkeit scheitern, glaubt nun einen wirtschaftlichen und moralischen Ersatz der Ehe für sich retten zu können. George Sand, die wirtschaftlichste aller Romantikerinnen, stellt später ihr Zusammenleben auf die Grundlage eines Vertrages, der dem Dichter Ruhe und Sorglosigkeit, ihr selbst aber Bewegungsfreiheit gewährleistet; doch erst dann, nachdem eine günstige Auskunft sie über die seelischen Voraussetzungen in Chopin beruhigt hat.

Es stimmt traurig, unsern Dichter in den sicheren Hafen einer solchen Scheinehe einlaufen zu sehen. Aber es ist nicht zu befürchten, daß sein Bestes an ihr Schaden nimmt; es gibt etwas Unberührtes, ein Allerheiligstes in ihm, in das keine Trivialität eindringen kann. Gewiß: die Kontraste waren so scharf, daß sie sich nicht ergänzten. Und die poetische Halbbegabung der George Sand litt trotz stärkstem Bemühen auf dem Gebiet der Musik Schiffbruch. Dieser Musik vor allem, die an einen Sinn sich wandte, der ihr fehlte. Ihr also war der Zugang in das Allerheiligste versperrt. Seine Eigenart ist längst fest umrissen, zur Meisterschaft aufgestiegen, in Werken ausgesprochen, die den Flug in die Welt entweder schon vollendet haben oder in Kürze beginnen werden. Und der Ersatz der Heimat, der dem Ruhebedürftigen, Kranken vorschwebte, wurde ihm gewährt. Ja, zunächst wahrte auch die Sand den Schein der Poesie. Im Jahre 1847 aber konnte sie Grzymala, dem vertrautesten Freund des leidenden Chopin, folgendes schreiben: „Seit sieben Jahren lebe ich mit ihm wie eine Jungfrau. Wenn irgend ein Weib in der Welt ihm unbedingtes Vertrauen hätte einflößen sollen, so bin ich es, doch hat er das niemals begreifen wollen. Ich weiss es nur zu gut, daß viele Leute mich beschuldigen: die einen, dass ich ihn durch die Heftigkeit meiner sinnlichen Triebe zu grunde gerichtet, die andern, dass ich ihn durch meine Launenhaftigkeit zur Verzweiflung gebracht hätte. Ich vermute, dass Du wohl weisst, wie viel an diesem Gerede Wahres ist. Was nun ihn betrifft, so beklagt er sich mir gegenüber, ich hätte ihn durch Verweigerung meiner Liebkosungen zugrunde gerichtet, während ich die absolute Gewissheit habe, dass ich ihn unzweifelhaft getötet hätte, wenn ich anders vorgegangen wäre."

Dieses Bekenntnis soll hierher gesetzt werden, weil es die Zeit des echten Liebeslebens klar abgrenzt. Das Mißtrauen, das sich allen Äußerungen der Frau gegenüber erhebt, muß hier schweigen. Und wenn wir in den Worten: „Seit sieben Jahren lebe ich mit ihm wie eine Jungfrau" das „ihm" unterstreichen, wissen wir, daß die Qualen des Verschmähten sich bis zur Unerträglichkeit steigerten. „Seine Seele", sagt sie in dem gleichen Schreiben, „ist ganz Poesie und Musik". Sie hatte diesen neuen Reiz der Liebe bald ausgekostet, ließ dann der Poesie und der Musik ihr Recht, zog aus seinem Idealismus die eigennützigen Schlüsse und tröstete sich mit dem Bewußtsein, einem Hilflosen — soweit sie selbst seine Tasche nicht angriff — eine wirtschaftliche Stütze gewesen zu sein; dem kranken Dichter die Kraft zum Schaffen nicht entzogen zu haben. Sollen wir nun das Geschick preisen, das Chopin in seinem Kampf um das Lebensglück vor seelische und körperliche Hemmungen gestellt hat? Diese Frage bleibe zunächst unbeantwortet. Betrachten wir dieses Bündnis als ein unabweisbares Ereignis und begleiten wir, ohne die Frau zu hassen, den Meister, den wir lieben, von der Poesie zur Prosa.

Hatte ihm nun einmal sein Instinktleben den Bruch mit eingewurzelten Anschauungen diktiert, so fand doch der Dichter sich selbst sofort wieder. Die große Welt wurde von seinem Innersten ausgeschlossen; nichts Unzartes, Eindeutiges wurde von ihm nach außen hin geduldet; und diese Eltern, die sich nicht mehr zur Pariser Freiheit bekehren konnten, durften in ihrem Empfinden nicht verletzt, in ihrem stillen Glück nicht beunruhigt werden. Für sie war George Sand immer nur die mütterliche Freundin, die den Sohn behütete; sie heißt in den Briefen „die Herrin des Hauses"; ein Titel, der ja auch ihrer schrankenlosen Unabhängigkeit entsprach.

Der poesievolle Auftakt dieses Neben- und Gegeneinanderlebens ist Palma auf Majorka. Die Krankheit Chopins oder die des Sohnes der Sand, Maurice, oder die beider ist der äußere Anlaß zur Reise. Aber der Wechsel der Szenerie, die Weltflucht, die Abgeschiedenheit, schon immer die stärksten Bundesgenossen der Liebe, sind auch der neugeschaffenen Gemeinschaft hold. Chopin hatte sich mit dem Empfang von 2000 Franken Pleyel zur Vollendung seiner „Préludes" verpflichtet. Aber dieser Zwang wird nicht empfunden, wo die Reize einer südlichen Natur ihm, dem Stimmungsmenschen, himmlisches Behagen schaffen. Seine Sehnsucht nach Sonnenschein ist erfüllt. Auch die Dichterin zwingt sich von den leidenschaftlichen Menschen zur Natur zurück und ist im fruchtbaren Schaffensrausch bereit, sich selbst, nicht zu vergessen, aber zu mildern und anzupassen. Selbst dann, als Chopin krank wird „wie ein Hund", seine bedrohliche Bronchitis die Reisenden aus der Villa „Son Vent" in das Kloster Valdemosa treibt und manche Unbequemlichkeit verursacht, fühlt sie sich noch nicht als Märtyrerin. In dem Kranken aber wird die Phantastik des Ortes, die schon die Dichterin hoch stimmt, besonders mächtig. „Zwischen Fels und Meer, in einem gewaltigen verlassenen Karthäuserkloster, kannst Du Dir mich in einer Zelle, deren Türe größer ist als in Paris die Haustore, unfrisiert ohne weisse Handschuhe und blass wie immer vorstellen. Die Zelle hat die Form eines Sarges mit einem hohen, verstaubten Gewölbe. Ein kleines Fenster, vor diesem Orangenbäume, Palmen und Zypressen. Dem Fenster gegenüber, unterhalb einer Filigranrosette im maurischen Stil, steht ein Bett. Daneben ein alter, würdiger, intouchabler Schreibkasten, der sich kaum benützen lässt, auf ihm ein Bleileuchter (der Luxus ist hier gross!) mit einer kleinen Kerze. Bachs Werke, mein Gekritzel, nicht mir gehöriges Gerümpel. Eine Stille — man kann schreien — es bleibt immer still. Kurz, ich schreibe an Dich von einer ganz merkwürdigen Stätte aus." ... „Unter dem hiesigen Himmel durchdringt Dich ein eigenartiges poetisches Gefühl, das alles hier zu atmen scheint; Adler schweben, von niemandem verscheucht, täglich majestätisch über unsern Häuptern dahin!"

Die Liebe beseligt und stützt ihn. Doch es gibt Augenblicke, wo den Jenseitigen die Schauer der Einsamkeit packen und die Phantasie Schreckbilder aus den Tasten herausträumt. Die Krankheit lähmt und fördert zugleich die Arbeitskraft, weil sie den Aufruhr der Nerven hervorruft. Kehrt er zur Wirklichkeit zurück, dann kann sein Verhältnis zu ihr befremden. Er hat in Julian Fontana, einem Warschauer Jugendfreund, einen musikalischen Vertrauensmann in Paris gefunden, dessen unbedingte Arbeitswilligkeit er erbarmungslos ausnützt. Der empfindet wohl, daß er Ewigkeitswerte zu schützen hat. Und wie muß er sie schützen! Es gibt keinen größeren Gegensatz als die verträumte Stimmung, aus der ein Chopinsches Werk strömt, und jene unerbittliche Rücksichtslosigkeit, mit der es der Komponist auf den Markt bringt. Der Stolz des Genies, das alle Andersgearteten, alle, die Geldgeschäfte treiben, zu seinen Lohndienern erniedrigt, kann sich, obwohl ihm selbst unbewußt, nicht hüllenloser zeigen. Die Vorsicht im Verkehr mit den Verlegern, die ihm sein Vater in den Briefen der ersten Pariser Jahre empfohlen hatte; die Freundschaft mit Heine und anderen, die in ihrem Sold standen; die Gemeinschaft mit der wirtschaftlichen Romantikerin George Sand hatten reiche Früchte getragen. Aber wenn selbst all dies in Rechnung gebracht wird, so werden doch gewisse Lücken des Menschtums, gewisse Seiten des schmeichlerischen, unaufrichtigen Polentums sich nicht verwischen lassen. Eine wahre Blütenlese von Schimpfwörtern geht in diesen Briefen über die Verleger nieder, in denen er doch gelegentlich mehr als nur Geschäftsleute erprobt hat. Wenn sie Juden sind wie Maurice Schlesinger, gelten sie dem judenfeindlichen Polen an sich als Lumpen. Sind sie es nicht und nehmen doch ihren Vorteil wahr, wie Pleyel oder Probst, dann macht er sie zu Gesinnungsjuden und will lieber mit den wirklichen zu tun haben. Und seiner geschäftlichen Weisheit letzter Schluß ist: „Doch ich sch . . . . . auf dies alles. Deutsche Halunken, jüdische Schurken, Bluthunde, Schinder u. s. w.!" Nicht viel besser ergeht es dem Verwandten des Komponisten Moscheles, dem Bankier Leo, dessen Güte er an sich erfahren hat. Ins Gebiet der, wie er selbst meint, originellen Scherze aber gehört folgende briefliche Äußerung: „Falls Moscheles bereits in Paris ist, so lass ihm ein Klystier aus Neukomms Oratorium, angerichtet mit (Berlioz')

Cellini und Döhlers Konzert verabreichen. Er wird dann gewiss auf den Locus gehen und irgend einen Valentin machen ... Dein mehr denn je langnasiger Ch." Der Ausdruck der Verachtung Chopins für die Musik seiner Zeit kann nicht gut stärker sein.

Fontana erledigte pünktlich alles, was ihm aufgetragen war. Auch der Schlußrefrain der gesamten Korrespondenz: „Stillschweigen über mich vor allen, nicht näheren Bekannten, Wortkargheit vor den notwendig Eingeweihten" klang ihm beständig im Ohr. Die Verleger durften nicht unter Chopin als einen Verlorenen einen Strich machen, und die andern sollten in dem boshaften Paris zu übler Nachrede keinen Anlaß haben. Hören wir nicht den Knaben wieder, der weltklug die Angehörigen immer wieder von neuem zum Schweigen über seine ungünstigen Urteile verpflichtet? Nur daß jetzt sein Liebessehnen erfüllt ist, die Poesie, die in seinem Herzen wohnt, den Erguß in Worten nicht mehr sucht. So ist Weltklugheit nicht mehr von dem versöhnenden Stimmungschaos eines innerlich Zerrissenen umrahmt, und die Entspannung von allem nervenzehrenden Erleben, Träumen und Arbeiten vollzieht sich blank und hart. Doch läßt uns eben das, was er verschweigt, wieder den Weg von diesen nicht immer erfreulichen Menschlichkeiten zu jenem Chopin zurückfinden, den wir vergöttern.

Der ist nun als Schwerkranker mit seiner Begleitung Anfang März 1839 nach Marseille gelangt. Dort genügt er einer traurigen Pflicht. Der berühmte Tenorist Adolphe Nourrit hatte sich in einem Anfall von Schwermut über seinen erbleichenden Stern in Neapel durch einen Sturz aus dem Fenster getötet. Als die Leiche Marseille passiert, wird für ihn ein Trauergottesdienst abgehalten, und kein Geringerer als Chopin, der Bewunderer seiner Kantilene, sitzt an der Orgel. Dann sieht er bei einem Ausflug nach Genua ein Stückchen des einst erträumten Italiens, das ja seiner Begleiterin vertrauter ist. Nohant, der Landsitz der George Sand, ist wie selbstverständlich das letzte Reiseziel. Hier soll der gesundheitlich Gebesserte noch einen Nachklang des Liebesfrühlings erleben.

Wie auf diesen Frühling sehr bald Sommer, Herbst und ein langer Winter folgten, das ist die Geschichte der nächsten sieben Jahre. Nohant und Paris lösen sich nun fast regelmäßig ab. Chopin, den nicht nur die Pflicht, sondern sein ganzes Wesen stets an die Stadt mahnt, liebt das Land nicht und ersehnt doch ruhelos immer den Wechsel. In Nohant kann er unbelastet vom Unterricht komponieren; und George Sand, die stets Gastfreie, schafft ihm, wie es ihr selbst längst Bedürfnis ist, in einem Kreis feingeistiger, ja bedeutender Menschen einen Ersatz für den Salon. Wer bei ihr einkehrt, hat freies Verfügungsrecht über das Haus wie über sich selbst. Fischen, Jagen, Billardspielen, Ausflüge sind die Beschäftigungen, die den Müßiggang erträglich, ja genußreich machen. Aber es gibt auch Anlässe, sich im Dienst der Kunst zusammenzufinden. Wo ein Chopin, ein Liszt, ein Delacroix, eine Viardot-Garcia, Balzac, Pierre Leroux und George Sand weilen, wird man erfinderisch. Man improvisiert Stücke nach einer hinter der Bühne angeschlagenen Skizze; Liszt und Chopin sorgen für die Bühnenmusik, und es ist nicht ohne Belang, zu erfahren, daß unser Tondichter eine Einleitungspantomime ersann und da, wo die Worte fehlten, mit staunenswert beredtem Ton Bewegungen schuf, erriet und ihnen folgte. Ereignislos fließt ihm sonst das Leben hin; nur in seiner Seele spielt sich Dramatisches ab, und in sie ist auch dem, der zu lesen versteht, mancher Blick verstattet. Sein „tempérament sauvage" muß sich mit vielem abfinden. Unter den Menschen, die George Sand zu sich ladet, sind manche ihm gleichgültig, andere ihm unangenehm, zuweilen peinlich. Er muß sie ertragen um der Herrin des Hauses willen, die er liebt und die ihm sehr bald ihre mütterliche Zuneigung schenkt. Sie empfindet so mütterlich, daß sie 1842 mit ihm nach dem Künstlerquartier Cité d'Orléans zieht. Das Zusammenleben verliert alles Anstößige; George Sands Freundin, Madame Marliani, nimmt an den Mahlzeiten teil, die sie oft selbst zubereitet. Chopin bewegt sich als ein mit geschmackvoller Eleganz gekleideter Mann von pariserischer Tournüre in seinen Zimmern, die mit ihrer Fülle reizender Niedlichkeiten sein persönliches „cachet" tragen; er arbeitet, er empfängt in diesen Räumen, die Blumenduft atmen, seine Schülerinnen, Schüler und Freunde; und die minder elegante Freundin lebt in den ihrigen, wie sie es gewohnt ist, ihrem Schaffen und ihren Beziehungen. Als Mannweib gestattet sie sich in Gesellschaft auch den Genuß einer Zigarre, die Chopin sich selbst verbietet; sein Feingefühl verläßt ihn nie, auch wenn ihre herrische Derbheit es ihm erschwert. Der sonst so Stolze wird der Starken gegenüber zum Sklaven. Das Pariser Geschwätz, die médisance, darf ihn nicht ganz kalt lassen; und da die feine Malice ihm angeboren ist, findet auch Unerhebliches, Kleinliches durch diese Pforte Eingang bei ihm. Wer die Pariser Briefe an seine Angehörigen liest, sieht, daß es auch einen Ausgang findet. Die Seinigen werden mit dieser Chronik, die selbst Wissenschaftliches, Politisches von fernher streift, abgespeist, während ihnen der innere Mensch meist entschlüpft. Der Vater klagt beständig darüber, daß der Sohn ihn mit Briefen so kurz halte. Was hat er den Seinigen noch von sich zu sagen? Und wie mühsam ringt er sich die Worte ab; wie oft zerreißt er schon Geschriebenes, weil es ihm den inneren Zustand und die körperliche Hinfälligkeit zu verraten scheint! Schwester Luise freilich, die ihm so nahe ist, wird bald reif sein, in das Geheimnis seiner großen Liebe eingeweiht zu werden.

Um Chopin wird es leer. In Jan Matuszynski verliert er 1842 den Gefährten seiner körperlichen und Vertrauten seiner seelischen Leiden. Sie waren beide, wie Chopin einst sagte, aus dem gleichen Ton geschaffen. Ist's allzu kühn anzunehmen, daß der Austausch von Zärtlichkeiten zwischen den polnischen Freunden Krankheitskeime übertrug und manchen frühen Tod verschuldete? Es ist ein allgemeines Hinsterben unter diesen Polen, deren Siechtum wie eine Übertragung der Schicksale der Nation ins Persönliche anmutet; in die Romantik tritt hart und grausam der Tod. Chopins Vater stirbt als ein Mann von 74 Jahren 1844. Diesen Riß empfindet der Schwerkranke um so tiefer, als eine Welt ihn räumlich und seelisch nun längst schon von den Lieben scheidet. George Sand spricht für den Gebrochenen und findet den Anlaß, in einem wohlgesetzten Schreiben ihrer mütterlichen Zuneigung für den Armen, Hilflosen Ausdruck zu geben. Schwester Luise kommt bald darauf mit ihrer Familie nach Nohant und wird durch den Augenschein belehrt, daß alles in Ordnung ist. Chopin lebt ein wenig auf und zehrt noch lange von der Erinnerung an diesen Besuch.

Die Schatten des Todes, die den Meister heimsuchen; die seelische Ernüchterung, die sich einstellt; die wachsende Reizbarkeit, die den Menschen zu einem Nervenbündel werden läßt; alles dies steigert vornehme Zurückhaltung bis zu menschenfeindlichem Mißtrauen. So zieht der einst Gesellige sich nun mehr und mehr von denen zurück, die irgendwo und irgendwann sein Mißfallen erregt haben; er sperrt sich auch wie mit einer Mauer gegen alles ab, was sich seinem Wesen erst aufnötigen muß. Aber es gibt Entfremdungen, die der Nachwelt peinlich sind. Wir erinnern uns jener ersten Pariser Jahre, die Liszt und Chopin zusammenführten; denken an jene schönen Worte, die der Virtuose dem neuerschienenen Genie widmete. Nun, auch diese Kameradschaft ist getrübt und einem kühlen Verkehr zwischen Kollegen gewichen. Wenn wir den Gründen dieser Abkühlung nachspüren, stoßen wir auf Dinge, die uns die Hohenpriester der Kunst in unwürdiger Kleinlichkeit zeigen. Frauenklatsch spielt hier hinein; auch ein Verstoß Liszts, des Ungenierten, gegen die Form, indem er Chopins Wohnung in dessen Abwesenheit zu einem Stelldichein benutzte, wird als Grund angeführt. Aber schließlich war es doch der Künstlerneid, der beide trennte. Chopin, der Reizbare, mag hier stärker belastet sein als Liszt. In dem Künstler war ein Stachel zurückgeblieben. Seine Virtuosenträume hatten sich nicht verwirklicht. Die Menge, die ihm den Atem benahm, hatte er aufgesucht, aber ohne sie zu bezwingen. Was half es ihm, daß er sich vorhielt, wie sehr sein unnachahmliches Klavierspiel der Abglanz seines Lyrismus sei! Der Verzicht auf den Jubel der Massen in diesem glänzenden Paris war schwer; und dem Komponisten hatte doch auch das Ideal vorgeschwebt, aus eigenen Mitteln für seine Musik zu werben, sie vor dem Publikum mit der eigenen Stimmung zu erfüllen. Gewiß: Liszt setzte sich noch immer mit Begeisterung für sie ein; aber der Dramatiker in ihm verschob das Schwergewicht nach der Seite der eigenen Persönlichkeit und ließ selbst die Notentreue darunter leiden. Es war für Chopin nicht leicht, sich ohne Groll an dieses Fehlen alles Dramatischen in ihm selbst zu erinnern. Liszts Gegenwart allein erinnerte ihn daran. Auch wenn kein Wort fiel, brannte der Stachel. Dann kamen die Mißverständnisse; der Vorwurf der Ruhmredigkeit wird oft genug ausgesprochen. Der Name Liszt kehrt in der Korrespondenz häufig wieder. Der Vater rät zur Klugheit und warnt vor dem Abbruch aller Beziehungen. Einmal fragt Hiller, der gehört hat, daß beide zusammen gesehen worden seien, an, ob dies nicht ein Scherz sei. Und Chopin schreibt: „Liszt lässt sich in Bonn ‚Er lebe hoch' schreien, wo Beethoven ein Denkmal errichtet wird und auch gekrönte Häupter erwartet werden." Der längst mit mißtrauischen Blicken Verfolgte hat nichts unversucht gelassen, den ehemaligen Freund für sich umzustimmen. Als Chopin 1841 nach längerer Pause — seit 1838 zum ersten Male — wieder mit seiner Kunst vor das Forum der Wenigen tritt, bittet Liszt den Kritiker Legouvé, ihm für diesen Abend sein Amt abzutreten. „Il vous donnera un royaume", meint der gegen seinen Willen Entthronte. „Oui, dans son empire", antwortet unser Meister, der ein kleines Attentat argwöhnt. Wer von Liszt kommt wie der geistreiche Wilhelm von Lenz, der mit Chopin dessen Mazurken studiert, wird als Spion vorsichtig behandelt. Aber er dringt bis vor das Allerheiligste und unterrichtet die Nachwelt redselig von dem Erlebten.

Wenn selbst der reizbare Chopin der letzten Lebensjahre einem neuen Mann Einlaß in seinen Kreis gewährt, mußte starke Gemeinsamkeit der Neigungen, des Empfindens die Hemmungen aus dem Weg räumen. Der Maler Delacroix durfte sich der Freundschaft Chopins rühmen. „Mit Chopin, einem Manne von hoher Bedeutung," sagt er, „führe ich unendlich lange Zwiegespräche; er ist der echteste Künstler, dem ich noch je begegnet bin. Er ist einer der Wenigen, die man bewundern und achten kann." Ein Billett von seiner Hand kleidet die Sehnsucht nach dem Freund in folgende ungewöhnliche Worte: „Recevez mille vœux, non pas comme tout le monde les fait: ceux d'un cœur qui vous aime bien, bien. J'espère vous voir ce soir; mais ce moment est capable de me faire devenir fou." So ist auch der Zauber, der von dem reizbaren Chopin ausgeht, noch stark genug. Am meisten spüren ihn die polnischen Landsleute, denen er sich nie versagt; vor ihnen legt er auch die Schminke des Franzosentums ab und plaudert in der Heimatsprache, die ihm allein den letzten Ausdruck für alles, was er sagen möchte, herzugeben scheint. Aber schon der polnische Musiker hat den Stolz des großen Landsmanns zu erfahren: s e i n e polnische Musik hat sich von der Scholle losgelöst und Weltbürgerrecht erworben; er mag mit den Orlowski, Sowinski u. a., die sich mit dem Rohmaterial begnügen, nicht verwechselt werden. Dem Adel, den Platers, Czartoryskas, Potockas, de Beauvais, den Apponyis, Esterhazys, den Rothschilds bleibt er treu. Er kann das Mondäne nicht missen. Die Verfeinerung des äußeren Menschen, die auf den inneren übergreift, ist seinem Wesen verschwistert. Schülerinnen und Schüler vergöttern ihn. Gehören sie dem Adelsmilieu an, dann berauscht ihn noch immer ihr Duft, und ihre künstlerische Unfähigkeit ficht ihn nicht an; aber wenn das echte Talent kommt, wie der kleine Filtsch, der Liszt für seinen Ruhm fürchten ließ, oder Friederike Müller geb. Streicher, die sich leidenschaftlich zu Chopin bekennt, dann fällt die Hülle ab; der Meister träumt seinen Kindertraum wieder, er spielt weltentrückt Bachsche Präludien, der Dichter erwacht in dem Klavierlehrer, der Meister im Maestro. Sein Schüler Adolf Gutmann, der wohl nicht mehr war als ein kräftig dreinhauender Durchschnittspianist, wird von Chopin zärtlich geliebt; freilich als einer von denen, die ihn wie der berufsmäßige Elegiker Auguste Franchomme, in Paris von jener ersten sorglosen Zeit in die tristere Gegenwart geleiten. Gegen seine Kunstgenossen schließt er sich ab; man hält ihn für hochmütig. Er wehrt sich nicht dagegen.

Nur aus der Stimmung heraus vermag er zu musizieren. Wer ihn dazu zwingen will, den enttäuscht er durch das hartnäckige Selbstbewußtsein des Künstlers. Wenn der Schwarm der Schwätzer sich verlaufen hat, dann reinigt, weiht, krönt er den Abend durch sein Spiel; und wie im Dämmerlicht die Silhouetten der feinen Genießer verschwimmen, so flüchtet sich auch seine Phantasie ins Halbdunkel; nun reicht die Schwäche des Körpers bis in die Fingerspitzen, die, von jeder Schwere befreit, ganz Ausdruck, ganz Poesie werden.

Das ist die Poesie der Krankheit; aber ihre Prosa wird immer unheimlicher. Hatte er schon 1839 in seinem Brief an Fontana seine schwarzen Gedanken nicht bannen können und den erstickenden Husten in der neuen Wohnung gefürchtet; erzählt er 1841, ihm habe geträumt, daß er im Spital gestorben sei; so werden jetzt die Träume zum Albdruck, der ihn nicht mehr freigibt. Gewiß: so mancher Breitschultrige, Stärkere aus seinem Freundeskreis, wie der Geiger Artôt, ist von der Schwindsucht dahingerafft worden, und er selbst, der ewig Leidende atmet immer noch. Auch das Gängelband, an dem er wie ein Kind „mit einer dickwattierten Mütze auf dem Schädel" geführt sein wollte, hat sich nicht, wie er geglaubt hat, „in Stelzen und Krücken" verwandelt; aber schlimmer noch: er muß sich die Treppen hinauftragen lassen und ist hilfloser denn je. Und die Frau, die sich ihrer Muttergefühle rühmte und auch in den Anschreiben an die Seinigen noch bis zum Überdruß rühmt, hält diese Probe auf ihre mütterliche Zuneigung nicht aus. Die robuste Gesundheit in dem Körper der alternden Frau sucht und schafft sich neue Auswege; unsaubere Dinge werden im Haus von ihr nicht nur geduldet, sondern begünstigt. Da ist ihr Sohn Maurice, dem sie in der Person einer Verwandten eine Mätresse zuführt; da ist ihre erblühte Tochter Solange, die, zwischen zwei Verlobten hin und her geschoben, sich für den brutalen Bildhauer-Unteroffizier Clesinger entscheiden muß, der sie sich gefügig gemacht hat. Unser Chopin ist sich der mütterlichen Gefühle seiner Wohltäterin längst bewußt, ist ihrer müde geworden; seine Zuneigung gehört der Tochter, deren Erlebnisse er nicht ahnt, und die er nun vor dieser Ehe schützen möchte. Die Mutter pocht auf ihre Autorität; Parteien bilden sich; harte Worte fallen. In den Freundeskreis Chopins und bis nach Warschau ist das Gerücht von der Lockerung des Verhältnisses gedrungen. Chopin erklärt: „A propos dessen, worüber Luise mich in ihrem Briefe befragt, so ist a l l e s unwahr und entspricht absolut n i c h t den Tatsachen." Aber die Symptome der körperlichen und seelischen Leiden werden bedenklicher: „Ich weiss nicht, wie es kommt, dass ich nichts rechtes schaffen kann, und dennoch faullenze ich nicht . . ., sitze vielmehr ganze Tage und Abende in meinem Zimmer", so klagt er den Seinigen. Und seinem Freunde Franchomme: „Mein Guter, ich tue mein Möglichstes, um zu arbeiten, aber ich komme nicht von der Stelle; und wenn dieser Zustand anhält, so werden meine ferneren Produktionen nicht mehr an den Gesang der Grasmücken noch auch an gebrochenes Porzellan erinnern. Ich muß mich darein ergeben." Es ist die niedrige Prosa der Umgebung, die Ernüchterung der Seele, die Mißhandlung seines Gemütslebens, die dem Dahinsiechenden das Gehirn ausdörrt. Jene Werke, in denen nach Liszt „plus de volonté que d'inspiration" lebt, sind in diesen Jahren wachsender Herzensleere und Enttäuschung geboren. Nun ist alles so weit gediehen, daß eine Bagatelle die letzten Verbindungsfäden zerreißt: Chopin schützt die verheiratete Tochter gegen die rohe

Mutter. Die quittiert mit völliger Absage an den Mann, der sehend und darum willensstark geworden ist. Man braucht keinen Stein auf die Frau zu werfen, die 1847 schreibt: „Sieh, welcher Art meine Lage in diesem unglücklichen Freundschaftsverhältnis ist, in dem ich mich nach jeder Hinsicht zu seiner Sklavin gemacht habe . . . Ich bin beim Märtyrertum angelangt!" Seine „tolle Anhänglichkeit" wendet sich an Sinne, die erkaltet sind. Noch nie haben ihre Beziehungen zu einem Mann eine solche Dauer erreicht; noch nie sind solche Opfer von ihr gefordert worden; nie aber auch hat sich ein anbetender Dichter zu solcher Sklaverei erniedrigt. Ihre Herrschernatur ist längst befriedigt; und der Idealismus, den sie ersteigen konnte, längst überboten. Doch er wollte in seiner Hilflosigkeit und Schwäche die Fesseln nicht abwerfen. Hier mußte mit Entschiedenheit und unter dem Deckmantel einer frommen Lüge, die doch nicht einmal eine ganze Lüge war, nachgeholfen werden. Sie war die Stärkere, und sie tat es.

So endete die Liaison.

DAS ENDE

Der Künstler Chopin ist gebrochen. Es bleibt der hinsterbende Mensch. Die nach dem Gemälde Ary Scheffers nachgeschaffene Kopie Stattlers — das Kunstwerk selbst ist in Warschau den Flammen anheimgefallen — zeigt die feinen Züge um die tragische Note bereichert; das tränenvolle Auge läßt den Beschauer ergreifende Schicksale ahnen und lenkt seinen Blick ab von den Spuren, die Siechtum eingegraben hat, ohne die sichtbare Erinnerung an die früheren Reize dieses Gesichtes auszulöschen.

Verschleiern hilft nichts mehr: die Klage über George Sand bricht nun auch in den Briefen an die Angehörigen hervor. Weihnachten, die Zeit, da er sich immer am stärksten nach der Heimat sehnt, drückt ihm auch jetzt die Feder in die Hand. Er weiß nun, daß ein Gewaltakt ihn hatte entfernen sollen; er betrachtet die Frau nun mit der ganzen Schärfe seines Urteils, aber nicht ohne diesem „merkwürdigen Geschöpf", das „Unheil im eigenen Leben und in dem der Tochter stiftet", mildernde Umstände zuzubilligen. Für sich selbst bedauert er (vor den Seinigen) nichts; „nur dass sie die Tochter, diese so wohlgepflegte, vor so vielen Stürmen bewahrte Pflanze mit der Mutterhand durch Unverstand und Leichtfertigkeit gebrochen hat, die man wohl einer zwanzigjährigen, niemals aber einer vierzigjährigen Frau verzeihen kann", ist ihm leid. Diese Frau will Memoiren schreiben? Das scheint ihm ein wenig verfrüht. Ihre übrige journalistische und schriftstellerische Geschäftigkeit findet bei ihm stets ein Echo. Trotz ihrem Roman „Lucrezia Floriani", der nach einer begründeten Meinung ein liebloses Zerrbild Chopins bot. Selbst der aktuelle Reiz dieser selbstsüchtigen Pseudocharakteristik schwand bald.

Die Zeichen der Teilnahme für den Todkranken, dem nun auch die doppelt fühlbare Bitterkeit des Alleinseins nicht erspart bleibt, mehren sich. Aber gewiß gab es unter den mancherlei Freundschaftsbeweisen, die sein Lebensabschluß ihm brachte, keinen wohltätigeren, verständnisvolleren als den sanften Zwang der Freunde, an ihrer Spitze Pleyel, noch einmal öffentlich zu spielen. War schon der schaffende Künstler gelähmt, so sollte ihm doch der Empfindungsaustausch mit einem gleichgesinnten Kreise die Lust am Dasein erneuern. Und sie selbst, die ihn anregten, hatten wohl das starke Bewußtsein der Denkwürdigkeit dieser Stunde, da der Schatten eines Genies von der Pariser Welt Abschied nahm'. Die Poesie der Krankheit, die schon im' intimen Salon ihren Zauber geübt hatte, sollte in dem größeren diese Kunst ins Ätherische steigern. Liebevoll wird die Stimmung vorbereitet, aus der ein höchster Gleichklang erwachsen kann. Chopin wird von jeder Sorge für das Arrangement entlastet; er wird ein Klavier, das er zu Haus erprobt hat, vorfinden; er wird nur bekannte Gesichter um' sich sehen; nichts soll ihn fremd anmuten, nichts ihm' die Stimmung trüben. Er weiß, daß eine Woche vor dem Konzert keiner der 300 verfügbaren Plätze zu 20 Franken mehr zu haben ist; und hört, daß mancher, der ausgeschlossen bleibt, auf einen zweiten Abend vertröstet wird. Die Lust am Dasein ist ihm' für einen Augenblick erwacht. Und er spielt am 16. Februar 1848 mit krampfhaft gesteigerter Kraft, inmitten der Toilettenpracht und des Blumenduftes; die Stimmung des Salons hat ihn getragen; im Künstlerzimmer bricht er zusammen.

Nicht lange darauf begegnen sich Chopin und George Sand wie zufällig in dem Haus einer gemeinsamen Freundin, Madame Marliani, der Gattin des spanischen Konsuls in Paris. Der Meister grüßt und teilt ihr mit, daß Solange Mutter geworden sei und sich wohlbefinde. Frau Sand fragt Chopin, wie es ihm' gehe. „Ich befinde mich wohl", antwortet er und läßt sich bei diesen Worten vom Concierge die Tür öffnen. Man darf annehmen, daß nach ihrem Willen die Unterhaltung noch nicht beendet sein sollte. Aber er hatte ihr nichts mehr oder zuviel zu sagen; die Frostdecke darf nicht schmelzen, und er zahlt hier mit der Münze der Unhöflichkeit, um den' Gefühlsausbruch zu verhindern. Das ist die nüchterne Schlußszene des Dramas, in dem es nur innere Katastrophen gibt. Die widerstandsfähigere Natur der Frau bleibt von ihnen verschont.

Doch Chopin leidet noch mehr. Er reiht sich an seinem Lebensabend auch darin den großen Meistern der Vergangenheit an, daß die Not an seine Tür pocht. Der mondaine Künstler hatte stets mit vollen Händen ausgegeben. Nun zwingt ihn sein Siechtum zu Maßnahmen der Vorsorge. Er hat eine reiche englische Schülerin Jane Stirling; keine von den Frauen, deren Duft ihn berauschte; langweilig, aber gemütvoll und anhänglich. In England, so scheint es, schätzt man ihn und verlangt nach ihm. Und so erleben wir das erschütternde Schauspiel, daß ein vom Tod Gezeichneter sich den Strapazen einer Londoner Season aussetzt, sich von Gesellschaft zu Gesellschaft schleppt und um einen Sparpfennig kämpft, während er in seiner Wohnung fast „die Seele aushustet", von Kopfschmerz und Schlaflosigkeit geplagt ist. Zu diesen körperlichen und seelischen Qualen tritt noch die Sorge um seine Landsleute. Die revolutionäre Bewegung in Posen erregt sein polnisches Herz aufs heftigste. Noch vor der Abreise von Paris hatte er an Fontana geschrieben: „. . . es wird nicht ohne schreckliche Dinge abgehen, am Ende aber von alledem ist ein glänzendes, grosses, mit einem Worte — Polen da." Es ist, als ob seine Kindheitserinnerungen besonders mächtig in ihm würden; als ob sein schwärmerisches, unpolitisches Nationalgefühl nun beim Ausklang seines Daseins sich noch vertiefen müßte.

Der Meister hat in London die ganze Kunstfremdheit des Adels zu spüren. Er macht sich als vornehm gekleideter Künstler fast verdächtig: . . . „meine minderen Collegen, die hier von oben herab behandelt zu werden pflegen, sind die Ursache, dass ich für irgend einen Dilettanten gehalten werde; binnen kurzem werde ich gewiss irgend ein Grandseigneur sein, weil ich reine Schuhe habe und keine Visitenkarten mit der Aufschrift herumtrage: erteilt Unterricht zu Hause, spielt auf Soireen u. s. w." Er unterrichtet, soweit seine Kraft reicht; aber er wird selbst gelegentlich um sein Honorar betrogen. Die Herzogin von Southerland, die ihn bei einer Soiree als Sehens- und Hörenswürdigkeit herumgehen läßt, stellt ihn der Königin vor. Selbst den Todkranken blendet soviel Reichtum und Glanz, soviel ordengeschmücktes Hofschranzentum. Die Presse ist ihm bis auf einige traurige Ausnahmen günstig. Die philharmonische Gesellschaft lädt ihn ein, mit Orchester zu spielen; er aber zeigt sich so hoher Ehre unwürdig und lehnt ab, weil ihm nur eine, und zwar öffentliche Probe bewilligt wird. Überdies hätte dieser Raum seinen zarten Ton völlig verschlungen. Da er Empfindlichkeiten verletzt hat, bleibt ihm auch der Hof verschlossen; und Privatkonzerte müssen ihn für diesen Verlust entschädigen. Aber inmitten der vornehmen Langeweile stößt er doch hier und da auf Menschen, denen Chopin mehr ist als ein bloßer Begriff oder ein mehr oder minder gleichgültiger Name. Jenny Lind, die er in der

„Sonambula" hört, entzückt ihn in schwedischen Volksliedern durch den Erdgeruch einer Kunst, die ihm nun über die nationalpolnische zu denken gibt; die ihm bekannte Pauline Viardot singt Chopinsche Mazurken in Covent Garden und überhäuft den Meister mit Freundlichkeiten. Auch der Sinn für Merkwürdigkeiten ist in ihm nicht erstorben, und ein letzter Rest von Humor leuchtet in ihm auf. So wenn er Lady Byron trifft: „Wir sympathisieren sozusagen miteinander und unterhalten uns wie die Gans mit dem Ferkel, sie auf englisch und ich auf französisch. Ich begreife es, dass Byron ihrer überdrüssig wurde." Aber im Grunde kann nichts mehr seine Todestraurigkeit verscheuchen: „Ich kann nicht trauriger werden, als ich bereits bin, eine wirkliche Freude habe ich seit langem nicht mehr empfunden. Eigentlich fühle ich überhaupt gar nichts mehr, vegetiere vielmehr nur und warte geduldig mein Ende ab." So leicht wird's ihm freilich nicht gemacht. Der langsam Hinsterbende muß reiselustiger werden, als er es je in leidlich gesunden Tagen gewesen war. Mit Schluß der Season übersiedelt er nach Schottland, nach Schloß Calder House bei Edinburgh, dessen Besitzer, Lord Torphichen, Schwager seiner fürsorglichen, sehr bibelfesten Plagegeister Jane Stirling und ihrer Schwester Mrs. Erkine ist. Von da stöhnt er: „Von einem musikalischen Gedanken keine Spur — ich bin aus meinem Geleise und komme mir vor wie ein Esel auf einem Maskenball oder wie eine E-Saite der Violine auf einem Kontrabass." Er findet noch die Kraft, über seine lange Nase und den nichtausgebildeten vierten Finger als das einzige, was ihm geblieben sei, zu scherzen. Er bedauert, daß er den Engländern zuliebe, die nur nach Pfunden rechnen, keine Maschine mehr werden könne. Diese ahnenreichen Menschen, deren Unterhaltung stets „eine Wendung ins Genealogische nimmt," können selbst ihm, dem Fanatiker der Vornehmheit, bei all ihrer Zartheit das Gefühl frostiger Einsamkeit nicht nehmen. Dem polnischen Arzt Dr. Lyscynski in Edinburgh, einem halben Engländer, schließt er sich um so inniger an. Am 28. August spielt er in Manchester, am 27. September in Glasgow, am 4. Oktober in Edinburgh; wirklich überall wie die E-Saite auf dem Kontrabaß, als ein Beifall und Geld erbettelnder Virtuose auf Reisen. Kohlengeruch und Nebel saugen das Fluidum auf; er selbst, kraft- und stimmungslos, kann kein

Chopin mehr sein. Dazwischen wechselt er den Aufenthalt: wird vom Fürsten Alexander Czartoryski auf dessen Landsitz Johnstone Castle, dann nach Stirling Castle geladen; rafft sich für Augenblicke auf, sucht etwas von der Landschaft zu erhaschen, die ihm der Nebel meist verhüllt; seine Schwäche hat sich so gesteigert, daß er von seinem getreuen Daniel wie ein Kind getragen, an- und ausgekleidet wird. Dabei muß er sich von Zeit zu Zeit für soviel Gastfreundschaft erkenntlich zeigen und spielen; das gelingt ihm nur, wenn er seine ganze Körper- und Seelenkraft zusammenrafft. Und seine Schottinnen! „Sie werden mich aus Höflichkeit erdrücken, und ich werde es ihnen aus Höflichkeit nicht versagen." Ganz blind für die Reize der Frauen macht ihn auch sein trauriger Zustand nicht: er findet „beautés du diable et diables sans beauté".

Unter seinen Freunden, zu denen nun die von ihm väterlich geliebte Solange getreten ist, vertraut er sich in den letzten Jahren dem Grafen Albert Grzymala am rückhaltlosesten an. Auch zu ihm ist die seltsame Kunde gedrungen, daß Chopin heiraten wolle. Jane Stirling, die biedere Stirling seine Gattin? Der Todkranke wehrt sich gegen diesen Verdacht in einem erschütternden Schreiben: „Ich kann im Spital krepieren, werde jedoch eine brotlose Gattin nicht hinterlassen ... Ich klage Dir nicht, allein Du hast es verlangt, deshalb kläre ich Dich darüber auf, dass ich dem Sarge näher bin als dem Ehebett." In London, wohin er seit Anfang November wieder zurückgekehrt ist, opfert er sich noch einmal für seine polnischen Landsleute. Geschwollene Füße kündigen das letzte Stadium der Krankheit an. Paris ist seine Sehnsucht. Ja seine Hoffnung. Endlich — es ist Januar 1849 — kann er an Grzymala schreiben: „Gib, bitte den Auftrag, dass die Betttücher und Kissen trocken seien! Lass Fichtenzapfen kaufen. Frau Etienne soll nichts sparen, damit ich bei meiner Ankunft mich erwärmen kann."

Er ist nun in seinem Paris, betreut von den Freunden und nach der Art der Schwindsüchtigen gern bereit, sich hoffnungsfreudig stimmen zu lassen. Doch Dr. Molin, sein Arzt, stirbt plötzlich, und sein Mißtrauen gegen die übrigen Ärzte ist durch nichts zu erschüttern. Arzneien nimmt er nicht mehr; ärztliches Wissen gilt ihm ebensoviel wie die Harmlosigkeit seiner Pflegerin Matuszewska, die zu sagen pflegt, „dass der Herr Jesus die Sache gewiss zum Guten wenden werde, und dass vielleicht auch ein Pflaster aus Honig und Mehl helfen könnte." Chopin fährt zuweilen im Bois de Boulogne spazieren; und Delacroix begleitet ihn auch wohl einmal, als Tagebuchschreiber auf jedes Wort lauschend; auch auf George Sand gerät das Gespräch, und Chopin meint, daß ihr Gewissen sie nie beunruhigen werde. Dann wieder bleibt er so gut wie stumm, leidet aber unter der Langenweile. Doch findet ihn das Frühjahr so weit gekräftigt, daß er der Erstaufführung von Meyerbeers „Prophet" beiwohnen kann; er stößt ihn ab.

Ein zweimaliger Wohnungswechsel beweist, daß noch nicht jede Hoffnung in ihm zerstört ist. Vom Square d'Orléans zieht er im Sommer nach der Rue Chaillot 74 in die Nähe der Elysäischen Felder, wieder Ende September nach der Place Vendôme Nr. 12, immer den Tod vor Augen und doch noch einen Hoffnungsschimmer im Herzen. Zur Arbeit unfähig, mit seinen Ersparnissen zu Ende, ist er nun auf fremde Hilfe angewiesen. Es ist nicht leicht, ihn zur Annahme auch nur eines Teiles der 25 000 Franken zu bewegen, die Jane Stirling ihm ohne Namensnennung spendet. Unter den Besuchern erfreut ihn besonders Jenny Lind; freigebig läßt sie ihn hören, was er wünscht. Die Cholera entvölkert Paris. Sie rafft auch Kalkbrenner hin wie die Catalani, die eben noch mit Madame Rothschild bei Chopin zusammengetroffen war. Solange Clésinger, Marcelline Czartoryska, der Dichter Cyprian Norwid, Karl und Elise Gavard, Delacroix, Gutmann lassen sich bei ihm sehen; dieser allerdings viel seltener, als der Meister ihn erwartete. Endlich kommt auch seine Schwester Luise aus Warschau. Er hat sie gerufen mit einem Briefe, der unter der Maske eines herzbewegenden Humors nur das eine sagt: „Ich bin krank, und kein Arzt vermag mir zu helfen wie Ihr." Also: Luise kommt und sieht, daß der Bruder nicht zu retten ist. Und seltsam! Auch Titus, der letzte Freund aus glücklicheren Jahren, will ihn in Paris aufsuchen, nachdem er erfahren hat, daß Chopin außerstande ist, mit ihm in Ostende zusammenzutreffen. Sein Kommen scheitert an der Paßfrage.

Und nun ist alles auf das Ende gefaßt. Selbst Chopin, der eben noch Hoffnung geschöpft hatte. Seine Stimme wird leiser und leiser, sein Atem schwerer und keuchender, von peinigenden Hustenanfällen gehemmt. Es ist, als ob er sterben sollte, wie er gelebt hatte: im Salon. Er war oft fälschlich tot gesagt worden; nun, da der Tod wirklich kam, hatten sich die Freunde längst zusammengefunden, und er sah liebe Gesichter um sich. Nur die Mutter fehlte. Mit unermüdlicher Hartnäckigkeit sucht der polnische Abbé Alexander Jelowiecki den der Religion Entwöhnten dem katholischen Glauben zurückzugewinnen. Da der Geistliche in der Schwäche des Sterbenden eine Bundesgenossin findet, gelingt es ihm, seine Seele vom Fegefeuer zu retten; als ob sie nicht schon längst durch ihren künstlerischen Inhalt jedem religiösen Streit entrückt gewesen wäre. Die grand monde erscheint: die Gräfin Delphine Potocka, in ein weißes klassisches Gewand gehüllt, ist von Nizza herbeigeeilt. Der Meister ist glücklich, sie, die ihm geistig und seelisch verwandte bezaubernde Schönheit, zu sehen und wünscht sie zu hören. Mit tränenerstickter Stimme entspricht sie diesem Wunsche. Chopin gibt seine letzten Verordnungen. Er möchte seine Manuskripte nicht veröffentlicht sehen; Mozarts Requiem soll bei der Trauerfeier für ihn erklingen; sein Herz soll in Warschau beigesetzt werden. Endlich schreibt er folgende (stets falsch gelesenen) Worte: „Comme cette terre m'étouffera, je vous conjure de faire ouvrir mon corps pour je sois pas enterre vif." Er, wie einst sein Vater, fürchtete, lebendig begraben zu werden. Dann quält ihn der Gedanke an die Mutter. Mit den Worten: „Matka, moia biedna Matka!" stirbt er in der Nacht zum 17. Oktober 1849. Nicht lange darauf sind von seinen Zügen die Spuren des Leidens gewichen. Er hat die ewige Jugend zurückgewonnen. Der Maler Taddäus Kwiatkowski hält sie in einem Aquarell fest: wie eine junge Frau ruht Chopin, doch ohne Trauer, ohne Sehnsucht; aber nun, wo das geschlossene Auge das Beherrschende verloren hat, packt die Silhouette mit den kühn geschwungenen Linien den Beschauer. Darauf nimmt der Bildhauer Clésinger, der Gatte Solanges, die Totenmaske ab.

Das künstlerische Paris, obwohl längst auf den Heimgang des Meisters gefaßt, stand unter dem Eindruck eines Ereignisses. Das Monumentale, Weltgeschichtliche in ihm freilich harrte noch der Entdeckung. Unter denen, die Chopins öffentlich gedachten, fand Berlioz besonders tief empfundene Worte. Am 30. Oktober wurde der Meister beigesetzt, und man ehrte die Wünsche des Abgeschiedenen; nur daß bei der Trauerfeier in der Madeleine die berühmtesten Sänger und Sängerinnen in die Klage miteinstimmten. Und neben Mozarts Requiem begleiteten der von Henri Reber instrumentierte Trauermarsch aus der b-moll-Sonate, die Préludes Nr. 4 und 6 die Feier. Als der Sarg in die Gruft gesenkt wurde, sandte man ihm den Becher polnischer Erde nach, den Chopin einst beim Abschied aus Warschau empfangen hatte. Auf dem Friedhof Père Lachaise ruht er in unmittelbarer Nähe von Bellini und inmitten der großen Meister französischer Tonkunst. Sein Herz wurde in die Heiligkreuzkirche in Warschau gebracht.

Am 17. Oktober 1850 ward das von Clésinger geschaffene Denkmal enthüllt. Er war nicht der kongeniale Künstler, dem Liebe und Verständnis die Hand führte. So gab er auch der Statue der Frau nicht Geist vom Geist Chopins; so wußte er auch sein Frauenideal nicht zu formen, wie er es nicht ahnte.

Aber dies alles ist ohne Belang. Chopin steht in der Reihe der Meister, die nicht vom Denkmal — und es entstanden deren an manchen Stätten — ihre Verlebendigung und Verewigung erhoffen. Er lebt in unsern Herzen.

ZUR PSYCHOLOGIE DES MUSIKERS

Der Mensch und der Musiker! Es scheint, als ob die Kluft zwischen ihnen unüberbrückbar sei. Es war eine fable convenue geworden, daß die einseitige Begabung für die tönend bewegte Form den Menschen verkümmern lasse. Erst im neunzehnten Jahrhundert rächte der Mensch den Musiker. Doch nicht so sehr, daß jener Glaube ganz ausgerottet worden wäre. Der nachschaffende Tonkünstler stützte ihn immer wieder durch seine geistige Leere, durch seine menschliche Niedrigkeit, durch seine unbedenkliche Genußsucht. Und die wenigen, die aus solcher Enge in ein höheres Dasein flüchteten, konnten die eingewurzelte Überzeugung nicht erschüttern. Schien es doch, als ob der heilige Wahnsinn des Schaffens durch allzu viel Bewußtheit nicht gestört werden dürfe; als ob der Tonkünstler, der zu denken beginne, die Sicherheit des musikalischen Instinkts einbüße.

Wir haben nun das Dasein eines Meisters, das so reich an innerem Erleben war, vor uns abrollen sehen. Wir ahnten, daß vom Menschen zum Musiker hier eine Brücke führen müsse. Nicht alle übrigens ahnen es. Auch der große Künstler Chopin hatte die Folgen dieses Vorurteils zu spüren. Er wurde zum Kind erniedrigt, mit dessen Launen man sich nicht zu beschäftigen habe; oder zu einem pathologischen Wesen, das seine körperliche und geistige Gesundheit auf dem Altar der Kunst opferte. Beides ist eine Entweihung des Künstlers. Den Musiker ganz aus dem Menschen erklären zu wollen, vergebliches Bemühen. Und ein Zeichen besonderer Verständnislosigkeit da, wo Phantasie und Stimmung sich gegen jede Sektion wehren. Aber dem Künstler auf den Krücken des Menschtums sich zu nähern, ist nicht nur lockend; der moderne Musiker kann hier ein Stück eigenen Wesens sich spiegeln sehen. Es ist die höchste Steigerung nervösen und doch so unendlich fruchtbaren Musikertums, die wir in Chopin erleben.

Es gilt zunächst die Erscheinung gegen den größten Meister abzugrenzen. Den unbefangenen Eindruck, den er von Beethoven empfing, kleidete Goethe in die Worte: „Zusammengefaßter, energischer, inniger habe ich noch keinen Künstler gesehen. Ich begreife recht gut, wie er gegen die Welt wunderlich stehen muß."

Wir hören hier, wie Chopin nicht war. Stärkere Gegensätze zwischen zwei Meistern sind nicht denkbar. Wir wissen auch, daß da, wo das breitere Menschtum war, sich aus solchem Grunde ein ganz anderes, umfassenderes Musikertum erhob. Die Energie des Menschen gab dem Künstler den eisernen Griff, unerhörte Stoffe in gewaltige Formen zu zwingen. Sie lieh ihm den Ausdruck für die großen Leidenschaften, sie machte ihn fähig, Ichgefühl und Menschheitsgefühl in seinem Schaffen zu verschmelzen.

Vor solcher Größe schreckt Chopin zurück. Der unverhüllte Ausdruck der Leidenschaft stößt ihn ab. Sein Menschtum ist kleiner; seine Tatkraft schwächer. Er steht der Welt fremd, aber nicht wunderlich gegenüber.

Und nun, da wir ihn vor dem Titanen gedemütigt haben, stellen wir Chopin wieder auf sein hohes Piedestal. Betrachten wir ihn von da aus, wo er wieder der Titan gegenüber den andern ist. Hatte dort kraftvolles Germanentum ihn bezwungen, so darf der aristokratische Pole und Halbfranzose die Huldigung fast aller derer entgegennehmen, die nach ihm kamen.

Nein, er war weder ein Kind, noch ein pathologisches Wesen. Aber er hatte von beiden so viel, wie ein echter Künstler braucht; und um so mehr, als dieser seltsamste aller Musiker intensivstes, nervenzerstörendes Schaffen in wenige Dezennien pressen mußte. Er bewies, daß höchster Nervenverbrauch und ungeschwächte Naivität nebeneinander leben können; er ist das einzige Beispiel für eine wundervolle Fügung des Geschickes, die den so oft als entartet verunglimpften modernen Menschen mit Stolz erfüllen darf. Denn selbst Wagner, als Gesamterscheinung stärker, kann ihm den ersten Rang nicht streitig machen.

Schon wieder meldet sich ein anderer Name. Es ist Zeit, Chopin für sich allein als Menschen zu betrachten.

Wie stand es nun um sein geistiges Leben? Wie um sein Instinktleben? Sind sie beide des Künstlers würdig?

Der Musiker muß ein Sonderwesen bleiben; oder er verneint die Grundlagen einer Kunst, die auch ihn als Abtrünnigen abschütteln wird. Als Kollektivum bildet er einen Staat im Staate; er empört sich gegen die Gesamtheit. Wer diesen Satz aufstellt, kann

sich ohne weiteres auf Chopin berufen. Wenige Künstler vermoch-
ten wie er mit unfehlbarem Instinkt das ihrem Wesen Entsprechende
zu wählen, das ihm Widersprechende beiseitezuschieben. Durch den
Vater mit gallischem, durch die Mutter mit polnischem Volkstum
verknüpft, hat er die Anlage zum geistreichen Aperçu geerbt. Sein
Organismus ist schwach und auf äußerste Ökonomie angewiesen.
In dem Kind zeigt die Magnetnadel sehr bald nach einer Richtung.
Der Sieg des Unbewußten über das Bewußte in ihm ist entschieden.
Jede Empfindung setzt sich unmittelbar in Tonvorstellungen um.
Sein Träumen, das ihn ganz beherrscht, ist im geistigen Sinn in-
haltsleer. Wie es ihm den Willen durchkreuzt, da es die Aller-
weltslogik durch quälende Tonreihen und ein übermächtiges Empfindungschaos plötzlich unterbricht, so lähmt es ihm auch die Tatkraft, weil es an den Nerven zehrt. Er schaut sich in der Welt
um; nichts von ihr strömt stofflich in seine Kunst. Ihre Quellen
sind in ihm selbst. Er braucht nicht die Kenntnis des Menschen,
nicht die der Natur; weder die Wissenschaft noch die Literatur
noch endlich die bildende Kunst können ihm dienen. Und da ihn
mit der wirklichen und mit der geistigen Welt nichts verbindet,
da er von sich selbst aus schaffen und bilden muß, ist der Verbrauch
an Nerven doppelt so groß als der eines anderen Künstlers. Das
Traum-Ich regelt den Verkehr mit der materiellen und mit der geistigen Wirklichkeit.

Wir haben hier die stärkste geistige Isolierung, deren ein Künstler fähig ist. Und wenn die moderne Musik gerade durch den
Gedanken befruchtet worden ist, so erleben wir hier, daß ein moderner Musiker mit reinem Instinkt, der alle Mittelglieder verschmäht,
sich der Phantasie aufzwingt. Wie anders Wagner und Liszt, die
ihn doch als Nervenverwandte grüßen! Beide, obwohl jener eine echt
germanische, dieser eine kosmopolitische Natur, werden durch das
Dramatische in ihrem Schaffen gestützt; bei aller Phantastik suchen
sie doch, jeder in seiner Weise, Stoff für ihre Kunst aufzusaugen.
Gezwungen schrittweise vorzugehen, führen sie nicht nur dem Geist
neue Quellen zu; sie setzen dem Flug der Phantasie eine starke
Logik entgegen, die ihn zuweilen hemmt, und sie stellen das Unbewußte zuletzt immer wieder unter die Kontrolle des Bewußten.
Ein Hang zur Deduktion und zur Synthese läßt sie auch die Grund-

lagen ihrer Kunst begründen. Nichts von alledem finden wir in Chopin. Seine schwächere körperliche und geistige Struktur streckt sehr früh vor allem Außermusikalischen die Waffen. Die reizbare Anlage prägt die Kindheitseindrücke in einen Fonds von Schwermut um, die alle Gefühle und Vorstellungen in ihm färbt. Das Lyrische wird der Grundton seines Wesens. Vom Stofflichen nicht befruchtet noch gehindert, kann es sich hemmungslos ausbreiten. Es zehrt an der Energie des Denkens. Es läßt ihn geistig verarmen. Und während dort der Austausch zwischen dem Tag- und dem Traumleben der Seele sich unter dem Schutz des Tages-Ich vollzieht, wird in Chopin das Schwergewicht nach der Seite des Unbewußten verschoben. Er gesteht selbst, daß das Nacht- und Tagesleben ihm zuweilen ineinanderfließen. Seine Schlaflosigkeit hemmt den Ausgleich noch mehr. Er selbst spricht von den „espaces imaginaires", von den eingebildeten Räumen, in denen er fast stets weilt. Er schämt sich dessen nicht; er schiebt es auf das Nationale. „Bin ich doch ein echter blinder Masure." Es treten Grenzzustände ein; und da in ihm eine wühlende Unruhe ist, die sich bis zum Schmerzgefühl steigert, erscheint das Gleichgewicht des denkenden Menschen in Ausnahmefällen durch Wahnvorstellungen gestört. So hätte jener Gefühlsausbruch nach der Einnahme von Warschau in ihm eine Katastrophe herbeiführen können, wenn nicht eben geistige Reserven die vorübergehende Trübung allmählich beseitigt hätten. Mag aber dieser bedrohliche Übergriff des Unbewußten den Geist in ihm zuweilen lahm legen, die Spuren seiner geistigen Bedeutung vermochte es nicht zu verwischen. Die weibliche Richtung seines Empfindungslebens ist zwar nicht zu bestreiten. In jenen Jugendbriefen zumal sahen wir ein erschreckendes Chaos, sobald der innerste Mensch sich hüllenlos gab; auf einem Ozean von Stimmungen schwammen die Gedankenreihen. Es ist ihm nicht möglich, sich von Kindheitseindrücken, von Vorurteilen, vom Aberglauben loszureißen. Nicht nur mit Polen, nicht nur mit den Seinigen bleibt er innig verknüpft. Träume haben eine Macht über ihn, die sein Denken vergebens bannen will. Deutsche und Juden benörgelt er stets, auch wenn die Lebenserfahrung ihn schwankend machen könnte. Aber es ist nicht ohne Reiz, zu sehen, wie der systematische Deutsche Richard Wagner den Judenhaß fast wissenschaftlich begründet, während er bei Chopin nicht in die Tiefe dringt und nur in der Mißstimmung des Wirklichkeitsmüden geäußert wird.

Fehlte nun aber wirklich Chopin der philosophische Zug der Persönlichkeit, der auch den Großen in der Kunst eigen ist? Denn mochte auch der Musiker immer seiner eigensten Stellung innerhalb der künstlerischen Welt gemäß am liebsten und überzeugendsten in Tönen reden, das breite geistige Fundament war selbst hinter seinem Stammeln zu erkennen, sobald er zum landläufigen Ausdrucksmittel griff. Und auch Chopin versagt hier nicht. Wer im Bann von Vorurteilen lebte wie er, gerät leicht in den Verdacht, daß ihm Lust und Fähigkeiten fehlten, an die Welträtsel zu rühren. Aber unser Meister scheute auch die Auseinandersetzung mit der Gottheit nicht. Sobald sein innerer Dämon ihn freigab, suchte er, was seinem Denken an Übung und Folgerichtigkeit fehlte, durch den Aphorismus nachzuholen. Aus dem engen religiösen Horizont der Heimat trat er in die mit Voltairismus geschwängerte Pariser Luft. Innerlich am Autoritätsglauben haftend, als echter Romantiker mit der katholischen Mystik eng verknüpft, ringt er sich doch gegen den Schluß seines Daseins zu der pessimistischen Lebensweisheit empor: „Das Schlimmste daran ist: dass wir das Werk eines berühmten Geigenmachers, irgendeines Stradivarius sui generis sind, der nicht mehr da ist, uns zu reparieren . . .“

Nur ein geistig Bedeutender kann seine Weltweisheit so geistreich formen.

Der allem Stofflichen, Außermusikalischen abgewandte Lyrismus seiner Kunst verpflichtet ihn mehr als jeden andern Künstler zum Schweigen über sein eigenes Schaffen. Wie er nie über Liebe, über Freundschaft sprach und nur den Vertrautesten gegenüber die letzte Hülle fallen ließ, so konnte er ganz natürlich den Kern seiner Schöpfungen nicht bloßlegen. Nur selten bricht er das Schweigen; seinem Titus verstattete er in jener Zeit der ersten Liebe einen Einblick in seine geistige Werkstatt. Aber wie sonderbar mutet es uns an, wenn der Tondichter die Grabesstimmung im letzten Satz seiner b-moll-Sonate, eine der herrlichsten musikalischen Seltsamkeiten, mit den dürren Worten bezeichnet: „Nach dem Marsch plaudern die linke und die rechte Hand unisono.“ Hier ist ein Maß von Zurückhaltung, die wir einem fremden Kritiker sehr verübeln würden. Und

fremden Schöpfungen gegenüber wird er selbst ein überaus scharf-
sinniger Kritiker. Nur, wenn sie seinem Empfinden stracks zuwider-
laufen, erwacht in dem Kritiker der durch die Tat erstarkte Künstler und unterbindet das Urteil. So würdigt er Beethoven nur, wo er
sich ihm episodenhaft als Kantilenensänger nähert; und weder das
Bewußtsein der Dankesschuld, die er an den Chopinenthusiasten
Robert Schumann abzutragen hatte, noch das der innigen Verwandt-
schaft mit dem Romantiker konnte seine Geringschätzung für dessen
Musik in wohlwollende Anerkennung wandeln. Es ist die gran-
dioseste Einseitigkeit, der wir in der Geschichte der Tonkunst je
begegnen.

Müssen wir nun aber dem Urteil Liszts zustimmen, der Chopin
die Neigung und die Fähigkeit zu ästhetischen Verallgemeinerungen
absprach? Mag sein, daß er sich mit ihm, dem durchaus spekula-
tiven Geist, über ästhetische Fragen nicht auseinandersetzte. In der
Zeit glühendsten Schaffensdranges vertraute er seinem Instinkt und
hielt alles Kunstgeschwätz für belanglos. Aber in der Pariser Kunst-
atmosphäre, in den Tagen, da Berlioz mit dem geistreichen Wort
dem eigenen Schaffen beisprang, konnte Chopin als Ästhetiker auch
nicht ganz stumm bleiben. Daß er es in den letzten Jahren seines
Daseins nicht war, bezeugt sein inniger Verkehr mit Delacroix. Der
Maler mit dem eindringenden Kunstverstand berichtet uns nicht nur
von endlosen Gesprächen, die er mit Chopin geführt hat; er verrät uns
auch, daß musikalische Fragen sie in Spannung gehalten haben. Und
Chopin bekennt, daß die Liebe zu Mozart ihr Freundschaftsverhältnis noch fester geknüpft habe. Gewiß mied er nutzlosen Streit; gewiß ersetzte er systematischen Aufbau einer Ästhetik durch apho-
ristische Äußerungen. Aber bewußter, nur in den Grenzen seiner
Künstlernatur gehaltener Kunstverstand beherrschte ihn und war
fähig, sich auch in Worten zu behaupten. Und er schritt noch weiter.
Denn der Klavierlehrer Chopin, der sich für erfolgreich hielt, suchte
noch in den letzten Tagen seine Erfahrungen zusammenzufassen und
skizzierte eine „Methode der Methoden".

Immer mehr weitet sich für uns nun Chopins Horizont. Tritt
schon in seinen Briefen die Ironie des geistreichen Polen hervor,
die selbst vor Derbheiten nicht zurückschreckt, so wird seine erstaun-
liche Gabe, Menschen zu charakterisieren, gerühmt. Seine Künstler-

porträts, die er ohne die andern Hilfsmittel des Schauspielers, nur durch die nervöse Beweglichkeit seiner Gesichtszüge, durch die Gelenkigkeit seines Körpers zustande bringt, sind von erstaunlicher Schlagkraft und werden zu einer begehrten Nummer im Unterhaltungsprogramm des Salons. Polnische Nörgelei steigert sich im Künstler zur Gabe plastischer Wirkung. Er, der im Reich des Unbewußten zu leben gewohnt ist, stößt sich, wenn er zur Wirklichkeit zurückkehrt, an den Menschen, erkennt sofort seine Schwächen, die ihm lästig werden, und bannt sie in feste Form. Und es ist nur begreiflich, daß er auch als Karikaturenzeichner seinen Mann. stellt. All dies aber, wie die ausgelassene Fröhlichkeit, die es hervorruft, dient seinem Nervensystem zur Entspannung und wird, bevor es seiner Kunst zufließen kann, von der allmächtigen Lyrik aufgesogen.

Dieselbe grandiose Einseitigkeit zeigt sein Verhältnis zur Literatur. Chopin treibt seine Abneigung gegen das Wort bis zur Idiosynkrasie. Da er sich weder geben noch binden will, scheut er, wie glaubhaft versichert wird, große Entfernungen nicht, um der schriftlichen Mitteilung überhoben zu sein. Wo er sie nicht umgehen kann, und selbst in Briefen an die Angehörigen, führt er wahre Kämpfe mit sich selbst. Dann aber erhält sein Stil durchaus persönliche Prägung. Er erreicht Gipfel des Hochliterarischen. Er bewegt sich auch in den Niederungen der chronique scandaleuse mit der Schwatzhaftigkeit der Frau und mit der Liebe zum Wortwitz, der im Klangsinn möglichst die Lücken des Wissens deckt. Schon in Warschau, das ihm freilich musikalisch nicht genügte, zieht er den Umgang der Literaten, deren Stimmung ihn ergreift, dem der Musiker vor. Seine Begabung liegt sonst ganz brach; Bücher, selbst polnische, laden ihn nicht zur Lektüre, und es ist gewiß, daß er in Paris außer den George Sandschen Romanen, zu denen ihn der Zwang der Liebe führte, kaum ein Buch gelesen hat. So stellt sich uns sein geistiges Leben dar. Eine Fülle von Anlagen, die aber jede stoffliche Bereicherung, jede vervollkommnende Übung ablehnen, weil das Traum-Ich die Tatkraft des Nervenmenschen aufzehrt, der fein und schwach organisierte Künstler zu geistiger Isolierung gezwungen ist.

Sein Instinktleben wird durch einen Schleier verhüllt. Doch nicht so, daß uns die Einsicht in Chopins Seele getrübt wäre. Stärkste Sympathien und Antipathien verraten das unruhige Hin-

und Herwogen in dieser Psyche, die, von den Nerven beherrscht, nur die Extreme kennt. Man darf den Einfluß der Nerventätigkeit auf den Charakter des modernen Musikers nicht gering veranschlagen. Stimmung und Mißstimmung sind so mächtig, daß sie auch das Ethos gefährden. Wo alles auf das Ich bezogen wird, tritt die Verschiebung des innerlichen Gleichgewichts von selbst ein. In Beethoven, dem Grenzpunkt zwischen Klassizismus und Romantik, wird sie durch die breite Basis, auf der sein Mensch- und Musikertum ruht, noch verhindert. In Richard Wagner sinkt die Wagschale nach der Seite der Selbstsucht. Kleinliche Eitelkeit, persönliche Gehässigkeit sind die Formen, in denen sie sich äußert. Sympathien und Antipathien, extreme Stimmungen finden kein Gegengewicht mehr. Chopin, geistig kleiner, ist dank seiner schwächeren, feineren Struktur nicht ohne Hemmungen. Seine Aristokratennatur gestattet ihm rücksichtsloses Draufgängertum nicht; sie bindet ihn noch an die Form. Wenn auch hier kleinliche Eitelkeit, persönliche Abneigung sich äußern, geschieht es unter der Maske der Höflichkeit oder so, daß die Klippe umschifft wird. Bricht der Sturm dennoch einmal los, so sorgt ein starker Fonds von Herzensgüte dafür, daß der Anprall nicht vernichtet.

Aber Chopin und Wagner begegnen sich an anderen Punkten wieder. Der Stimmungsmusiker kann ohne eine Umgebung, die sein Nervensystem in Schwingung versetzt, nicht leben. Der Aristokrat in Chopin stimmte zu. Nirgends enthüllt er uns diese Seite seines Wesens mehr als in jenen Briefen an Fontana, die genaueste Anweisungen für die Garderobe des Schreibers wie für die Ausstattung der Wohnung enthalten. Feinster Geschmack, Vermeidung alles Auffallenden ist das Motto dieser Anordnungen, während dort, in dem salonfeindlichen Demokraten, das Sensationelle nicht fehlt.

Wir sind nun bei dem stärksten aller Instinkte, bei dem erotischen angelangt. Musik als der ursprünglichste Ausdruck der Erregung, als lebendigstes Zeugnis für den Dämon, der uns quält, spricht dank ihrer Stofflosigkeit am eindringlichsten zu unserer Sinnlichkeit. Je mehr ein schrankenloses Ich in den Mittelpunkt des Schaffens tritt, desto mehr schwächen sich die Hemmungen ab. In den Klassikern strebt das Melos bereits zur Architektur hin; es ist schon in der Anlage so weit entsinnlicht, daß es die Ruhe der Gestaltung nicht gefährdet; und der nach allen Regeln der Kunst bis in alle Einzelheiten vollendete Bau zeigt, wie sich Sinnlichkeit ins Transzendentale gewandt hat. So wird uns Johann Sebastian Bach, der den Kultus der Form zur höchsten Meisterschaft führt, zum Urbild musikalischer Keuschheit; von ihm zieht sich eine Linie bis zu Brahms hin. Auf diesem Weg sah sich Mozart von seinem Sinnenleben stark bedroht, ohne in seiner Klassikerruhe erschüttert zu werden; und Brahms hatte die Romantik vorüberziehen sehen, ohne von der metaphysischen Straße abzuirren. Die Romantik, die das Ich zum künstlerischen Maßstab macht, erregt die Erotik des Musikers aufs tiefste. Das leidenschaftlichere Melos atmet nicht mehr die Sehnsucht, einem formvollendeten Bau zu dienen; von der Sinnlichkeit stärker durchtränkt, führt es ein selbstherrliches Dasein. Der Nervenmensch spricht und duldet keinen Einspruch. Nur die Poesie kann das Unheil teilweise abwenden; und wenn zu ihr ausnahmsweise die Sehnsucht nach Klassizismus sich gesellt wie in Robert Schumann, dann hat die Musik wieder die hohe Stufe des Idealismus erreicht, sie ist übersinnliche Romantik geworden. In Wagner dagegen konnte selbst die Poesie die starken sinnlichen Zauber seiner Tonsprache nicht bannen.

Wie sehr die Erotik Chopin schüttelt, zeigt schon sein Lebensweg. In keiner Periode seines Daseins fehlt die Frau, die ihn begeisterte. Ja, er entzündete sich an weiblichen Reizen so leicht, daß sein Triebleben stets durch mehrere Leidenschaftsobjekte in Aufruhr geriet. Und doch trieb er die Enthaltsamkeit bis zur Askese. Haben wir nicht manches Geständnis des jungen Mannes gehört, der vor jedem Abenteuer im letzten Augenblick zurückschreckte? Paris, das den Zwanzigjährigen gewiß locken konnte, ging spurlos an ihm vorüber; der erfolgreiche, sehnsüchtig begehrte Virtuose, der so viele andere, Liszt an der Spitze, in dem Pariser Strudel untertauchen sah, wich jeder Liaison aus. Wenn auch sonst väterliche Seelenkenntnis nicht bis in das Sexualleben der Kinder reicht, so ist doch eine Stelle in einem Brief des alten Chopin auf Treu und Glauben hinzunehmen. Während er ihn vor den ausgedehnten Nachtwachen im Salon aus gesundheitlichen Gründen warnt, fügt er hinzu: „. . . ich bin überzeugt, dass kein anderer Exzess Dir schaden kann, denn Du gestattest Dir keinen." Brutale Sicherheit widersprach nicht nur dem Wesen eines Menschen, dessen Organismus ihn zur Zurückhaltung mahnte; sie widersprach auch dem weiblichen Zug, der die Erotik zielunsicher machte und eine letzte Schamhaftigkeit hemmend vor den Genuß stellte. Die Liebe zu den Blumen, die in seinem Salon nicht fehlen durften, spricht klar für das Weibliche in ihm; sie sind hier das Symbol der Poesie, die auch über das Leben seiner Sinne wachte. Und unerfüllte Erotik strömte in sein Schaffen, schuf jene Wunder der Musik, vor denen wir noch immer staunend stehen.

Denn wie dieser Mensch gerade diese Musik nicht schaffen mußte, aber konnte, und was ihr Wesen ist, das eben soll hier gezeigt werden. Sein Geistes-, sein Triebleben drängten nur nach einem Punkt hin: zum musikalischen Schaffen. Die Verarmung des Geistes zugunsten der Stimmung; die Herrschaft des Unbewußten, die Abwendung von allem Zweck- und Absichtsvollen, die sich so steigerte, daß für den bewußten Menschen nur eine allerdings desto stärker betonte Lebensklugheit übrigblieb: dies alles hatte nur ein Ziel: einen grossen, eigenartigen Künstler zu zeugen. Der Schwermut als Grundlage des Schaffens brauchte nicht fruchtbar zu sein. Ja, durch diese willenlose Hingabe an ein schmerzliches Gefühl, die ein echt weiblicher Zug ist, wird der Kreis der schöpferischen Empfindungen verengt; und die Einseitigkeit, die das hervorruft, wird noch gefährlicher durch das Fehlen geistigen Nährstoffes. Hier aber setzt eben die Energie des berufenen Künstlers ein. Die Tatkraft, die der bewußte Mensch sparte und als schwacher Organismus sparen mußte, wandte sich ganz dem Unbewußten zu. Die Sammlung wurde gesteigert. Und da sie einem engen Kreis galt, wurde jene einzige Seltsamkeit geboren, die, liebevoll gepflegt und nuancenreich gestaltet, der Gefahr entging, einseitige und ermüdende Manier zu werden.

Man kann in der Tat in der Musikgeschichte keine größere Konzentration auf kleinstem Raum finden. Das Kind schon versenkt sich mit Inbrunst ins Klavier; und diese Liebe ist die einzige, der er bis ans Lebensende treu bleibt. Er legt ihm das Ohr ans Herz und erwirbt jenes unerhörte Fingergefühl, das sich mit allen musikalischen Vorstellungen verknüpft. Diese Verknüpfung ist so eng, daß jedes andere Instrument, und sei es auch die liebe mensch-

liche Stimme, ihm sofort fremdes Gebiet scheint. In der Begrenztheit der Klaviatur also ist er gewohnt, seine Empfindungen sich
ausleben zu lassen. Sie sind noch nicht entschieden von der Schwermut gefärbt. Oberstes Gesetz seiner Phantasien ist der Wohlklang;
ein an die Tasten gebundener Wohlklang. Hört er singen, dann
bannt er es auf die Tasten. Hier also liegen die Quellen seines
Schaffens, seines Klavierstils und -spiels. Aus dem Klavier ge-
schöpfter Wohlklang ist ihm höchstes Ausdrucksmittel.

Das nationalpolnische zął gibt sehr bald den Grundton an. Die
Volkskunst sucht seine Phantasie heim. Und indem er den Wohlklang durch weit auseinanderliegende Intervalle zu bereichern sucht,
beginnt die Eigenart zu keimen.

Bis dahin ist der Instinkt übermächtig in ihm. Aber der Künstler
ruft nach der Tradition. Er fühlt, daß er in die Irre gehen würde,
wenn das Handwerk ihn nicht stützte. Nun treten die Elemente
hinzu, die den Kunstverstand entwickeln und schärfen. Die Be-
schäftigung mit Bach ist der nachhaltigste Kindheitseindruck; Bach
wird sein musikalisches Glaubensbekenntnis. Chopin lernt die Wunder der Mehrstimmigkeit kennen. Wie wird sich nun diese musikalische Unsinnlichkeit, die den Kunstverstand in ihm überzeugt,
mit seiner ureigenen musikalischen Sinnlichkeit mischen? Natürlich muß sich die Mehrstimmigkeit vor dem Wohlklange beugen,
sich in die von ihm geschaffenen Klangkombinationen fügen. Das
wird später einmal geschehen. Für jetzt schöpft er aus Bach nur
den Sinn für die Form und die transzendentale Stimmung, die selbst
chromatisch auftritt. Viel stärker spricht zu der Klangphantasie des
Knaben die reine Schönheit Mozartscher Kantilene. Ist Bach der
Meister, vor dessen bewußtem Können er sich verneigt, weil es
ihm den Stützpunkt gibt, so wird Mozart das Ideal musikalischer
Schönheit, das ihm bis ans Lebensende vorschwebt. Aber sein
Fingergefühl wird von Hummelschen Klavierpassagen lebhaft angeregt. Die feingegliederten Hände, die auf weibliches Plaudern
und Fabulieren angewiesen scheinen, greifen sie gierig auf und
suchen sie für den eigenen Klavierstil fruchtbar zu machen. Er
träumt den Virtuosentraum, und sein Schaffen bewegt sich in der
Richtung dieses Traumes. Die Koloraturpassagen überwuchern noch
das Thematische.

Doch schon hat ihn die Leidenschaft erfaßt. Die Sehnsucht nach dem Weib wird ihm unbewußt die Nährmutter seiner Kunst, die aus der Scholle emporwächst. Erst in dem Augenblick, wo sie sieghaft durchbricht, wird Chopin ganz ein Eigner. Vorgebaut wurde dem Ausdruck des leidenschaftlichen Begehrens durch den Sinnenrausch des Wohlklangs, der schon die tastenden Versuche des Knaben durchbebt. Freilich: die Aristokratennatur des Schaffenden haßt alles Rückhaltlose. Aber die Leidenschaft, die in ihm tobt, ist auch zurückgehalten noch durchsichtig, verführerisch genug.

Worin beruht nun die Leidenschaftlichkeit der neueroberten Tonsprache? Der sinnliche Wohlklang beherrscht sie auch jetzt noch; aber er ist durch neue Mittel tausendfach bereichert. Die akkordliche Grundlage, die seinem Sinn für Harmonie am besten entspricht, bleibt seinem Klavierstil erhalten. Alles neu Hinzutretende durchdringt er kühn mit seinem Geist. Die Bachsche Transzendentalität muß sich unter das Joch seiner Stimmung beugen. Sein Chroma ist von dem leidenschaftlichen Wohlklangsucher und erregten Ausdruckskünstler nicht nur in eigene Münze umgeprägt worden; ganz neue Steigerungen ergeben sich ihm aus der Mischung mit dem Mollton, mit den übermäßigen Schritten des Slawentums. Die Modulationen rücken eng zusammen; die frei einsetzende Dissonanz schreckt ihn nicht mehr; Vorhalte, Durchgangsharmonien, Querstände, die vieldeutige Enharmonik werden das Rüstzeug vorwärtsstürmender Leidenschaft. Aber sie legt sich selbst Zügel an. Da ist kein sinnloses Springen von Tonalität zu Tonalität; sondern der in der musikalischen Grammatik und Orthographie erstarkte Sinn für das Gesetzmäßige läßt ihn die musikalische Folgerichtigkeit nicht durchbrechen. Und was ist aus der Bachschen Mehrstimmigkeit geworden? Auch sie ein Mittel, uns sanft zu umschmeicheln. Sie setzt ein, wo sie die Vollgriffigkeit des Akkordes bis zum Sirenengesang steigern kann, setzt ab, wenn sie ihre Sendung erfüllt hat; und das Unisono enthüllt dem Hörer neue Klangwunder. Es ist nicht mehr ein Gegeneinander von Stimmen, sondern von Stimmungen. Jede Oktave wird in ihrem Timbre belauscht, zu ihrer eigenen Sprache gezwungen. Alt- und Tenorlage sprechen mit der eindringlichen Beredsamkeit des Cellos und des Horns. Und jene dicken Baßpassagen, die uns im Reich der transzendentalen Mehrstimmigkeit so unhold im Ohr klangen, mußten vor den ganz neuen Forderungen musikalischer Sinnlichkeit weichen. Chopins Baßpassagen treten sparsam auf, aber sie klingen; und auch sonst haben die oft weit ausladenden Bässe sich dem Gesetz eines vergeistigten, verzweigten, abwechslungsreichen Wohlklanges zu fügen, das sie zwingt, Diener des Akkords zu sein. Über alledem thront die Chopinsche Kantilene. Der Nervenmensch kann ihr nicht mehr ganz jene Mozartsche Reinheit schenken, die er verehrt. Die Sehnsucht nach der Schlichtheit des Gesanges ist da, aber die Krümmungen, die Schlangenlinien des Themas zeigen die Spuren des Kampfes, die die Leidenschaft mit ihr führt. Diese so neuen, nervösen, romantischen Themen nähern sich uns lockend und werben immer dringlicher um unsere Gunst. Denn hatte schon die Poesie und Anmut ihre Sinnlichkeit geadelt, so kommt nun der in den Salons heimische Aristokrat, der Liebhaber geschmackvollen Zierats, behängt sie bei jeder Wiederkehr mit Perlenketten, mit einem Reichtum, der nichts Pomphaftes hat, mit einem Prunk, der ihre Schönheit um so verführerischer macht. Die von Hummel und Paganini angehäuften Passagenschätze, die Skalen des italienischen Ziergesangs, denen er zu lauschen nimmer müde ist, sind das Material, die sein Geist, sein Ohr, seine Poesie, seine Seelengrazie in die Sphäre der Ausdrucksmusik emporheben.

So erschließt uns ein Blick auf ein mit Chopinscher Musik gefülltes Notenzeilensystem Wunder über Wunder. Wohin wir schauen, tönt uns eine neue Welt entgegen; treten Melodie, Harmonie, Rhythmus in sinnlich-verführerischem Gewand auf, ohne je in die Niederungen des Trivialen hinabzugleiten.

Denn auch sein Rhythmus wird das Abbild seines Wesens. Das Überspringen von einem Extrem zum andern setzt sich sofort in rhythmische Formen um. Die harmonischen Rückungen, die sie trennen, mildern ein wenig die Hastigkeit des Schrittes. Die Wehmut lebt sich aus wie die Sehnsucht, die Leidenschaft wie die Verzweiflung, das Träumen wie das Stürmen, aber auch der fröhliche Geist, der in dem traurigen Herzen wohnte; und selbst der naive Kindheitsglaube, den sein Philosophettieren mit einer dünnen, widerstandsunfähigen Schicht bedeckte. Es ist eine ununterbrochene Logik im kleinen da. Aber auch gegen sie empört sich schon der gebrochene Wille, das unentschlossene Zögern des Menschen, das selbst im Musiker nicht zu bannen ist. Das Rubato, das sanfte Hin- und Herschaukeln, das den Rhythmus oft in seinen Grundfesten erschüttert, bezeugt es ebenso wie die Allmählichkeit der Entschließung von der Dominante zur Tonika, die oft den Beginn Chopinscher Tonwerke so spannend macht. Und wie strebt der Dominantakkord auseinander, um seine Klangmöglichkeiten zu entfalten? Je enger der Raum, auf dem dieses Feuerwerk von Geist sich entzündet, dieser leidenschaftliche Wechsel des Rhythmus und der Harmonie sich sinnlich-reizvoll und doch so gesetzmäßig vollzieht, desto tiefer die Wirkung. Sie findet kein starkes Gegengewicht in der Ironie, die in jähen Akzentverschiebungen überraschend, blitzartig aufleuchtet. Der Mensch, der sich nicht entschleiern wollte, konnte sie noch betonen; auf den Musiker, der sich fast völlig entschleiern muß, dringt die Flut der Empfindungen ein, und die lächelnde Schwermut, die wogende Leidenschaft behalten das letzte Wort. Ebenso sicher unterliegen der derbe Volkston wie die emporstrebende Männlichkeit der beherrschenden Gesamtstimmung, dem „zạl“, das ihn immer mächtiger ergreift, je länger die Sehnsucht nach der Heimat ihn verzehrt.

So kam es, daß diese Musik die Instinkte der Genießer, der Frauen zumal, heftig aufrüttelte, während der Schaffende selbst seinen Idealen unbeirrt nachging. Es zog ihn hin, und er folgte nicht nur instinktiv, sondern mit voller Bewußtheit. Was läge näher, als diese bewußte Künstlerschaft in einem oft kindlichen, von gegensätzlichen Stimmungen so stark beherrschten Nervenmenschen zu leugnen! Zeigt dem Kenner schon der Einblick in seine Werke, wie planvoll der Meister vorwärtsschritt, so erzählt uns George Sand von den Qualen, die den Weg von der Skizze zum Werk bezeichnen. Unerwartet tauchten ihm die Gedanken am Klavier oder bei einem Spaziergang auf; wollte er sie aber aufs Papier bannen, dann erwachte die Selbstkritik und peinigte ihn um so stärker, als ja seine Unentschlossenheit notwendig auch auf sein Schaffen übergriff. Takt für Takt prüft er; sein Schreiben und sein Streichen halten sich die Wage. Er jagt im Zimmer umher, er tobt, er weint, wenn sich die gewünschte Fassung nicht findet. Seine bis zur Unleserlichkeit korrigierten Manuskripte, seine tausendmal durchbrochenen

Spinngewebe sprechen von seinen Kämpfen, von seinen Qualen. Und die Fehler, die in die Ausgaben übergingen, sind die Folge dieser Änderungen, die auch dem hingebungsvollsten Freunde die Erfüllung seiner Wünsche unmöglich machten. Auch da noch, in dem Halbdunkel seiner Manuskripte, ist nach so viel Arbeit impressionistischer Zauber und ein Rest von Phantastik. Und wie legt er seinem Freund Fontana ans Herz, sie vor jeder Beschädigung, vor jeder Unsauberkeit zu bewahren! Sie waren ihm heilig. Er hatte als echter Künstler gerade das Detail bedacht und gepflegt und durch den sorgfältigsten aller Klaviersätze die Interpreten vor der Willkür gewarnt; nun schickt er sein Werk als etwas Vollkommenes in die Welt, das unberührt bleiben muß.

Man kann das Erwachen des Individualitätsbewußtseins in Chopin nicht früh genug ansetzen. Wir erinnern uns jenes polnischen Musikers Sowinski, der unser Genie durch seine Musik peinigte. „Womit er mich jedoch in die grösste Erregung versetzt," schreibt er im Jahre 1831 von Paris an seinen Freund Titus, „das ist seine Sammlung von sinnlosen, überaus schlecht akkompagnierten, ohne die geringste Kenntnis von Harmonie und Prosodie zusammengesetzten Wirtshausliedern mit Kontredance-Schlüssen, die er eine Sammlung polnischer Lieder nennt. Du weißt, wie sehr ich unsere Nationalmusik zu erfassen mich bestrebt, und dass ich dies auch zum Teil erreicht habe; stelle Dir daher vor, wie angenehm es mir ist, wenn er mitunter bald hier, bald dort etwas von mir erwischt, dessen Schönheit häufig in der Begleitung liegt, und es mit Drehorgelprovinzgeschmack spielt . . ." Hier spricht sich so bewunderswert früh nicht nur der feste Wille aus, sich eine neue Welt zu bauen, sondern auch die tiefe Einsicht in den Kern und Wert des eigenen Schaffens; der Haß gegen alles Gewöhnliche und die Ablehnung des rein Materiellen, auch wenn es dem Mutterschoß polnischen Volkstums entstammt. Er weiß, daß der Reiz seiner Musik häufig in den begleitenden Stimmen liegt; Harmonie und Prosodie sind die Flügel, auf denen sich das Nationalpolnische zum Allgemeingültigen erhebt. Die starre Schwermut der slawischen Volksmusik muß sich in eitel Beweglichkeit auflösen. Dazu kann nicht nur die kokette Grazie helfen, die dem Halbfranzosen im Blut liegt. Es gäbe dann eine Mischung des im künstlerischen Sinn Unvereinbaren; es würde eine Lücke klaffen. Seine tiefere geistige und seelische Individualität ist die Mittlerin, die beides zusammenschließt. Der Wille zum Bahnbrechenden also ist da; die unerschütterliche Überzeugung, daß es ihm gegönnt sei, in die Reihe der größten Meister zu treten. Hierzu stimmt es, daß der halbwüchsige Knabe sich an praktischen Übungen nicht genügen läßt, sondern auch zu den Lehrbüchern greift, die der theoretischen Weisheit letzten Schluß enthalten. Sie hinken zwar den Meistern nach, aber sie geben ein Stück Musikgeschichte. Ihr will er angehören. Nie noch ist ein so starker Gegensatz zwischen den Träumen des Erfinders und dem Gestalten des Künstlers dagewesen.

Wir erst erkennen, wie dieser Wille zum Bahnbrechenden sich erfüllt hat. Wir erst wissen, daß Chopin in die Reihe der großen Meister eingerückt ist. Als Pfadfinder in der Harmonik reicht er über Liszt und Wagner hinaus. Sein Ohr ist unbeirrt von außermusikalischen Vorstellungen; so kann die Phantasie sich im kleinen Tastenreich hemmungslos ausleben. Selbst Wagner mit seiner umfassenden Geistigkeit legt den Grund zu jener Zufallsharmonik, die sich in sein geniales Werk natürlich einfügt, aber im Schaffen minderer Geister, lahmer Erfinder mit getrübtem Gehör in Willkür ausartet. Das Ohr empfindet diese Überreize nicht mehr; und es ist erstaunt, wenn es nun die logische Kühnheit Chopinscher Harmonik auf sich wirken läßt. Sein Tonbewußtsein schreitet über das Verbot der Quintenparallelen nicht hinweg, sondern formt es nach seinen persönlichen Forderungen, die nun von der genießenden Nachwelt bestätigt werden. In diesem Tropenwald gedeiht kein Unkraut. Auch das Seltsamste wird durch den feinen Takt des Ohres und des Herzens zum Einfachen geadelt; zu einem Einfachen freilich, das die Spuren innerer Unrast, schwerer Leiden trägt. Und das Neue, bald Beispiellose geschieht: in den chromatischen Krümmungen trocknet der melodische Quell nicht ein, verteilt noch immer die Phantasie ihre Gaben gleichmäßig an den Melodiker wie an den Harmoniker. Wie sündhaft und wie unnütz darum die Klanganatomie, das Steckenpferd der Chopinphilologen! Laßt diese phantasievolle Gesetzmäßigkeit in euch nachhallen — so wird euch die Gegenwart genußreich, die Zukunft hoffnungsvoll sein.

Aber es gibt Punkte, wo Wagner und Chopin sich wieder grüßen.

Wenn die Erotik zu Klängen drängt, müssen diese nervösen Naturen zusammenklingen. Um so mehr, als sie ja den Genuß für ihre Kunst opfern. Wie dem Ausdruck Chopinscher Liebesleidenschaft noch der Blumenduft entströmt, so ist Wagnersche Liebeslyrik durch den Zug ins Metaphysische, Übermenschliche verklärt. Die ewige Sehnsucht ist ihnen gemein. Sprach sie sich schon in dem Hang zum Überspringen der Oktave bis zur None und weiter aus, so noch viel eindringlicher in den fortlaufenden Dissonanzen, in den schweratmenden Vorhalten.

Aber schon meldet sich auch der Gegensatz. Der Zufallsharmoniker Wagner hat da, wo er den Hymnus der Liebe singt, im „Tristan", den Vorhalt echt deutsch in ein System gebracht, die unendliche Melodie der Leidenschaft aus ihm entwickelt. Es ist die Form der Formlosigkeit; wie auch seine Mehrstimmigkeit mit der dramatischen Gesetzen gehorchenden Motivarbeit stets verkettet ist. Die Architektur also trennt beide, die eben noch die Stimmung zusammengeführt hatte; denn für seinen Riesenbau brauchte Wagner ein neues Gerüst.

Aber über die Chopinsche Architektur ist mehr noch als ein Wort zu sagen. Prosodie, erklärte er doch, sei das andere Mittel, Musik zu einem künstlerischen Wert zu prägen. Auch die Form ist ihm heilig; eine tiefe Sehnsucht nach dem Klassischen lebt in ihm. Er will nichts zerstören; auch er möchte bauen. So rückt er von der Schulromantik ab. Und es ist erstaunlich, wie nun im Aufbau des Gerüstes der Ausdrucksmusiker seinen ganzen Geist zur Mittätigkeit zwingt; wir begreifen sofort die unendliche Mühe, die die Struktur ihn kostet. Sein leidenschaftdurchtränktes Thema wehrt sich echt romantisch gegen die herkömmliche Entwicklung. Wie nun? Rhythmus, Modulation, Passagen werden ihn, genial erdacht, vor dem Chaos retten. Aber sie könnten es nicht, wenn nicht eben die Prosodie ihn stützte. Er wurde nicht müde, die Musik auf die Sprache zu beziehen; auf ihre Hebungen und Senkungen, auf ihre Cäsuren, auf die Zeichen der Abschnitte, auf ihre Haupt- und Nebensätze hinzuweisen. Er ließ die Dissonanzen, die ihm selbst noch bedeutungsvoll schienen, stärker betonen als die Synkopen, die Zeichen zurückgehaltener Erregung. Er mahnte an den natürlichen Akzent. So belebte der Geist die Phrase, die aus

dem Traumland gekommen war. Wissen wir etwas von den Gesprächen, die zwischen Chopin und Bellini geführt wurden? Jenem Bellini, der als einziger vorwagnerscher Italiener sich die Verse
vorsagte, um aus ihnen die Melodie zu schöpfen? Vielleicht blühte
so in Chopins Geist der Gedanke auf, der keimhaft in ihm ruhte.
Gewiß ist, daß Chopins vielgestaltiger Rhythmus das Knochengerüst
hergab, auf dem sich alle diese Herrlichkeiten des polyharmonischen
Wohlklangs entfalten konnten. Die Liebe zum Tanz, zu der kleinen
gedrungenen Form, die ihn nun auch mit dem Gallischen verknüpfte,
frischte in ihm immer wieder die Fähigkeit auf, rhythmisch vielseitig
zu sein. Doch die Lücken der Logik, die den willenlosen, unruh-
vollen Briefschreiber kennzeichnen, spielen auch hier hinein. Reicht
so der Atem für die große Form nicht aus, so ist doch die bewußte
Verwendung reizender Ersatzmittel nicht nur ein Zeugnis für den Ernst
und Scharfsinn des Schaffenden, sondern eine Quelle ungetrübten
Genusses. Von den vollendeten Miniaturen zu schweigen, in denen
auch die Spuren des Kampfes nicht auftauchen. Der musikalische
Aphorismus, der sich dort in den Gesamtbau nicht fügte, ist hier
formbildend geworden.

So entrann dieser echteste Impressionist der Gefahr, im Farben-
reichtum zu versinken. Mit den Vertretern der polnischen Romantik hielt er oft Zwiesprache. Ihre Verse setzte der sonst ganz
Unliterarische in Musik; in eine übertragene Musik, die ihn nicht
unsterblich machen würde. Er bleibt unliterarisch. Aber die romantische Stimmung saugt er in sich auf. Wie er, allem Stofflichen fremd, aus dem, was ihn umgibt, den Duft einatmet. Der romantische Hang zum Fremdartigen beherrscht ihn von Kindheit auf.
Sein Kolorit wird nun berauschend. Aber sein innerer Rhythmus,
sein Formensinn bewahrt ihn vor dem uferlosen Impressionismus
der Literarischen. Und er wird auch hier bahnbrechend. Ja, diese
Rhythmenfülle und Farbensattheit erreicht nun auf umgekehrtem Weg
das, was die Literarischen nicht immer erfolgreich, häufig mit Ver-
gewaltigung des Ohres suchten: aus dieser vom Gehör gespeisten
Stimmungsmusik steigen Bilder auf: das Unfaßbare wird faßbar.
Freilich: man muß nicht dilettantisch das Programm in Chopin hin-
einzwängen. Er ist immer auch rein musikalisch ein Geist, der die
Empfänglichen zu sich zieht. Wir verstehen nun aber wieder, wie

dieser erfindungsreiche Impressionist mit Delacroix sich fand; und mit Heine, der von ihm sagt: „Polen gab ihm seinen chevaleresken Sinn und seinen geschichtlichen Schmerz, Frankreich gab ihm seine leichte Anmut, seine Grazie, Deutschland gab ihm den romantischen Tiefsinn . . . Die Natur aber gab ihm eine zierliche, schlanke, etwas schmächtige Gestalt, das edelste Herz und das Genie. Ja, dem Chopin muß man Genie zusprechen in der vollen Bedeutung des Wortes; er ist nicht bloss Virtuose, er ist auch Poet, er kann uns die Poesie, die in seiner Seele lebt, zur Anschauung bringen, er ist Tondichter, und nichts gleicht dem Genuss, den er uns verschaffte, wenn er am Klavier sitzt und improvisiert. Er ist alsdann weder Pole, noch Franzose; noch Deutscher, er verrät dann einen weit höheren Ursprung, man merkt alsdann, er stammt aus dem Lande Mozart's, Raphael's, Goethe's, sein wahres Vaterland ist das Traumreich der Poesie." So feierte der Dichter des Heimwehs, der Romantiker, den Seelenverwandten.

Doch die Romantik zehrt an den Nerven des Feinorganisierten; die Fülle von Phantasie, Stimmung, Wohlklang, Anmut, von Geist und Arbeit, die in seinem Werk ruht, führt allzu früh die Erschöpfung herbei. Eine Zeit kommt, da das einst fruchtbare gestaltende Bewußte das Unbewußte überwuchert; eine Überspannung der Tatkraft beginnt; das Verzweigte wird zum Künstlichen. Das Chroma, in dem die Erfindung sich tausendfarbig brach, wurde ihr nun gefährlich; das Gefäß war zu klein, der Raum zu eng, um soviel Nervenarbeit zu fassen. Doch ehe noch das Genie mehr als die Spuren des Niederganges zeigte; ehe es das traurige Schauspiel eines Meisters bot, der die eigenartige Routine, die Manier, an die Stelle sich stets erneuernder, schöpferischer Eigenart setzte, nahm ihm der Tod die Feder aus der Hand.

* * *

Aber von dem lebendigen Chopin möchte ich immer wieder und noch recht lange sprechen. Wenn der Meister in dem kleinen Tastenreich ein König wurde, der bald alle Musiker mit seinem Besitz belehnte, so fordert er auch, daß wir ihn zu seinem Ureigensten, zu seinem Klavier zurückgeleiten. Erstaunlich, wie sein Wirken jetzt noch in der gesamten Pianistenwelt nachzittert; wie weit die Ausläufer seiner Klaviertechnik reichen. Mensch, Musik und Spiel bildeten eine künstlerische Dreieinigkeit, die sich nun auch das Mechanische unterwarf.

Denn ein Mechanisches gab es für Chopin gar nicht. Für seine Schüler wohl; sie mußte er erst an den schöpferischen Urquell führen, aus dem sein Klavierspiel strömte. Oft war der Weg vergeblich, und die unwillige Mahnung, nicht mechanisch zu üben, wandte sich an Musikanten, die in der bekannten geistigen Bedürfnislosigkeit ihre Finger bewegten, um ihr Gehirn zu entlasten. Gelang es dem Maestro, sie zum materiellen Wohlklang zu erziehen, so brauchte er wenigstens ihr Spiel nicht mit den ärgerlichen Worten zu unterbrechen, die ihm einmal entschlüpften: „Bellt da etwa ein Hund?"

Der Meister des Kolorits, der Beseelung und Vergeistigung des Klaviertons, der nach sprachlichen Sätzen gestalteten Phrase, der Impressionist rechnete auf die selbstverständliche Handhabung neuer Mittel. Er mußte sich notwendig von den Komponisten trennen, die vom Klavier nur die andeutende Skizze verlangten, sich dann undankbar von ihm abwandten und dem zukunftsreichen Orchester zustrebten. Seine Sammlung wurde nun auch hier ganz folgerichtig so fruchtbar, daß sie revolutionär wirkte. Aber die Revolution mußte sich ohne Gewaltsamkeit vollziehen. Das aus den vielfachen Verästelungen der Chromatik, Enharmonik und Mehrstimmigkeit geborene Kolorit löste sich stolpernden Händen in seine Atome auf; ja, selbst denen, die in der herkömmlichen Musik heimisch waren, Meistern wie Moscheles erschien es als eine künstliche Trübung des Althergebrachten, als etwas Willkürliches, das die Kreise der Klassischen störte. Sollte das Wunderbare sich als ein Natürliches in die musikalische Weltordnung einfügen, sollte, was der Dichter erträumt, nun von den anderen nachgedichtet werden, dann mußten unmerkliche Übergänge das Seltsame dem Ohr und der Phantasie annehmbar machen. Die Finger hatten sich von der Tyrannei des Herkommens zu befreien; die weit auseinanderliegenden Intervalle mußten ihnen auf neuen Wegen erreichbar sein; sie konnten oft von Taste zu Taste gleiten, ohne sich abzulösen; der Daumen war kein absoluter Herrscher mehr; er mußte sich unter das parlamentarische Regime beugen, das den anderen gestattete, ohne seine

Hilfe überzusetzen; aber die Anmut der Hand durfte nicht gestört werden. Floß so der Strom der glänzenden neuen Passagen dahin; hatten die harmonischen Rückungen nicht mehr unter dem Zwang eines veralteten Fingersatzes zu leiden, dann deckte sie die am Legato und Stakkato erstarkte Dynamik, die feinstfühlige Abstufung des Klanges mit dem Blütenstaub der Poesie. Noch war es Klangpoesie, der Chopin mit seinem System von überraschenden Bindungen, mit dem atemverlängernden Pedal den Weg zu den Tasten gebahnt hatte. Dem Salon, den Frauen winkten neue Genußmöglichkeiten. Der Dichter dachte auch an sie; aber er dachte noch weiter: an sich und an die Zukunft.

Wie Chopin seine dem Gehör und Fingergefühl entstammte, von ihm entwickelte Ausdruckstechnik in dem Reich seiner Poesie zu Edelmetall prägte, sahen wir; aber die Worte Liszts: „Wenn seine zerstreuten Finger über die Tasten glitten und ihnen plötzlich einige rührende Akkorde entlockten, konnte er bemerken, wie die heimlichen Tränen der verliebten jungen Mädchen, der vernachlässigten jungen Frauen flossen" rühmen nur den Salonspieler. Der Chopinkreis beschuldigte Liszt, in seinem schönen Buch über den eben entschlafenen Meister den Reformator des Klavierspiels, den Erfinder einer neuen Anschlagstechnik absichtlich verschwiegen zu haben. Immer wieder taucht der Verdacht des Künstlerneides auf, der sich bis zu den ungerechten Worten verstieg: „Il a craché sur l'assiette pour en dégoûter les autres."

Gewiß setzt Liszt mehr dem Tondichter als dem Klavierspieler ein Denkmal. Der Bezwinger der Masse sah in sich den geborenen Mittler auch dieser Kunst. Was er ihr als Pianist verdankte, verschwieg er nicht; aber er betonte es auch nicht.

Um so leidenschaftlicher klingt der Hymnus, den der Dichter-Kritiker Robert Schumann auf den Klavierspieler Chopin anstimmt. Er konnte es bei all seiner Verehrung für Clara, die, was der Gatte entdeckt, mit Liebe und Können in ihrem Garten pflegte. Er nennt sein Spiel einzig wie seine Kompositionen und sagt von dem Vortrag der As-dur-Etude op. 25 Nr. 1: „Denke man sich, eine Aeolsharfe hätte alle Tonleitern und es würfe diese die Hand des Künstlers in allerhand phantastischen Verzierungen durcheinander, doch so, dass immer ein tieferer Grundton und eine weich fortsingende höhere Stimme hörbar, und man hat ungefähr ein Bild seines Spiels. — — — Man irrt aber, wenn man meint, er hätte da jede der kleinen Noten deutlich hören lassen; es war mehr ein Wogen des As-dur-Akkordes; vom Pedal hier und da von neuem in die Höhe gehoben; aber durch die Harmonien hindurch vernahm man in großen Tönen Melodie, wundersame, und nur in der Mitte trat einmal neben jenem Hauptgesang auch eine Tenorstimme aus den Akkorden deutlicher hervor. Nach der Etude wird's einem wie nach einem sel'gen Bild, im Traume gesehen, das man, schon halb wach, noch einmal erhaschen möchte; reden ließ sich wenig darüber und loben gar nicht!" Wie „ein träumender Seher" sitze Chopin am Klavier; und um sich gleichsam mit Gewalt von seinem Traum loszumachen, fahre er nach dem Schluß jedes Stückes mit einem Finger über die pfeifende Klaviatur. Erklingt da nicht zum Schluß in Chopin wieder die ironische Note Heines?

Aber der Gewaltakt bringt den inneren Dämon nicht zum Schweigen.

Dem Dichter am Klavier sträubten sich einmal die Haare, als während seines Spiels der Diener auf den Zehenspitzen hereintrat und eine Karte auf den Flügel legte, erzählt Friederike Müller. Hier hören wir wieder, welcher Steigerung seine Weltentrücktheit, das schrankenlose Wirken des Unbewußten in ihm fähig war, wenn Schaffender und Nachschaffender zur Einheit zusammentraten. Aber das geschah nicht nur im Dienst eigener Musik. Fremde brauchte nur stark in ihm anzuklingen, um ihn zu selbstsüchtigster Selbstentäußerung zu stimmen. Dann gab es wieder Augenblicke, wo das Bewußtsein seiner Umgebung nicht schwand; wo er kokett war. Das Spiel wurde salonhaft, es bestach durch eine anmutige Glätte, die dem Plätschern der Causerie entsprach: das Feminine äußerte sich untief; ohne die Farbe, die ihm ein veredelter Geist verlieh. Er selbst kannte diese Stufen auf der Skala des Nervenmenschen: war er in Stimmung, dann liebte er den Pleyel, der sich den Ton durch lebhaftes Drängen, durch zärtliches Zureden entschöpfen ließ; war er es nicht, dann verließ er sich auf die ewig gleiche Liebenswürdigkeit des Erard, der sich ganz redselig, zwanglos, ohne mechanische Hemmungen gab. Diese Augenblicke brauchen wir nicht zu belauschen; obwohl hier auch den Oberflächlichen, Unpersönlichen die Möglichkeit winkte, anzuknüpfen und zu entwickeln. Die klavierspielende Frau als Typus darf sich auf solche Salonstimmungen berufen. In jenen anderen aber erreicht das Spiel einen Gipfel, auf den ihm selbst die Notenfixierung nicht folgen kann. Das Persönliche des Klaviersatzes, dessen sorgsames Gewebe jede Zweideutigkeit auszuschließen schien, steigert sich zu einem Höchstpersönlichen der Ausführung. Das ist ein ganz einziger Fall. Liszts Sorglosigkeit in der Niederschrift, ein Ausdruck seiner mangelnden Sammlung, ein Abbild seiner beherrschenden Weltlichkeit, schließt das Vieldeutige ein; er ist duldsam und entgegenkommend. Chopin muß es wider Willen sein. Sein Rhythmus, seine Dynamik, sein impressionistisches Dahingleiten, seine vergeistigte Schwäche, die doch Licht und Schatten wirksam verteilte, waren unübertragbar.

Unübertragbar wie diese ganze Erscheinung, in der es eine höhere Logik gab: die Logik des im letzten Grunde unerklärlichen Genies.

TÄNZE
MAZURKEN, WALZER, POLONAISEN, ECOSSAISEN, BOLERO, TARANTELLA

„Die Mazureks schicke ich Euch nicht, weil ich sie nicht kopiert habe: sie sind nicht zum Tanzen;" schreibt Chopin Ende des Jahres 1830 von Wien aus an die Seinigen.

Chopin konnte nur der Zwang zum Tänzer machen. Aber die Stimmung des Tanzes ergriff ihn schon früh, und er nahm ihn mit sich in die Welt der Poesie, streifte ihm alles Banale ab, verinnerlichte ihn und faßte ihn in einen goldenen Reif. Denn das masovische Volk war zu jener Zeit der Natur noch näher als jetzt. Stampfende Lustigkeit, rücksichtslose Derbheit vertrugen sich mit sentimentalem Schwärmen. Und in dieser Naturnähe gedieh der Tanz als die Form, in der wilde Leidenschaftlichkeit zunächst aufbegehrt und sich mitteilt. Der Mazur kann es an Alter mit dem Krakoviak und der Polonäse nicht aufnehmen; aber er steht den Herzen und den Sinnen am nächsten. Er war banal; doch er zündete. Ja, Liszt, der den Polinnen Rosen streut, wird lyrischer Dichter, wenn er diese Frauen sich im Tanze wiegen sieht. Die Mischung von Orientalischem und Pariserischem beflügelt seine Phantasie, berauscht seine Sinne noch in der Erinnerung. „Wo wäre die Frau," ruft er aus, „die einen Mazur nicht mit mehr von Erregung als von Ermüdung brennenden Wangen beendet hätte?"

Wir begreifen den Aufruhr der Sinne Liszts, in dem das Dramatische auch in der Liebe immer zu Taten drängt. „La danse la plus chastement amoureuse" nennt er den Mazur und schwächt damit das Aufreizende des Tanzes ein wenig ab. Aber das Weib bleibt die Göttin, die ihn schafft und beherrscht.

Für Chopin, den Polen, hat er einen ganz andern Sinn. Das Ewig-Weibliche des Mazurs berückt auch ihn. Aber der Musiker ringt ihm eine neue Sprache ab. Alle Sehnsüchte seines Herzens faßt er hier in der prägnantesten der Formen zusammen. Dieser Tanz geleitet ihn von dem ersten Erwachen künstlerischer Bewußtheit bis zum letzten Atemzug. Es ist Musik, die den Entbehrenden mit der Heimat verknüpft. Es sind höchst persönliche Bekenntnisse: das Gelöbnis ewiger Treue. Sein totes Herz sollte Warschau gehören; aber seine lebendigen Mazurken keimen in Polen fort. „La Pologne n'est malheureuse qu'en masse; chacun de ses enfants a son étoile particulière." Dieses Wort eines Begeisterten wird am stärksten durch seine Mazurken bestätigt. Zunächst scheinen sie sich von allem Westeuropäischen zu entfernen; aber der hastig aufwärtssteigende Meister kann nicht anders, als die Kostbarkeiter seiner Kunst hier zusammentragen. Was nun da auf kleinstem Raum vor sich geht, ist so erstaunlich, daß diese Kabinettstücke an sich einen Weltruhm begründen könnten. Der Dreivierteltakt wird von Haus aus durch den punktierten Rhythmus mit dem nach dem Ende gerückten Schwerpunkt und durch die Achteltriole gewürzt. Gewiß, er kann nun die Glieder freier strecken, er kann ausgelassen lustig, er kann aufreizend leidenschaftlich werden. Aber er vegetiert in seinen frischen Farben; er wird in Gesundheit alt, bis der deutsche Walzermichel sich ihm paart und als der Stärkere einen Bastard zeugt. Schon bekämpft den Mazur auch die Drehorgel, die das primitive Dorforchester, Baß und Geige, aus dem Felde schlägt. So muß er ein gesellschaftliches Wesen werden. Seine Lebensfähigkeit ist damit nicht gesteigert. Aber ein Chopin kann ihn aller irdischen Sorgen entheben. Sinnend hat er das Schauspiel sich in voller Freiheit hingebender Körper betrachtet. Diese Beweglichkeit in die Form fließen zu lassen, ist das Ziel, das Werk des Dichters.

Gerade in der stärksten Gebundenheit des Raumes und der Form wachsen ihm die Schwingen. Wo die Phantasie Feste feiert, die Stimmungsextreme einander ablösen, jubelt auch der skandierende Theoriebeflissene. Die Mazurken sind sein Paradies. Lassen wir es ihm. Aber unsere Freude darf er nicht stören. Hüten auch wir uns vor dem Hineindichten von Dramen in diese buntschillernden Seelengemälde! Die 1832 erschienenen, doch, wie wir wissen, schon vorher komponierten Mazurkas op. 6 und op. 7 mit 4 und 5 Nummern kündigen den Verherrlicher des Nationalen an. Frische ist da, aber durch Feinheit gedämpft. Das Bündnis der Triole mit dem punktierten Rhythmus tritt sofort chromatisch abwärtsschreitend, in wechselnder Gestalt auf. Mittelstimmen mit ihrem Schwanken zwischen Fis und F hüllen die Umgebung in das Zwielicht, das sie allem Trivialen entrückt. Es dringt noch weiter. Da weicht der Mollton einem kindlich-fröhlichen Fis-dur. Ein Glöckchenspiel mit Vorschlägen; der Baß rückt in die Altlage auf. Aber auch dieses Spiel erhält — nur ein Genie vermag die plötzliche Verwandlung zu vollziehen — durch ein Herabgleiten der zweiten Stimme in den beiden letzten Viertelnoten die tragische Farbe, die es für die Verknüpfung mit dem Hauptthema reif macht. In Nr. 2 klingen dem Dichter die Dudelsackquinten ans Ohr. Aber eine leise Cellokantilene gibt den klagenden Unterton. Der Schalk schweigt auch hier nicht. Er spielt mit Vierteln und Achteln (Takt 17 und 18) und kann die nicht Taktfesten außer Fassung bringen. Er zögert, doch es ist ein Zögern, das durch wechselnde Reize spannend wird. Aber die Dudelsackquinten haben es ihm angetan. Es geht nun, in Nr. 3, so derb her, wie wir es von dem lustigen Cimbalisten nur erwarten können. Wir hören das Stampfen, das Jauchzen der Bauern. Glinka schöpft aus dieser Quelle. Aber auch Grieg. Man könnte die absteigenden Bässe, die das da capo des nobleren Themas begleiten, als Motto über sein Schaffen setzen. Nur daß sie eben dem beweglicheren Geist, dem feurigeren Temperament, den rascheren Stimmungen unseres Chopin ein Intermezzo, der düsteren Starrheit des nordischen Tondichters das A und O seiner Phantasie bedeuten. Da — ein Schwinden der wehmütigen Melodie in es-moll, und (in op. 6 Nr. 4) der Tondichter steht vor uns, in sich versunken, traurig, im Innersten wühlend. Der Tanzrhythmus hat seine Prägnanz eingebüßt, er ist ganz Seele geworden: doch das rauscht in einem Presto, ma non troppo vorüber; schon ist's vorbei. Opus 7 Nr. 1. Das Steckenpferd des Konservatoristen. Jugendlust, die sich in B-dur auslebt. Doch darf, was von Philisterhänden nur allzuoft betastet wird, unter ihnen nicht leiden. Die Sprünge übers Ziel hinaus sind kein alltäglicher, sie sind ein sehr geistreicher Spaß. Und die Heimlichkeiten fehlen nicht: ein Allerheiligstes, in das der Alltagsmensch nicht eindringt. Eine kurze Sotto-voce-Phrase ist's, von mystischer Farbe, im seltsamsten Orgelpunkt, der sich nach der Regel nicht leicht an den freudigen Wiederausklang knüpfen läßt. Und wieder (Nr. 2) Wehmut, aber ohne Dumpfheit. Tritt sie auch in der Chromatik des Nachsatzes klagend und ächzend auf, so löst sie sich bald mit beschwingteren Bässen, mit lichteren Farben, mit klangreichen Triolen aus ihrer Unbeweglichkeit. Das Schwanken der Seele, das ausgesprochen Slawische der Stimmung läßt einen festen Pakt mit einer entschiedenen Tonart nicht zu. Aber der westeuropäische Geist findet nach a-moll zurück. Die Todestraurigkeit hält an. In Nr. 3 wird der Vorhang nicht gleich aufgezogen. Eine Einleitungfigur in wechselndem rhythmischem Gewand, von stöhnenden Vierteln abgelöst; über Gitarrenklängen schwebt die Mazurka. Das Weib singt sie, sanft, einfach. Der Bauer jauchzt sie nieder; das Cello führt in weitem Bogen zur Todestraurigkeit zurück. Aber wie zwanglos gleitet das f nach e, den Rest mit sich ziehend! In der nächsten Nummer (4) hat der Salonmensch das Wort. Er scheint der kokett dahinplätschernden Rede zu lauschen. Doch — ein Weilchen zieht sich der Dichter auf sich selbst zurück; er träumt in vier A-dur-Takten, wie nur er träumen kann. Aber die andern plaudern in As-dur weiter. Nummer 5 schließt das Opus ab, mit einer Einfachheit und Ruhe, als wäre nichts geschehen.

Das sind die Herrlichkeiten von op. 6 und 7. Sie bekennen die Blutsverwandtschaft mit der polnischen Heimat, aber ihr Typisches, das sich oft taktelang behauptet, ist von dem Dichter durchkreuzt, ihre Stimmungskontraste sind durch eine kunstvolle Plötzlichkeit der Übergänge bezeichnet. Der ganze Chopin lebt in ihnen, ohne den bohrenden Schmerz, aber mit dem Unterton fruchtbarer Wehmut; auch das Halbdunkel liegt über ihnen.

In den 1834 veröffentlichten vier Mazurkas von op. 17 entdecken wir bereits Familienähnlichkeiten. Wie könnte es auch anders sein, wo musikalische Inzucht, obwohl Edelinzucht, herrscht! Aber man betrachte einmal außer dem Spiel reizender Mittelstimmen, die das wiederkehrende Thema zieren, die Coda der ersten Nummer mit ihren munter hüpfenden Halbtonschritten. Da überragt der Pole seine Landsleute wieder um Haupteslänge. Aus Nummer 2 klingt eine rührende Bitte heraus. Aber ihre Dringlichkeit kleidet sich in verführerische Chromatik, der man nicht widerstehen kann. Auf die Familienähnlichkeit berufe ich mich für die folgende As-dur-Mazurka und gleite zu Nummer 4. An sie knüpft die Legende an. Nach ihr ist sie eine dramatische Szene: Ein polnischer Jude mit Kaftan und Pantoffeln steht vor der Tür seines Wirtshauses und sieht einen klagenden betrunkenen Bauern, der sein Kunde ist. „Was ist dues?" fragt er. Ein Hochzeitszug mit Geige und Dudelsack unterbricht die Klagen, die bald darauf wieder einsetzen. Hier hat der Harmoniensucher harte Nüsse zu knacken. Er findet die Tonart nicht. Ein fragender F-dur-Sextakkord führt ihn irre. Aber die a-moll-Stimmung ist nicht zu verkennen. Das Koloraturenwerk kann dem mauschelnden Juden oder dem stöhnenden Bauern angehören. Wenn aber Klagen so reizvoll auftreten wie in den nonchalanten abwärtsgleitenden Triolen der poco ritenuto-Takte, dann wandeln sie Trauer in Jubel. Mit einer Frage, im Zwielicht, im F-dur-Sextakkord klingt das urpolnische Stück aus.

Eine neue Epoche ist beschlossen.

1835 erscheinen vier Mazurken als opus 24. Die erste in g-moll kann nur wieder empfohlen, sie braucht nicht gedeutet zu werden; in der zweiten aber grüßen uns Kirchentonarten: das Lydische mit Mixolydischem gemischt. Der Elsnerschüler verrät sich; auch das stets gläubige Kind. Weihrauchduft mischt sich mit Parfüm. Wir halten den Atem an, wenn das Intervall f-ces immer wieder lockend zu uns spricht. Die Enharmonik löst das Rätsel; sie stellt den Kirchenton wieder her. Aber die Unruhe weicht nicht mehr von uns. Unsere Sinne empören sich gegen alles, was recht ist. Sie werden von der Eleganz der Nr. 3 beschwichtigt. Aber nur einen Augenblick. Denn, was nun in b-moll auf uns einstürmt, strömt einen narkotischen Duft aus, der uns die Sprache lähmt. Was nützt es uns, auf die Quellen hinzudeuten? Von der leisen Gegenbewegung aus dem Dominant-Unisono zu sprechen, die wie sehnsüchtiges Zusammenstreben zweier Liebender ist; von dem langsam mit der Oberstimme fortsingenden Thema, das uns schrittweise erobert; von den punktierten, doppelt punktierten Rhythmen des Nachsatzes; von den Wundern der Mehrstimmigkeit, der Einstimmigkeit, der con anima-Phrase, die alle Hebel der Harmonik und Dynamik in Bewegung setzt, uns zu willenloser Hingabe zu überreden; endlich von diesem vieldeutigen B-dur-Schluß, der unbegleitet, kraftlos, entsagungsvoll verhaucht! Das war ein Gipfel, ein begeistertes Zusammenraffen aller Mittel, uns zu bezwingen; die Paarung von gesündestem Überschwang des Rhythmus mit harmonischer Überreife.

Wiederum Pause. Es ist 1838 geworden. Opus 30 und 33 mit je vier Mazurken werden der Welt bekannt. Das Seelische, das Verfeinerte kämpft schon gegen den Rhythmus. Das zal der c-moll-Mazurka ist ein stilles Weinen. Aus der nächsten hörte man den Ruf des Kuckucks heraus. Eine hartnäckige Terz verriet ihn. Aber dieser Kuckuck ist ein vollendeter Musiker mit so empfindlichen Nerven, daß er für eine und dieselbe Phrase vierfache Deutung findet. Sagen wir also lieber: spannendes Zögern des Dichters. Ist er in Nr. 3 ganz kleinlaut geworden? Fast scheint es so. Typisches zeigt sich; und schon fühlen wir uns wieder unter den Bauern Masoviens. Aber die Welt um Chopin hat sich verdüstert. Derbe Lustigkeit wagt sich nicht mehr hervor; umharmonisiert, unpunktiert, in Trauer gekleidet, innerlich gebrochen wankt das Thema einher. Ein seltsames Frage- und Antwortspiel: slentando; es sind Geisterstimmen, die ihn rufen. Und wieder stehen wir auf einem Gipfel. Wieder verlieren wir den Atem. Es ist das höchste, was uns der Meister an Mazurken in der mittleren Periode schenkt. In cis-moll. Kein Takt ohne die besondere Chopinsche Farbe. Aber das Geheimnisvolle, das Erotische, Lockende, Betäubende hat an Kraft noch gewonnen. Der punktierte Rhythmus hat sein Draufgängertum verloren. Ein chromatisches Sichanschmiegen der in ihrem Wert gekürzten Note an die schöne Nachbarin. Auch die Gitarrenklänge dienen dem Frohsinn nicht mehr. Feinheit der Gestaltung, harmonische Umdeutung des Themas, ein paar Takte rührender, aufreizender Triller und die revolutionären Quinten, die gegen den Schluß hin eine ganze Welt von Pedanten mit prachtvollem Wohlklang herausfordern, bedrohen das Leben unserer Sinne. Und wieder — in op. 33 Nr. 1 — stille Trauer. Aber wir trauen unseren Ohren nicht: in hartem D-dur singt jetzt Chopin. Ist es möglich, daß er, der nun doppelt Rätselvolle, sich unbedenklichem Frohsinn ergibt? Daß er alles Klagen vergißt? Gewiß ist, daß in dieser fein organisierten Umgebung, unter allen diesen von Nervenzuckungen heimgesuchten Mitgliedern einer Aristokratenfamilie, unsere Mazurka als ein aus der Art geschlagenes Kind dasteht. Ihr Zögern ist ohne Ungeduld, ohne Nerven. Die endlos wiederholte Phrase verzichtet auf stimmungsvolles Modulieren; sie gibt sich einfach. Tritt wohl einmal laut, einmal leise und nur ein einziges Mal in acht abgegrenzten Takten schwankend auf. Sie strotzt von Gesundheit. Und sie gefällt doch; denn ihre Freude ist durch den Adel der Geburt und der Seele salonfähig geworden.

Man möchte es nicht glauben, daß jene Nr. 3 mit ihrem milden C-dur, mit ihrem schleppenden Gang, den heftigsten Streit zwischen Chopin und Meyerbeer heraufbeschwören konnte. Aber als der berühmte Komponist, dem Polen herzlich zugetan, diese Mazurka des Zweivierteltaktes verdächtigte, war Chopins Gleichgewicht erschüttert. Der Vater schützte sein Kind mit dem Zorn, dessen nur die Liebe fähig ist. Wir scheiden ohne stärkere Erregung von diesem Stück. Das nächste aber, das letzte des opus 33, hat wieder Nerven, unvermittelten Stimmungswechsel, ein fast hysterisches Sichdehnen und Sichzusammenkrampfen. Und hier lebte sich auch die Einbildungskraft dichtender Landsleute aus. Einmal sollte ein Dragoner, verschmähter Liebhaber, sich ertränkt haben. Ein andermal war's eine häusliche Szene, bei der es ohne Schläge, ohne weibliches Stöhnen nicht abgeht; am Ende steht die Versöhnung. So ließ sich Tragisches und Komisches herauslesen. Wir aber, von dieser Wandelbarkeit der Kommentare ergötzt, sind wieder gebannt von dem traditionslosen Aufeinanderprallen der Tonarten. H-moll, B-dur, H-dur, h-moll; und wie sie sich vertragen! Der Meister darf seinem Genie so unbedingt vertrauen, daß er die linke Hand allein den Ausgleich schaffen läßt. Der Baß spricht mit der Beredsamkeit vollgriffiger Akkorde.

Opus 41 ist 1840 der Welt geschenkt worden. Der Dichter hört den Rhythmus der Mazurka nur von fern noch anklingen, seine Seele greift bis an ihre Wurzeln. Er träumt nun wieder in cis-moll, wendet es aber gern ins Phrygische. Der Bau dehnt sich, die Stimmung soll künstlerisch voll ausgenutzt, in Edelwerte umgeprägt werden. Der Trieb zum Klassischen leitet ihn; kanonische Formen treten auf und verklingen bald. Das zal hat nicht immer die Kraft zum Klassischen. In Nr. 2 ist wieder ein Schweben der Tonarten, impressionistischer Zauber. Die Weihe der Kirche umfängt uns im Orgelton der Bässe; die Scheindurharmonie wird uns nicht täuschen, die Unruhe wühlt, sie steigert sich bis zum verzweiflungsvollen Aufschrei im Dominant-a-moll-Akkord, der den Widerspruch des beherrschenden E-moll niederkämpfen möchte. Von H-dur-Kadenzen wie von Säulen eingeschlossen ist Nr. 3. Und damit der Bau nicht wankt, stützen sie auch das Innere. Es könnte ohne sie nicht stehen. Es ist nicht so reich, daß wir länger hier verweilen möchten. Mit Nr. 4, in As-dur, scheint in gefälliger Causerie die Ruhe äußerlich wiedergewonnen.

Nun sehen wir sie nicht mehr, die stampfenden Bauern; hören ihr Jauchzen nicht mehr. Der Weltbürger wider Willen weiß, daß er die Heimat nur in sich selbst wieder erwecken kann. Den Altar der Liebe hat er in Frankreich errichtet. Bei opus 50 angelangt (dessen Erscheinungsjahr nicht feststeht), können wir die letzte Blüte Chopinscher Nervenkunst wie einen Rausch auf uns wirken lassen. Westeuropäische Kultur hat das Slawische endgültig zu sich herübergerettet. Haben Leiden das Rückgrat geschwächt, so breiten sie über die Harmonien, über den mehrstimmigen Gesang den Schleier, der uns tiefe Geheimnisse verhüllt. Nicht in Nr. 1, wo die Anmut leise spricht, eine Cellokantilene in sanfter Coda verklingt; nicht in der folgenden, wo der Salon durch den Dichter verklärt wird. Aber in Nr. 3 cis-moll, der Göttin, die am freigebigsten Mazurken schenkt. Diese ist mein Liebling. Ich liebe sie wie einen teuren Kranken, den ein Windhauch uns rauben könnte. Der Rhythmus ist schwach; die Nerven des Dichters zehren an ihm. Er ruft Bach, den Bach der Präludien zu Hilfe. Vielleicht kann kontrapunktische Gläubigkeit ihn stützen. Sie kann es, wie stark auch die Gegensätze sein mögen. Imitationen bezeichnen den Weg, den der Klassizismus in Chopins Geist wandelt. Aber sie sind so ganz Ausdruck, so ganz Wohlklang geworden; sie atmen den betäubenden Duft der Liebessehnsucht. Der jugendliche Rhythmus strebt empor; aber er wird wehrlos vor dem Schmeicheln der Gis-dur-Kantilene. Kehrt nun die kontrapunktische Verknüpfung wieder, so ist sie verzweigter, farbiger; die Mazurka mahnt, doch sie mahnt in lieblichem H-dur, ohne Härte, ohne Derbheit. Sie rankt sich in reizenden Bögen zum Anfang zurück. Aber die Phantasie weiß auch jetzt noch zu schmücken; sie setzt, wo perlende Passagen uns melodisch genug schienen, in zwei Vierteln eine Oberstimme auf, die wie sehnsüchtiges Streben in die Höhe ist. Sie hat uns eine höchste Steigerung aufgespart. Der Thomaskantor muß noch einmal — o Schmach! — der Erotik Vorspanndienste leisten. Muß die Perücke abwerfen; muß das Werk des Dichters lächelnd betrachten. Die Imitation gleitet in Tristan-Harmonien mit hastigem Atem vorüber. Nicht sogleich findet sich die Ruhe ein. Die Sehnsucht nach dem Klassizismus besinnt sich. Ein Unisono. Es ist zu spät. Der Rest von Gotik überzeugt nicht mehr. Welch eine Fülle von Ausdruck, von Anmut; und mit wieviel Meisterschaft sind die Bausteine zusammengefügt!

Der Dichter ist aber auch wachsender Ironiker. Und vielleicht bricht diese Note in keiner der späteren Mazurkas so schneidend hervor wie in der ersten Nummer des opus 56, das 1844 erschien. Da herrscht ein Stimmungschaos, das nur die Künstlerhand zur Einheit zwingen konnte. Er hält uns in Spannung; er nasführt uns. Wie lange dauert es, ehe wir bei H-dur landen; und wie heuchlerisch-spielend ist der Mittelteil, der uns in Es-, dann in G-dur über die wahre Stimmung täuschen möchte! Das bezaubernde Klingen, in das sich alles löst, und durch das Brahms' absteigende Sexten zeitweilig hindurchschimmern, läuft bei aller Weltlichkeit nicht Gefahr, ins Salonhafte zu münden. Da ist eine begleitende, kontrapunktierende Stimme, die alle Philisterbedenken zum Schweigen bringt. Wie Philister überhaupt vor dem, was nun folgt, kopfschüttelnd stehen werden. Sind wir in Nr. 2 nach Masovien zurückgekehrt? Es ist Täuschung. Die Imitation treibt ihr Wesen wieder. Sie überwältigt legatissimo und piano auch die Derbheit. Das Künstliche überwuchert im dritten so, daß selbst die gestaltende Meisterhand versagt. Aber suchet, und ihr werdet des Feinen übergenug finden.

Wo musikalische Inzucht, obwohl Edel-Inzucht, herrscht, ist auch Erschöpfung. So mag von dem, was nun kommt, nicht allzuviel die Rede sein. Freilich: nur Chopin konnte selbst erschöpft Höhepunkte erklimmen, wie sie sich auch in diesem 1846 veröffentlichten opus 59 zeigen. Im ersten Stück reicht der Atem nicht aus; im zweiten ist mehr mondaine Lust, die in Übergängen, Ausweichungen graziös und mit höchster Meisterschaft spricht. Im dritten gar (fis-moll) ist beneidenswerte Vollendung. Da hat ein glücklicher Moment einen schönen, entwicklungsfähigen Gedanken geboren, und der Künstler hat ihn wieder in ein klassisches Gewand gehüllt. Da spürt man keine Zuckungen, die Gegensätzliches kühn einander entgegenführen; die Leidenschaft besinnt sich auf sich selber, und die Chromatik, die Mehrstimmigkeit, die Imitation sind des Dichters selbstverständliche und eigentümliche Sprache geworden. Da liegt, inmitten architektonischer Pracht, ein kleines Traumland, Gefilde der Seligen, von denen der Abschied schwer fällt. Ja, auch im op. 63 vom Jahre 1847, das nach Chopins Willen sein Schwanengesang in dieser Gattung sein sollte, gibt es noch ein Erwachen der Frische. Drei Stücke sind's, die wieder Sturm gegen alles Herkommen läuten. Ich habe mich für das letzte, durch eine ganz herrliche Engführung mit Querstand gekrönte in cis-moll entschieden. Hatte Polen je geahnt, daß sein Geist sich so klassisch-unklassisch veredeln ließe?

Diese Mazurka durfte nicht als Schwanengesang gelten. Man suchte auch andere hervor. Fontana im unedlen Wettstreit mit Franchomme, den er um seinen Platz im Herzen Chopins beneidete, ist bei seiner Sammelarbeit auch auf heimliche Mazurken geraten. Er gab sie 1855 heraus. Sie gehören verschiedenen Lebensaltern an. In opus 67 und opus 68 faßte er sie zu je vier Nummern zusammen. Sieben andere erschienen ohne Opuszahl. Alle haben sie die Familienähnlichkeit für sich und trüben das Bild des Meisters nicht.

„Kanonen unter Blumen eingesenkt", nannte Schumann Chopins Werke. Die Mazurken bestätigen laut dieses verständnisvolle Wort des Mitromantikers. Sie enthüllen des Meisters Kern. Sie sind eine begeisterte halböffentliche Huldigung an die rhythmische Unrhythmik des Rubato. Sie stellten die Welt vor Rätsel, die dem Theoretiker von heute kaum lösbar scheinen. Sie betonten die Nationalität zuweilen konventionell, meist aber mit einer Schärfe, die ihnen den Weg zur genießenden Mitwelt zu sperren schien. Aber sie erreichten das schier Unmögliche, die Überbrückung der Gegensätze durch kühnste Kreuzung der Harmonien und Rhythmen mit der westeuropäischen Kultur eines Höchstkultivierten. Ein solches Schauspiel ward noch nie gesehen. Es war ein Triumph der Feinnervigkeit; ein glänzender Epilog auf das gestorbene Polen, ein bahnbrechendes Eintreten für den Kunstwert osteuropäischen Kolorits.

Jubeln wir aber nicht zu laut. Die Mazurken genießen den Weltruhm; doch sie werden nur von wenigen verstanden, empfunden. Die Landsleute sangen sie; eine Viardot, eine Sembrich taten als Künstlerinnen desgleichen. Wen sie nicht berauschen, der

lasse die Hand von ihnen. Man schleppe diese bescheidenen Revolutionäre, diese Kinder des Dichters, sie vor allem nicht, in die
weiten Säle. Sie verlieren den Atem. Ihre Lungenkraft versagt,
wenn sie zur Masse sprechen sollen.

*   *   *

Wir haben nun tausend schlimme Erinnerungen zu bannen. Wir
denken an stümpernde Oberflächlichkeit, an peinliche Bürgerstuben-
trivialität; an geöffnete Fenster, die uns vom Pedal zum Tonbrei
entstellte Melodiefetzen zutrugen. Wir sind beim Walzer. Der Walzer von Chopin ist musikalischer Ausbeutungsgegenstand geworden.
Er hat dem Meister die Volkstümlichkeit geschaffen. In Deutschland vor allem. Die Gründe scheinen klar. Dieser Tanz an sich
führt hier ein fast selbstherrliches Dasein. Der geistreichen, den
Wallungen des Blutes mehr ausgesetzten Polin liegt die pikantere
Mazurka in den Gliedern; der phlegmatischeren, gemütvolleren, mehr
hausmütterlichen Deutschen der gemessenere Walzer. Der slawische Einschlag hat auch bei uns manche Wandlung, manche Spiel-
art hervorgerufen. Aber der Grundcharakter verwischt sich nicht.
Er erhält sich selbst in übelduftenden Tanzsälen, wo die Instinkte
die lebendige, stimmungzeugende Unterströmung bedeuten.

Kein Zweifel, daß Chopin auch in seinem Walzer nicht zur gemeinen Menge hinabsteigt. Aber die Mazurka hemmt ihm den Flug
der Phantasie. Diese entzündet sich nicht mehr an übermäßigen
Quarten und Sekunden, an großen Septimen, aber sie bleibt am
Rhythmus hängen und wendet wohl einmal sehnsüchtig den Blick
nach der lebenspendenden Heimat zurück. Was er vom Franzosentum ererbt hat, gleitet nun in die Form hinein. Der französische
Salon, in dem er heimisch ist, stimmt ihn zur Lebenslust. Noch
ist er der Träumer, der in das Gewühl sinnend hineinschaut; aber
diese eleganten, in ihrer zur zweiten Natur gewordenen Künstlichkeit sich wiegenden französischen Frauen machen ihn einen Augenblick seinen Idealen abwendig.

Trotzdem bekehrt er sich noch nicht zu den Allerweltsidealen;
aber sie bekehren sich zu ihm. Paris hat seinen Nimbus. Es streckt
seine Fühler bis in die geringste Bürgerstube aus, wo es die Sehn-

sucht nach dem Salon weckt. Der Spießbürger braucht nicht mehr vor der Scheidewand einer fremdartigen Harmonik zurückzuschrecken. Und die klavierspielende Frau sieht hier ihre linke Hand, die ihren Überschwang im Klassischen ein wenig zügelte, von der allzu tätigen Mitarbeit entlastet. Das Einfach-Akkordliche wird liebevoll mit dem Pedal gedeckt. Der Halbfranzose Chopin, wir merkten es schon, ein Freund der B-Tonarten, läßt sich am liebsten von As-dur einfangen, sobald der Salon ihn ruft. Das geschah auch in jenen Mazurken, die dem wehmütigen Unterton nur flüchtigen Unterschlupf gewährten. Im Walzer ist As-dur Königin; sie thront in dreien, unter denen zwei den Ruhm des Meisters laut künden: in op. 34, 1 und op. 42; in dem geringeren op. 64, 3. Auch ihr melancholisches Widerspiel f-moll erscheint, phantasiebeflügelnd: in op. 69, 1 und in dem schwächeren op. 70, 2. Das benachbarte Des-dur hat ein leichtbeschwingtes Kind geboren: op. 64 Nr. 1. Es-dur kann sich einer größeren Nummer op. 18 rühmen, und im ferneren Ges-dur erklingen op. 70, 1 und op. 70 Nr. 3. Schleicht sich die Wehmut auch in diese Form ein, dann gibt es einen Walzer in a-moll op. 34 Nr. 2, einen in cis-moll op. 64 Nr. 2, einen in h-moll op. 69 Nr. 2 und schließlich ein nummerloses œuvre posthume in e-moll.

Die Dominante tastet sich vorwärts. Wird das nun eine Mazurka oder ein Walzer? Es wird die (1834 veröffentlichte) grande Valse brillante op. 18: einen ganzen Satz hindurch währt die Unsicherheit; dann fällt die Entscheidung. Das scheint undurchkreuzte Jugendlust. Wer will, kann aus der wiederkehrenden Eintastenpassage das Schnattern der Salongänschen heraushören. Aber der Karikaturist wird liebenswürdiger. In Des-dur verbeugt er sich graziös, nicht ohne ein leises Lächeln über die beredten Mündchen. Doch seine Liebenswürdigkeit steigert sich bis zu stärkerem Mitempfinden. Er spricht „con anima". Hier in diesen Mittelsätzen verrät er sich. Und die koketten Vorschläge, die sich nun halb ironisch an dem nächsten Thema emporwinden, bis sie sich chromatisch wieder zu dem leisen Bekenntnis hinabsenken, können nur das Werk eines Genies sein. Selbst die Schwermut läßt sich nicht bis zu völliger Undurchsichtigkeit niederkämpfen. In einer Ges-dur-Episode erscheint sie wie durch einen Schleier, in ihrer vollendeten Anmut. Doch die Schatten entfliehen; Salongänschengeschnatter, Ironie, Koketterie und der Eingangsrhythmus vertragen sich und streben in holdem Verein dem harmonischen, allzu harmonischen Ende zu.

Von den drei Walzern des op. 34, die im Jahre 1838 erschienen, ist Nummer 1 ein Treffer. Ein lautes Pochen; dann spielt auch schon die Vorliebe für den Septimenakkord in das Passagenwesen hinein. Sie ist bis in seine tiefsten Werke hinein zu verfolgen. Diese gebrochenen Septimen, die in weitem Bogen auf und ab jagen, haben Spannung, Stimmung und Eleganz. Hier im Ballsaal löst sich ihr Rätsel sofort. Der Wohlklang feiert; über zwei Takte hinweg erstreckt sich das Ornament. Aber auch die Hemmungen des Walzers treten auf. Wo er ins Punktierte hineingerät, wird er von einer zögernden, unbeholfenen Unbeweglichkeit. Die Melancholie ist hier die Retterin. Und glücklicherweise ruht in der Brillanz des Hauptthemas ein Schatz, der nur von einem Könner gehoben zu werden braucht. Die jauchzende Passagenseligkeit, die zu einem geistreichen Spiel mit Bruchstücken, zu einem leisen Verklingen führt, gibt den befriedigenden Abschluß.

Den a-moll-Walzer liebte Chopin sehr. Die patriotische Sehnsucht zeugt die Liebe; aber von der Höhe des Weltruhmes betrachtet, versinkt dieses Stück. Die Schwermut, die sich wohl auch in Septolen gegen den Rhythmus vergißt, ist hier des genialen Aufschwungs unfähig. Ein leichtes, anmutiges Modulieren steht dem aufrührerischen Mazurkenkomponisten nicht gut zu Gesicht. Die klagenden Cellopassagen, die eine letzte Rückkehr des Leidmotivs anbahnen, betonen nur den weibischen Charakter des ungeübten Händen doppelt willkommenen Walzers. Aber Chopin rafft sich auf. So sehr, daß nun die nächste und letzte Nummer von op. 34 fast poesielos, hart klingt. Wir sind in F-dur. Leere Passagen winden sich zwecklos über drei Oktaven. Sollte die platte Banalität sich in den vornehmen Ballsaal verirrt haben? Die Seele des Dichters müht sich mit halbem Gelingen, sie in seine Welt zu übertragen; selbst die Kraft zu erobernder Koketterie versagt.

Ein langer, langer Triller rüttelt uns auf. Opus 42, ein Gewinn des Jahres 1840. Das Signal hat nicht getrogen. Wie zärtlich schmiegt sich hier der Mann an das Weib! Er gewichtiger in taktwidrigen Vierteln, sie beschwingter in halb entschlüpfenden Achteln. In voller Freiheit schweben sie dahin. Wieder tauchen die gebrochenen Septimenakkorde auf; es ist ein ununterbrochenes Schwärmen und Sichwiegen. Kaum gönnt man sich eine kurze, durch gewinnendes Plaudern angefüllte Pause; und wieder werden die Körper gehoben, getragen. Sie ruhen noch einmal. Die Bitten werden dringlicher, energischer. Neues Entschweben. Der Dichter spricht. Die Stimmung springt auf ihn über. Seine Schwermut lächelt. Er wird der wahre Eroberer. In jubelnden Passagen klingt das Stück aus.

George Sand durfte viel fordern. Sie durfte auch einen Walzer fordern. Sie hatte, erzählt man, einen kleinen Hund, der den eigenen Schwanz zu erhaschen suchte. Als er eines Abends seine unterhaltenden Sprünge machte, sollte er nach der Freundin Wunsch auch als begeisternde Muse auf die Nachwelt kommen. So entstand der Valse au petit chien in Des-dur op. Nr. 1, mit zwei Genossen im Jahr 1847 erschienen. Die Tradition hat ihn zum Minutenwalzer erniedrigt, an dem nun die Finger von Unberufenen ihr Vernichtungswerk beginnen durften. Er verdient ein besseres Schicksal. Die Phantasie kann die Sprünge des reizenden Hündchens wiedererkennen; die Passagen sind duftig, entzückend. Und das zärtliche Intermezzo läßt dem Gefühl soviel Spielraum, wie nötig ist, um über einen zögernden Triller hinweg zu den spielerischen Krümmungen zurückzukehren. Das Charmante dem Charmanten: der Gräfin Delphine Potocka gehört dieses Opus zu eigen.

Bisher war in den Walzern dem Slawischen nur ein bescheidener Tribut gezahlt worden. Die großen Nummern stammten aus dem Pariser Salon. Es schien, als dürfte Chopins Inneres sich in dieser seiner Afterform der Mazurka ohne Entweihung nicht enthüllen. Aber einmal sollte sich auch hier die Sehnsucht künstlerisch voll ausleben. Der Walzer op. 64 Nr. 2 in cis-moll ist auch ohne jähen Stimmungswechsel ein schillernder Edelstein. Die Schwermut lähmt zwar den Willen zur Entwicklung; müde setzt der Meister den ersten Satz mit den langsamen, im Halbtonschritt schleichenden Passagen neben den zweiten mit seinen sanften Bögen, setzt ihn nach einer nur schwach tröstenden, fast noch schwermütigeren Episode noch einmal hin und — gibt ein da capo des ersten und des zweiten Satzes. Es ist ein starres Hinbrüten, das monomanische Wiederholen eines Wortes, im Leben unerträglich, krankhaft und menschenfeindlich; in der Kunst, Ausdruck geworden, hat es eine höhere Sendung erfüllt. Nicht die höchste. Aber die Erschöpfung dringt auch in die leichtere Salonform. Unser Meister, der sich überreizt gegen die bunte Welt absperrte, konnte nun auch den gefälligen Plauderton nicht mehr aufbringen. Das Leiden unterbindet die Oberflächlichkeit. Er wendet sich in op. 64 Nr. 3 an die Königin As-dur; sie spendet ihm nur Phrasen, weil er ihr nicht von Herzen huldigt. Diese Phrasen laufen nun auf Stelzen, wenn auch wohlklingend weiter, haschen nach allen Mitteln, sich gefällig zu erweisen, bedienen sich einer andern Tonart, versuchen es in allen Stimmungen. Umsonst; sie überzeugen nicht — sie sagen nur, daß ein Auserwählter sich vornehm herabließ.

Chopins Härte gegen sich selbst reichte nicht so weit, hier zu verdammen. Künstlich geworden, liebte er die Künstlichkeit. Aber war er nicht zu hart gegen einige seiner als Waisen zurückgelassenen Walzerkinder? So gegen das in f-moll op. 69 Nr. 1, dessen Anspruchslosigkeit gefällt, gegen das in Ges-dur op. 70 Nr. 1, das es an Anmut und Ideen mit manchem legitimen aufnehmen könnte; und selbst gegen das in e-moll, das er vielleicht in ruhigerer Stunde mit den Reizen eines klingenderen Klaviersatzes hätte ausstatten müssen, um es für den Wettbewerb mit den übrigen zu stählen? Die übrigen mit und ohne Opuszahl seien vergessen. Die Unsterblichkeit ist weder mit ihnen noch mit den glücklicheren Sprößlingen dieser Familie verknüpft.

*　*　*

Ein anderes, buntes, glänzendes Bild: Der polnische Wojwode im Nationalkostüm, die Mütze mit der stolzen, wippenden Reiherfeder geschmückt, um die Hüften den blitzenden Gürtel, schreitet in roten Stiefeln gravitätisch dahin. Er schlägt die Ärmelstulpen zurück, streicht seinen Schnurrbart, reicht der Edeldame die Hand. Er sucht mit ihr zu entweichen, andere folgen ihm; läßt die Nebenbuhler an sich passieren, durchbricht ihre Reihen. Denn er ist Führer. Da ruft ein Kühner laut in den Saal hinein; er entthront den Herrscher, entführt ihm von Rechts wegen die vornehmste der Tänzerinnen. Auch ihm kann es ergehen wie dem eben Entthronten.

Aber er entwaffnet einen neuen Aufrührer, indem er den Tanz auflöst. Es ist die Idealpolonäse mit ihrer Ritterlichkeit, mit ihrer Würde, ihrem Prunk, ihrer Farbenpracht und mit ihrem Hang zur Gesetzlosigkeit, lebendig geschildert von dem polnischen Dichter Mickiewicz in seinem Epos „Pan Tadeusz", phantastisch nachgedichtet von Liszt. Größe und Verfall des polnischen Staates zeichnen sich in ihrem Lebensweg nach. Wie stolz mag das Schreiten der Edlen gewesen sein, als sie — so nimmt man an — zum erstenmal 1574 in solchem feierlichen Umzug Heinrich von Anjou nach der Thronbesteigung huldigten! Und wie krampfhaft mußte sich die Polonäse zur Würde zwingen, als eben die für sie charakteristische Gesetzlosigkeit Polen in Stücke schlug, die nun minder schwärmerischen Nachbarn zufielen! In jenen Tagen suchten die Kosciuszko-, die Oginski-Polonäse zu befreiender Tat zu entflammen. Aber schon war dieser Tanz weltbürgerlich geworden wie das Reich, dem er entstammt war, in den europäischen Staatenbau einzugehen drohte. Sein Weltbürgertum, das in Weber einen tatkräftigen, stimmungsvollen Fürsprecher fand, hatte ihn für den inneren Verfall trösten müssen. Musikalisch gewachsen, war die Polonäse doch zu einer inhaltslosen Formel, zu einer grande promenade herabgesunken.

Gewiß, Leidenschaft hatte sie nie geatmet. Sie war stets der Tanz der reifen Männer, nie der einer stürmischen Jugend gewesen. Der Mann auf der Höhe des Lebens gewann in ihr zurück, was die Mazurka seinem Geschlecht genommen hatte. In ihr verbildlichte er sich selbst als die kraftvolle Stütze des Staates; das Martialische jubelte. Aber selbst hier war der Riß, der durch diese Menschen ging, nicht zu verdecken. Diese Männlichkeit hatte Nerven; sie konnte helden-, aber auch wankelmütig sein. Sie beugte sich schließlich ritterlich vor der Frau als der wahren Herrscherin.

Und wieder hat Chopin versunkener Herrlichkeit einen Epilog gedichtet. Seine Polonäse wurde ein für die große Welt bestimmtes politisches Bekenntnis, wie die Mazurken sein Polenelend intimer aussprechen. Dort wollte er als Mann hinausschreien, was er sich hier als Nervenmensch tagebuchmäßig von der Seele geschrieben hatte. Er wollte es. Wir kennen seine Vergangenheit als politisches Wesen. Seine Nerven, die eines Künstlers, hatten das Übergewicht; sein Wille war gebrochen; sein Unbewußtes war so stark, daß es wohl Reflexbewegungen, nicht aber Taten gestattete. Man hatte ihn vom Schauplatz der Kämpfe entfernt, weil er selbst in dieser von Wallungen bis zur Entschlußunfähigkeit zermürbten Umgebung ein Hemmschuh gewesen wäre. Die Polen durften auf ihn als ihren Tyrtäus rechnen; einen ewigen Tyrtäus, der zwar nicht ihren Mannesmut, aber ihre kunstfreundlichen Nerven aufrütteln konnte.

Es scheint nun einen Augenblick seltsam, daß der allem Stofflichen abgewandte Tondichter sich von gravitätisch im Nationalkostüm einherschreitenden polnischen Rittern, von kampflustigen und kampftüchtigen Revolutionären zu künstlerischer Tat begeistern läßt. Wird das Undramatische und das Unmännliche in ihm sich gegen diese Art Tondichtung nicht wehren? Ja, aber es wird nun doppelt reizvoll sein zu sehen, wie die leidenschaftslose Würde der Urpolonäse hier ins Lyrische oder ins Hysterische abbiegt, oder, wo sie es nicht will, die charakteristischen Züge des Meisters untergräbt. Schwer gepanzert, pomphaft ausgerüstet, die Klaviatur erschütternd ziehen diese Tongemälde vorüber; dann wollen sie, in den Wirkungsbereich des Orchesters übergreifend, Liszts dramatische, demagogische Tastensprache dem Eigenwesen entsprechend übernehmen. Oder sie bieten im neuen Rhythmus alle Reize der aufrührerischen Stimmungschromatik und feinen Klangfreudigkeit auf und vergessen das politische Bekenntnis über wehmütigen Träumen. Im neuen Rhythmus. Denn dieser ihm neue wird von ihm selbst nun wieder erneut, seine auf dem zweiten Viertel betonte Dreiviertelbewegung zur Mannigfaltigkeit gezwungen.

In Antonin beim Fürsten Radziwill ist 1829 op. 3, Introduktion und Polonäse für Klavier und Cello in C-dur, komponiert, im Jahre 1833 veröffentlicht worden. Hier, umgeben von den ihn verhätschelnden Damen, hat Jung-Chopin noch keine politischen Sorgen. Er will sich angenehm machen. Da schwelgt er in der unproblematischsten aller Tonarten auf die unproblematischste Weise in Hummelscher Passagenplauderei. Der neckische, dem Klavierspieler sehr willkommene Wechsel zwischen Terzen und einfachen Noten, eine Dreiklangbegeisterung mit mäßig aufregenden Halbtönen, ein zuweilen unterbrochenes Unisono sind die Requisiten des Salonkomponisten Auch in der Es-dur-Polonäse op. 22 (Grande Polonaise précédée d'un Andante spianato mit Orchester) scheinen die Sorgen nicht eben drückend. Zunächst in einem nocturneartigen Satz erleben wir etwas bei Chopin recht Seltenes: seine Träume sind vom Albdruck nicht gestört. In lieblichem G-dur-Sechsachteltakt, mit der einfachsten, nur kühner geschwungenen Begleitung, mit kleinen Verzierungen fließt es dahin. Wo es aber nicht fließt, im Mittelsatz, spricht es im Dreivierteltakt mit innigster Befriedigung „semplice" und bekräftigt es in der Schlußwendung. Der Übergang zur Polonäse vollzieht sich mit einem allzu plötzlichen Ruck, den sich der Klavierkomponist nicht verzeihen würde. Aber das Tutti des Orchesters läßt ihn zu den leersten Wendungen greifen. Leere Phrasen fehlen zwar auch in der nun folgenden Polonäse nicht. Doch der Hummelschüler ist noch koketter, selbstbewußter geworden. Die B-Tonart steigert seine Überredungskraft, er tänzelt in völliger rhythmischer Freiheit vor der holden Weiblichkeit, spendet freigebig Schmuck als Selbstzweck, unterstützt den Wohlklang der Rede mit Terzengängen, mit zweistimmigem Triller, mit Oktavenschritten und wäre überhaupt nur ein Phraseur, wenn nicht zwei Episoden einen Schatten von Schwermut vorüberhuschen ließen. Doch sie soll ihn nur interessanter, unterhaltender machen; sie soll seine Rede nur würzen. Und sie tut es so sehr, daß dieses Stück, ohne aufzurühren, den Frauen, denen es gehört, ein wahrer Freudenspender ist. Chopin spielte es 1835 in einem Habeneck-Konzert, 1836 erschien es. Seine Geburtsstunde liegt gewiß weit zurück. Xaver Scharwenka versuchte das Orchester minder überflüssig zu machen, als es ist. Es gelang ihm nicht.

Cis-moll — op. 26. Der Nervenmensch spricht. Er versetzt dem Rhythmus einen Stoß, wandelt Heldenmut in zuckendes Sichaufraffen. Er nimmt nach einem Aufschrei einen neuen Ansatz zur Männlichkeit, gerät aber ins Empfindsame. Leiser Groll, der sich bis zum Zorn steigert, dann aber wieder zurücksinkt, in E-dur beim Weibe verraucht. Sie tröstet den Dichter auch in einem Des-dur-Satz, der nun mit seiner wohlklingenden Dreistimmigkeit, mit seinem reichen Modulieren, mit seinen ausdrucksvollen Baßpassagen auch das Scheinheldentum im Sybaritismus enden läßt. Aber diese Polonäse, 1836 veröffentlicht, ist ein echter Chopin. Wie die folgende in es-moll, die mit ihr ein Paar bildet. Sie hat zwar mehr Haltung; sie umgibt das Feminine mit dem Wall einer Form; aber der Bau zeigt doch einige Risse. Interjektionen leiten leise, doch vielsagend ein. Eine rhythmische Figur, ein betontes Achtel, das zwei Sechzehntel hinter sich herzieht, sorgt nun wieder für die heroische Pose. Sie wird nicht überall gewahrt. Der Ges-Aufschrei zeigt, daß die staatliche Ordnung von solchem Aufruhr nichts zu fürchten hat. Und das Des-dur-Pianissimo, bald enharmonisch wachsend, kann, so reizvoll der Aufstieg über A-dur nach F-dur zu dem erneuten und von der heroischen Figur unterstützten Ges-Schrei auch sein mag, den Verdacht nicht beseitigen, als scheiterte hier der Tyrannensturz an der Ohnmacht des Willens. Der Stimmungswechsel in H-dur meldet nun ganz freimütig, daß der Lyrismus den Helden geschwächt hat. Er sucht zwar mit einigen Takten das Revolutionäre in sich zu entfachen. Er wirft sich noch einmal in die Brust. Aber seine Kraft bricht sich am eigenen Dämon. In Zuckungen, in unvermitteltem Tempowechsel, in Fermaten, im ff-Sichaufbäumen und im pp-, ja ppp-Zusammensinken bekennt er seine Gebrochenheit, seine Unzulänglichkeit.

Doch in der A-dur-Polonäse op. 40 Nr. 1, mit der folgenden c-moll im Jahre 1840 erschienen, tritt der Held auf, wie Polen ihn ersehnt. Auch die unproblematischen Wesen, die nach Vorwänden zur Befriedigung der Kraftmeierei suchen. Leider muß ich nun gestehen, daß dieser Chopin mir meine Wünsche durchkreuzt. Alles drängt nach dem Martialischen: A-dur, die helle, grelle, fanfarengleiche Tonart lenkt die Phantasie auf sehr Materielles hin. Die Überlieferung schwankt, ob diese oder die As-dur-Polonäse ihn selbst durch die Vision, die sie heraufbeschwur, wie ein Schreckgespenst aus dem Zimmer gejagt hat. Mir scheint, es kann nur diese sein. Sie hat namentlich in den letzten Takten den würdigen, gemessenen Polonäsenrhythmus, sie bringt Fanfarenlärm und Trommelwirbel, sie dröhnt uns in den Ohren. Von selbst steigen die Gestalten der Ritter und Edelfrauen auf, von selbst hebt sich der Vorhang, hinter dem das Schaugepräge polnischer Umzüge erscheint. Auf den von Chopin verwöhnten Klangsinn dringen die harten Cis-Oktaven mit schneidender Schärfe ein. Es ist wie ein Blitzen von Klingen. Und man hat Mühe, mit dem Blick auf ein wenig reichere Modulationen, auf kühn auseinanderstrebende Oktavengänge zu dem Chopin, den man liebt, zurückzukehren.

Der aber läßt nicht auf sich warten. Der Quartsextakkord des c-moll-Dreiklangs tritt mit verdoppeltem Grundton in schweren Achteln auf. Das Schicksal singt in den Bässen die traurige Melodie dazu. Wir wissen: jenem Heroismus ist ein um so stärkerer Zusammenbruch gefolgt. Jedoch klingt es jetzt lange wie stille Resignation; und mag auch eine Oberstimme zuweilen klagend hinzutreten, der majestätische Schritt wird nicht gestört. Erst im Nachsatz verdrängt das schmerzliche Gefühl des Rückschauenden die scheinbare Ergebung. Doch nur drei Takte währt der Heldenkrampf; dann umfängt uns ein Halbschatten, von dem noch die seltsamen Farben sich abheben; die Geister, die er vorhin rief, sprechen nun selbst Trostesworte. Das Halbdunkel dauert an, aber der düstere Ton weicht dem helleren: G-dur; und über dem Orgelpunkt schwebt die Geistermelodie, von den Männern, von den Frauen gesungen. Dann huschen sie davon: in Sechzehntelpaaren, die Takt an Takt, Taktteil an Taktteil knüpfen. Es ist Klangzauber, der die verflossene A-dur-Derbheit vergessen machen möchte. Aber noch tröstlicher ist, was nach der wiederholten Schicksalsmelodie eintritt: eine rührende As-dur-Kantilene, durchbrochen von einem pp auftretenden heroischen Motiv, das nun in benachbarten Halbtönen seinen Tatendrang niederzwingen muß. Ein Durchgangs-C-dur, das wie die Morgenröte nach der Geisterstunde ist, führt zum erstenmal eine jener schön geschwungenen, singenden Baßpassagen mit sich, die sich allmählich zu einer Reihe zusammenschließen: eines der schönsten Beispiele für die Freiheit und Durchsichtigkeit des mehrstimmigen Satzes, wie sie noch nie durch die Welt geklungen. Und das Ende ist grandios: das Schicksal predigt noch einmal Ergebung, aber diesem Ruf mischt sich eine Klage, wie sie nur aus dem Munde von Helden kommen kann. Polen ist zu Grabe getragen.

War hier bei allem Schmerz Würde, die sich in ruhigerer Entwickelung aussprach, so geht es durch die nun folgende, im Jahre 1841 erschienene fis-moll-Polonäse wie ein Fieber, wie die stärkste Auflehnung gegen das Geschick. Der Aufschrei wird formbildend. Der Albdruck gibt Stimmung und Farbe. Uferlos strömt die Empfindung dahin. Die Triolenfigur, die in rasendem Schritt, außer Atem, im Unisono bei einem schwungvoll vorbereiteten ff anlangt, sagt genug. Der Klaviersatz zeigt die Spuren der seelischen Verwüstung. Es ist etwas Gärendes in ihm. Eben sausen unter einer Oktavenskala schwer und unbeholfen Dominant-Sechzehntel auf die Tasten nieder, und im nächsten Takt schon erzählt eine klingende Dreistimmigkeit von dem König der Klavierkomponisten. Die Verschwendung in Oktavenpassagen, die selbst verdoppelt auftreten, zuweilen ohne den Zügel des Rhythmus einherstürmen, empört sich auch gegen die von Chopin selbst gestellten Forderungen. Er malt hier, vom Klavier fast gehemmt, al fresco. Aber selbst dann zünden die gleitenden Skalen, die hallenden Triller in den Bässen wie die Blitze des Genies. Der leidende Mensch schweigt plötzlich. Die Fieberphantasien lassen nun wieder eine freundliche Vision aufsteigen. Die Mazurka kündigt sich an; über dem Orgelpunkt in E als Dominante von A-dur erhebt sich Kirchengesang: Heimat. Hoch zu Roß rücken zunächst die Ritter und die Damen heran. Eine endlos wiederholte Zweiunddreißigstel-Figur mit abgestoßenem A malt Pferdegetrappel. Sie finden sich zur Mazurka zusammen. Die hat alles Wirtshausmäßige, ja alle Pikanterie abgestreift; sie hat etwas Überirdisches. Der Mittel- und Höhenlage des Klaviers werden ihre tiefsten Geheimnisse entlockt. Zerlegte Dreiklänge, Terzen und Sexten, Dezimenspannungen werden aufgeboten; es ist ein seliges Träumen. Da pfeift es über die Klaviatur. Die Fieberphantasien verscheuchen dieses Bild. Aber auch, was vorhin al fresco erschien, läßt sich verklären: in mildem Wohlklang löst sich wilde Zerrissenheit.

Und nun die As-dur-Polonäse op. 53: noch einmal ein Hymnus auf das Martialische? Nein, die Tonart schon winkt eine stärkere Phantasie herbei. Da ist alles weit differenzierter. Da ist Spannung: die Dominante macht alle erdenklichen Umwege, unter denen die chromatischen Sexten die fesselndsten sind, ehe sie sich auflöst; Glanz: Vollgriffigkeit, die alle Register ausnützt; Ornament, das sich selbstbewußt aller Bedenken des Taktes entschlägt; eine Oktavenherrlichkeit, die eherner Ausdruck geworden ist; Stimmung: in einer lyrischen Episode versucht das Zwielicht, der Wechsel zwischen Dur und Moll sich gegen eitel Helligkeit zu behaupten; endlich formale Meisterschaft. Wenn die Anstrengungen mehrerer Generationen dieses unfehlbare Paradestück nicht töten konnten, so bezeugt das seine Urkraft. Man kann aber nur mahnen, daß wenigstens ein gemessener Schritt, wie er dem Komponisten vorschwebte, die

Klavierorgien mäßige. Veröffentlicht wurde das Werk im Jahr 1843.

Wie in allen Gattungen, so läßt sich auch in der Polonäse die Erschöpfung erkennen. Opus 61, Polonaise-Fantaisie genannt und 1845 veröffentlicht, kann auch unter diesem weitherzigen Titel nicht als geschlossenes Meisterwerk gelten. Allerdings sprengen hier die inneren Werte die Form. Schwärmerische Unklarheit kann nicht bezaubernder schwach sein als in den gebrochenen Akkorden des Anfangs, die, vom Pedal unterstützt, wieder in das Reich Wagners führen. Der Klangwunder gibt es die Fülle. Ein heroisches Motiv möchte gern die Säule sein, die den Bau trägt. Aber ehe der kräftige Aufschwung mit den punktierten Bässen, der Hymnus auf ein glänzendes Polen erreicht wird, hat sich der ganze Seelenreichtum eines Einzigen im wechselnden Kolorit in nie geahnter Tastenlyrik ausgelebt. Echtester Chopin; echter als jener heldenhafte.

Er mußte hier mit leeren Händen zusehen. Für den Glanz, den er ersehnte, versagte die eigene physische Kraft. Die Klavierheroen hatten das Wort. Die Polonäsen — in deren Reihe noch drei als op. 71 bezeichnete und zwei nummerlose Früharbeiten stehen — forderten das ganze Europa heraus. Sie waren oft Tendenzstücke, mit einem starken Zug ins Dramatische; und als solche nur halb geglückt. Der Kampf zwischen seinem Eigenwesen und einem Stoff, den sein moralisches Gewissen ihm diktierte, wird freilich so ausgekämpft, daß die Öffentlichkeit noch lange schauen und horchen wird. Wir ahnen hier, warum Chopin nicht der Schöpfer einer nationalen Oper geworden ist. Klangsinn und Feinsinn wandten sich gegen das Orchester und das Handfeste. Die Politik konnte diesen Charakter nur verderben. In den Mazurkas, diesen halböffentlichen Kundgebungen, war etwas Zwingendes; in den Polonäsen zuweilen etwas Erzwungenes. Aber Stimmung und Kolorit retteten ihren Weltruhm.

*   *
*

Die Liebe zum Tanz verlockte Chopin auch zu Streifzügen in fremdes Gebiet. Romantischer Hang wollte sich mit Eigenem nicht begnügen. Aber das Eigene hemmte ihn. Sein Kolorit war in der Durchdringung von Nationalem mit Persönlichem so erstarkt, daß die kühle Hand fehlte, die allein das Spiel mit Farben beherrscht; oder daß der Kopf zu kühl blieb, um auch aus dem Fremdnationalen einen Eigenwert zu prägen.

Drei Ecossaisen, 1826 entstanden, als op. 72 Nr. 3 1855 veröffentlicht, würden in einem Salonalbum für Anspruchslose keine üble Figur machen, wenn die Schlußtakte reicher gekleidet einhergingen. Es war sinn- und pietätlos, sie der Welt bekanntzugeben.

Für den Bolero op. 19 sorgt Chopin selbst im Jahr 1834. Er suchte Spanien nicht mit der Seele. Es sei denn, daß der dort kämpfende Anton Wodzinski sie auf Umwegen dorthin trug. Doch scheint das Stück, leicht beschwingt, wie es ist, früher geboren zu sein. Schumann nannte es zart, liebetrunken, fand in ihm südliche Glut und Schüchternheit. Seine Phantasie war hier allzu hellsichtig. Denn das Südliche haben Geringere mit dem sicheren Instinkt der Alleskönner besser getroffen als unser Meister. Aber Rhythmus, Buntheit und Eleganz sind darin; Vorzüge, die so gesteigert Chopin mindestens nicht belasten.

Und nicht anders steht es um die Tarantella op. 43, die 1841 erschien. Schumann sagte von ihr: „Ein Stück in Chopins tollster Manier; man sieht den wirbelnden, vom Wahnsinn besessenen Tänzer vor sich, es wird einem selbst wirblich dabei zumut. Schöne Musik darf das freilich niemand nennen, aber dem Meister verzeihen wir wohl auch einmal seine wilden Phantasien, er darf auch einmal die Nachtseiten seines Inneren sehen lassen." Hier irrt Schumann wieder. Wir finden, daß das hübsche Musik ist. Aber wirblig wird uns dabei nicht zumute. Und die Nachtseiten seines Innern entschleiert Chopin noch ganz anders, erschütternder. As-dur zaubert hier Salonstimmung und Farbensinn hervor. Dieser Rhythmus wurde dem Meister (nach eigenem Geständnis) sauer; aber er bezwang ihn. Sollten die chromatischen, abwärts jagenden Skalen, die sich um Querstände nicht kümmern, Schumann außer Fassung gebracht haben? Oder jene Crescendo-Stelle, die das letzte FF vorbereitet? Wir sind unempfindlicher. Dank Chopin selbst, der in seinen Mazurken solche Kühnheiten weit überboten hat.

Denn s e i n Tanz war der Vater seiner Musik.

LIEDER OHNE WORTE
(NOTTURNOS — BERCEUSE)

Treibhausluft. Dunkelrote herabgelassene Vorhänge. Ein matter Schein erhellt das Boudoir. Eine Frau in duftigem Gewand, in Schwüle fast erstickend. Ein bleicher Dichter singt ihr das ewige Lied von der Liebe.

Oder: die Schatten der Nacht haben sich herabgesenkt. Stunden quälender Schlaflosigkeit, in denen den Dichter die Schrecken des Alleinseins, die Pein des Verschmähtseins packen; ein Aufschrei, ein leises Weinen, ein stilles Gebet.

Das Chopinsche Notturno durchbebt alles dies und noch mehr. Es geht gegen die gesellschaftliche und staatliche Ordnung. Es kann verheerend wirken, wenn es auf Wehrlose eindringt; aber es ist durch die deutsche Sentimentalität entgiftet worden; auch dadurch, daß die Geheimnisse, die es ausspricht, der Öffentlichkeit unter Bravournummern preisgegeben werden.

Das Erschlaffende dieser lyrischen Gedichte strömt nicht allein aus dem Unterton der Wehmut. Das Liedmäßige beherrscht sie ganz. Die Melodie dehnt, streckt und krümmt sich wollüstig in weitem Bogen; sie ist die Göttin, der hier Altäre errichtet werden. Sie braucht nicht einmal die Unterstützung von Mittelstimmen, die ihr bereitwilligst gespendet werden. Sie zieht sich über schön geschwungenen Baßfiguren hin, mit einem Klangreiz, der durch nichts gehemmt wird. Auch durch den Rhythmus nicht, der träge ist, nur selten mit Überraschungen auf der Lauer liegt. Träge wie die Melodie, die oft strophisch wiederkehrt, dann aber in einer duftigen Umhüllung, in einem Dunst von Parfüm sich lockend zu uns wendet und die Sinne schwinden machen möchte. Und die Wortlosigkeit dieser Lieder läßt die Empfindung ins Uferlose ausschweifen. Suchten sich Schrecken und Qualen nicht auch den Ausweg in einer erschütternden Sprache, in einem packenden Rhythmus, in kühnen Modulationen; erschlösse sich nicht auch vom Fenster aus der Blick auf lachende Fluren, so verdiente dieser Chopin alle Vorwürfe, die gegen ihn erhoben wurden. Keine Frage auch, daß er hier ganz ein Eigner ist. Denn was bedeutet die Vaterschaft Fields dem Notturno? So viel, daß Chopin nur zu erscheinen brauchte, um jene Dichtungen bis auf den Namen hinwegzuwehen. Er fand die Form vor, füllte sie mit wehmütiger Romantik und dehnte sie nach den eigenen Bedürfnissen. Und wenn Field den Schöpfer des aus dem Idyllischen ins Höchstpersönliche entarteten Notturnos ein Krankenzimmertalent nannte, so gesteht er damit, daß er sich in ihm nicht wiedererkennt.

Aber in dem hier stärker begrenzten Kreis schöpferischer Empfindungen gibt es staunenswerte Mannigfaltigkeit. Wer seine Art so verzweigen kann, wie es gleich in den drei das op. 9 bildenden Stücken geschieht, der macht das Kranke lockend und beneidenswert.

Die Treibhausatmosphäre des b-moll-Notturnos umfängt uns schon in den Sechsachteln, die den niedersteigenden Auftakt bilden. Und sie führen zu einem müden Verweilen auf der gleichen Note, dem ein neuer Abstieg folgt. Es ist der künstlerische Triumph der Willensschwäche, der hier verkündet wird. Die Fülle von kleinen Noten, die, wie Sterne glitzernd, bis zu zweiundzwanzig an Zahl, unbekümmert um die Baßbewegung vorüberziehen, vollenden den Eindruck. Aber um so tiefer greift die Fortsetzung des Gedankens, um so stärker packt die Steigerung in des³ und f³. Der Zwischensatz ist das unerhörteste Sichversenken in das Herz des Tastenreiches, in die Mittellage des Klaviers. Es wird zu einem Wesen mit einem Nervensystem, das dem geringsten Reiz antwortet. Innerhalb dieses engen Raumes schleichen die Finger, aber in eindringlichen Oktaven, von Des- nach D-dur, betasten leise G-dur, wenden sich nach Desdur zurück. Die Entwicklung steht still. Aber diese Finger haben nun Mensch und Instrument so innig zu verschmelzen, daß jeder Druck die inneren Schwingungen bezeugt. Der Bann löst sich nur scheinbar, wenn in beschleunigterem Tempo ein neuer Weg versucht, Terzen und Sexten herbeigerufen werden, der fast unbewegliche Baß seine Lage ein wenig verändert. . . . Und derselbe Chopin schreibt nun ein Es-dur-Notturno, in dem er sich mit Anmut an der Oberfläche hält, ohne Rückfälle ins Schmerzliche. Auch das lieben die Frauen. Wenn aber der melancholische Dichter in die leichte Plauderei ein Scherzwort einfließen läßt wie im dritten Stück, das sich tänzelnd an chromatischer Ausschmückung des Leichtironischen nicht genug tun kann, dann scheint er wirklich ganz in das Lager der Salonmenschen abgeschwenkt. Bis er in einer von stürmischen Sechsachteln alla breve begleiteten Episode wieder einmal in eine Ecke flüchtet und seinen wilden Schmerz herausstöhnt. Seelenfrieden atmet die Schlußkadenz, bereit, die ganze Tastenwelt zu umarmen.

Diese drei Notturnos, 1833 veröffentlicht, sprechen von sehr weit auseinanderstrebenden Gefühlen; in ihrem schroffen Widerspruch zwischen dem stark betonten Salonhaften und dem Weichen erzählen sie uns von weit früherer Zeit.

Es wäre durchaus unchopinsch, den Wegspuren dieser Notturno-Lyrik bis ins einzelne zu folgen. Hier gibt es Unaussprechliches, durch einen Schleier Verhülltes, stark Durchpulstes, was zu beredtem Schweigen oder nur zu leisen Andeutungen verpflichtet. Es gibt aber auch jene Strecken, die durch verengtes, verweiblichtes Gefühlsleben nicht ermattend, doch matt wirken.

Unvermittelte Gegensätze zwischen der Ruhe und dem Sturm, wie sie in Nr. 1 des 1834 erschienenen op. 15 auftreten, überraschen nicht mehr. Nur daß hier bei allen Reizen des Klaviersatzes dem ersten Teil die Nerven, dem mittleren die Überredungskraft im Leidenschaftlichen zu fehlen scheinen. Wie hat hier aber unser Dichter im folgenden Stück (Fis-dur) die Nerven wiedergewonnen! Die Boudoirplauderei mit koketten Verbeugungen, mit zartem Geflüster kann sich musikalisch nicht anmutiger geben. Sollen wir ihm nach alledem glauben, was er im doppio movimento, im merkwürdigsten aller Klaviersätze vor sich hinspricht? Hier wird er wieder nachdenklich, setzt die tragische Miene auf, stöhnt, atmet schwer, um zum entzückendsten Salongespräch zurückzukehren. Das tragischfigurierte Ornament, wie der feinsinnige Louis Ehlert es nennt, ist von dem anderen sehr reichen abgelöst worden. Das g-moll-Notturno sagt mir nun wieder wenig. Diese ungezählten Ausrufungszeichen, dieses gläubige Händefalten mit Orgelbegleitung rührt trotz allen harmonischen Feinheiten nichts in mir auf; die große Leidenschaft trägt es nicht.

Dagegen möchte man vor dem cis-moll-Notturno op. 27 Nr. 1 selbst die Hände falten. Da haben wir wieder das Seelendrama, das Hin- und Herwogen, das schwungvolle Sicherheben und das düstere Hinbrüten. Hier darf die Phantasie schweifen; und sie landet bei den Schauern der Nacht. Der Dichter liegt mit offenen Augen da. Diese schweren, in weiter Spannung steigenden und fallenden Bässe; die leise Klage, die sich darüber erhebt, und unter der später eine andere klagende Stimme sich hinzieht, erzählen von Liebesleid und Einsamkeit. Im Halbschlaf spinnt sich dieser Gedankengang fort; Traumbilder steigen auf mit ihrer farbigen Bildhaftigkeit. Über den bewegten Baßtriolen rückt die Phrase, die ein zweites Motiv mit sich führt, um eine Quart nach oben, erreicht, an Kraft wachsend, die höhere Oktave, ersteigt mit herberem Rhythmus eine neue Quart und erklimmt noch eine weitere Terz; freilich in der Stimmung so gewandelt, daß es nun wie Jubel klingt: Hoffnung. Sie jauchzt in lautem Des-dur empor; ganz wundervoll blitzt plötzlich mit einer kühnen Wendung das sonnenhelle C-dur auf. Aber die Helligkeit wird durch ein pp um den strahlenden Glanz gebracht. Wie könnte es auch anders sein, wo die Schwermut jede Freude dämpft! Schon meldet sich die Trostlosigkeit: eine Baßkadenz, die wie ein Kampf mit dem Albdruck ist, führt zu cis-moll und zu dem wachen Träumen zurück. Aber der Dichter spricht sich nun selbst Trost zu: Cis-dur. Er findet ihn im Glauben.

Die Enharmonik geleitet uns zwanglos nach Des-dur (Nr. 2): Die Schauer der Nacht sind verflogen. Was wir hier hören, braucht nicht gesagt zu werden. Das Wollüstige dieses Zwiegesanges raubt den Frauen die Besinnung. Ahnungslose junge Mädchen können hier wissend werden. Und wenn Chopin als Interpret wirklich, von den Vortragszeichen abweichend, den leise verhauchenden Schluß in einen Jubelhymnus von steigenden Sexten verwandelte, konnte er da den narkotischen Rausch bannen, den diese tönende Sinnlichkeit, diese Häufung aller Mittel des Wohlklangs über uns brachte?

Die beiden Gesänge von Liebesqual und Liebesfreude erschienen im bedeutungsvollen Jahr 1836, als der Meister zwischen „Ja" und „Nein" der Geliebten schwebte.

Die Ernüchterung naht: op. 32 Nr. 1. Hier ist das ewige Lied von der Liebe zur Litanei geworden. Und die rezitativische Schlußdissonanz ist ein Hohngelächter auf alles Vorangegangene. So fügt sich auch das vornehme As-dur-Notturno als Partnerin passend an: Schäferpoesie, in die ein wenig überzeugendes, allzu gleichförmiges più agitato vergébens Bresche zu legen sucht. Ein lieblicher Gedanke, erstarrte Form.

Von diesen 1837 veröffentlichten Dokumenten phantasielähmender Verstimmung führt der Weg hinan: zu op. 37 mit zwei Stücken. Zunächst, zwar in g-moll, singt die Schwermut ihr Lied mit jener durch Dekoratives kaum abwechslungsreicher gewordenen Beharrlichkeit; aber es ist ein echtes Lied voll Edelmetall. Und das gläubige Händefalten wird durch kühnes Vorwärtsschreiten künstlerisch wertvoller; den tröstlichen Aufblick in gebrochenem G-dur-Schlußakkord begrüßen wir als wohltuenden Ausklang. Hier ist gut verweilen. Das G-dur klingt weiter. Und wir sind im Sonnenreich. Aber der Klavierspieler hat sich vorzusehen. Dieses Auf- und Abwärtsgleiten in zweistimmigen Gängen führt ihn an Klippen; hier ist ein Zickzackweg, mit hundert Überraschungen, die sich in eitel Harmonie auflösen sollen. O, es währt lange, bis wir bei C-dur, bei jener ruhigen Kantilene anlangen, unter der es wie Orgelton erklingt. War das wirklich ein normannisches Volkslied? Im Augenblick, wo Chopin sich seiner bemächtigt, hört es auf, es zu sein. Es wird leidgeboren, unruhevoll, schillert als Edelstein in leuchtenden Farben. So strahlt dem Stimmungsmusiker die Sonne, wenn er Fields Pfade verläßt. Auch das war ein Gipfel; den er im Jahr 1840 erreichte.

Abwärts führt nun langsam die Straße. Denn in dem c-moll-Notturno op. 48 Nr. 1, das mit so schönem Pathos in majestätischem Schritt beginnt, vermag man da, wo es dramatisch werden möchte, den Hauch höheren Chopinschen Geistes nicht zu spüren. Da steht für eine männliche Entwicklung Oktavengetön, dem Beweglichkeit fehlt; und wo es absetzt, tritt nichts ein, was uns erschauern macht. Höchstens die Klaviatur wird erschüttert; und der Tastenkünstler jubelt, weil doch nun einmal der Notturnokomponist an die weiten Konzerthallen zu denken schien. Schien; aber er sprach wohl mit sich selbst. Und noch immer so, daß ein kleinerer Geist mit diesem Monolog prunken könnte. Wie mit dem Frage- und Antwortspiel des Mittelsatzes, das die folgende Nummer ein wenig von der Manier befreit. Das sind die Nocturnen des Jahres 1842.

Hier gerade, im Reich der reinen Melodie, mußte allmählich

der Verlust der Naivität den Grund unterwühlen. Das Gewebe verästelt sich, und der Gesang, der darüber schwebt, hat nicht mehr die Lebenskraft, die ihn frisch erhält. In op. 55 Nr. 1 herrscht eine gewisse schablonenhafte Kunstlosigkeit; aber die f-moll-Kantilene ist nicht ohne starken narkotischen Reiz. Phantasie gab ihn immer her. Der Zauberer kennt die betäubende Mischung und kredenzt sie ohne Unterlaß. Auch die Nachfolgerin in Es-dur, vornehm in der Haltung, reich in der Gestaltung und an kolorierendem Schmuck zieht zu sich hin; wie op. 62 Nr. 1, das mit einer spannenden Frage beginnt, auf die eine vielfach gewundene Antwort erfolgt; wie das E-dur-Notturno, das im Mittelsatz leidenschaftlich in die Höhe strebt und mit seiner verzweigten, in der Tenorlage wühlenden Mehrstimmigkeit den Tumult im Innern erregt; ein Meisterstück, das ich liebe. Von diesen beiden Paaren erschien das erste 1844, das zweite 1846.

In alledem schwingt noch so viel Musik, zittert so viel Erregung, daß es unmöglich ist zu verneinen. Und das düstere, farblose eintönige e-moll-Notturno (op. 72 Nr. 1), also œuvre posthume, steht nur darum abseits, weil es in des Dichters Zaubergarten ein bescheidenes Blümchen ist: der Grabgesang des Notturnos, und doch nur ein tastender Frühversuch.

Aber: es gibt noch etwas anderes Abseitsstehendes. Nicht bescheiden, stolz ist es als ein Werk des reifen Meisters. Ein Werk? Und doch nur eine, nein, die Berceuse, das opus 57 vom Jahre 1845. Es gehört mit dem Herzen dem Kreis der Nocturnen an; aber es scheut ihre Gemeinschaft, weil es ohne Mittelsatz in prunkvoller Einfachheit einhergeht. Man darf ruhig behaupten, daß die Tonkunst etwas Ähnliches nicht kennt. Ein Lied, das nicht in den Schlaf, sondern in die Hypnose wiegen will. Obstinate Baßfigur, zerlegter Dreiklang und Dominantakkord, darüber ein anmutiges Motiv, an dem alle Ausschmückungskünste erprobt werden. Doch so, daß es an verführerischem Reiz gewinnt; das dringt nun bis zu einem letzten Haltepunkt auf den Hörer ein, als kategorischer Imperativ des Gefühls, als die reichste Monotonie. Das ist eine neue Art motivischer, in die Zukunft weisender Entwicklung. Man sagte, daß er nur mit harmonischem Wechsel umgarnen könne? Hier habt ihr das Gegenteil. Die Berceuse wird dem Schwachnervigen als stärkster Trank gereicht. Sie mit dem ihr durch die Tonart verschwisterten Des-dur-Notturno.

Fragen wir uns nochmals, wie sich die Notturnos in Chopins Gesamtschaffen einfügen, so glaube ich, daß sie unter ihrer grandiosen Umgebung zu leiden haben. Diese oft im Tiefsten aufrührende Lyrik spricht verschieden zu den verschiedenen Lebensaltern, pocht stark und nicht vergeblich bei den Frauen an, befragt leise den Instinkt der Empfänglichen. Im Salon liebevoll gepflegt, kann sie Wunder wirken. Zarte Finger, zartes Empfinden machen sie beredt. Aber, klein an Wuchs, werden sie den Wettbewerb mit jenen Werken vergeblich wagen, in die der Meister sein Eigenstes trug, um es in gedehnter künstlerischer Form auf der Grundlage eines größeren Menschtums in höheren Wert umzuprägen.

DER BILDNER
BALLADEN — IMPROMPTUS — BARCAROLE —
F-MOLL-FANTASIE

Neue, kühne Gedanken zu einem neuen Bau zu fügen, ist des Ausdrucksmusikers höchstes Ziel. Chopin, dem eine Überfülle von Erleben oft die Gestaltungskraft schwächte, erreichte es in den Balladen. Sie sind ein Neues, aus der Seele des Dichters geschöpft. In ihnen reckt sich der empfindende und der schaffende Mensch zur Größe auf. Zur Größe im Episodischen.

Aus der Seele des Dichters sind sie geschöpft, sagte ich. Zunächst scheint es, als ob es nicht die eigene sei. Dichtungen von Mickiewicz haben Chopin nach seinem Bekenntnis zur Ballade angeregt. So daß nun nicht der Traum, sondern das Bild, das äußere Geschehen das Wunderbare gezeugt hätte? Aber dem ist nicht so. Hier machen ihn nicht mehr Wirklichkeiten aus Polens Glanzzeit zum Sklaven eines starren, männlichen Rhythmus, dem er träumerisch gern zu entweichen sucht; die poetische Stimmung durchströmt die Phantasie; diese streift im freien Flug alles Belastende-Bildhafte ab und ersteigt auf gekrümmten Pfaden Höhen, von denen der Ausgangspunkt nicht mehr zu erkennen ist. Nicht einmal der schaurige Hintergrund hebt sich immer deutlich ab. Das Vorbild entschwindet allmählich auch dem Blick des Balladenschöpfers. Er läßt den Erzähler schweigen, nimmt ihm die Harfe aus der Hand und gießt nun all sein Leid in die Form hinein. Auch die Ballade spiegelt, je weiter sie in seinem Künstlerdasein vorrückt, die Tragödie des Lebens. „Reif sein ist alles", heißt ihr ungeschriebenes Motto. Die erste op. 23 in g-moll erscheint 1836, die zweite op. 38 in F-dur 1840, die dritte op. 47 in As-dur 1842, die vierte op. 52 in f-moll 1843.

Schwer und dumpf steigt die rezitativische Einleitung empor. Mit einer schrillen Dissonanz, einem Es, das sich hart gegen das D stößt, klingt sie aus und in die Erzählung hinein. Ordnungsmenschen wollten dieses störrische, aufrührerische Es zu einem D sänftigen. Als ob sie nicht da, wo der Rhapsode vom Ton des ruhigen Erzählers zu dem eines innerlich erregten Mitschöpfers übergeht, durch den g-moll-Einklang in ihrem Gewissen völlig beruhigt würden. Bewußt schob der Meister die Lösung soweit hinaus, bewußt verwertet er die Mittel der Spannung. Er, der Rhapsode, fühlt die Finger an der Harfe erbeben, der Akkord versagt sich ihm; er läßt sich von den eigenen Seufzern zu einem wundervollen Auf und Ab tränenvoller Passagen hinreißen. Die Naturgewalten rufen hinein: Quarten des Basses. Die Elfen erscheinen: ihr Sirenengesang, sottovoce geflüstert, zwingt von selbst wieder zur Harfenharmonie. Der Erzähler glaubt die Ruhe wieder gefunden zu haben. Aber er vermag der inneren Schwingungen nicht mehr Herr zu werden. Das Elfengeflüster ist selbst zur Naturgewalt geworden. Was eben geflüsterter Sirenengesang war, hat als stärkstes Erlebnis den ganzen Menschen niedergezwungen. Nichts kann es mehr hemmen. Der Erzähler besinnt sich. Er greift in die Saiten. Aber ein Sturm bricht los, der die ganze Natur schüttelt. Die Harfe zerschellt ihm. — Atemlos haben wir diese Entfesselung des Rhythmus, das Aufschreien der Dissonanzen in der Oktavengegenbewegung, die sich in eine fortreißende Oktavenmitbewegung verwandelt, mitangehört. Das war ein künstlerisch gebändigter Krampf. Unter den Wehen einer Verzweiflung und Erschütterung, die Sprache und Denken lähmten, ist ein Meisterwerk geboren: die echteste aller Balladen.

Denn schon in der nächsten, in F-dur, scheint ein Riß zu klaffen. Idyllisch-Nocturnenhaftes will sich mit Balladesk-Leidenschaftlichem nicht mischen. Sollte also Schumann recht haben, der sich erinnerte, daß die freundliche F-dur-Stimmung, als er diese Ballade von Chopin hörte, durch nichts Stürmisches getrübt war und auch rein verklang? Aber scheiden sich auch die Wege, so ist doch jeder von ihnen aussichtsreich, mit so viel Meisterschaft angelegt, daß sie schließlich zusammenführen. Wer ahnt, daß jenes volksliedmäßige Andantino bei der Rückkehr erst sinnend innehalten, dann ernst weiterziehen, dann wie von Furien gepeitscht sich zu lichter Höhe eines B-dur-Hymnus durchringen würde, um sich im geheimnisvollen Halbdunkel zu verlieren? Und doch wieder, nach scheinbarer Ruhepause, den Wirbelstürmen preisgegeben zu sein? Es ist, als ob der Dichter selbst den Weg des Knaben nachzeichnen wollte, dessen kindlicher Frohsinn durch die Herbheit des Lebens zerstört wurde. Aber jene Leidenschaft, die in a-moll aufstrebt, gebärdet sich nicht nur wild; sie ist wie ein schleichendes Gift. Sie tastet sich, in Terzen aufsteigend, von wühlenden Septakkorden gehoben, zu einem ff-Gipfel empor. Von dieser Höhe herab singt sie ihre 'Klage über einer hartnäckigen Baßskala, die im Verein mit ihr die Sinne betört; der chromatische Übergang vollendet das Werk. Ein Übergang, der doch stutzig macht. Aber die Leidenschaft ruft auch das Hauptthema zu Hilfe. Es hat nun Nerven genug, ihm zu dienen. Es donnert im Baß, und lange absteigende Oktaventriller kündigen an, daß für die Ruhe, für die Freude in dieser Welt kein Raum ist. Aber für den Musiker beginnt hier gerade das Glück: eine erschütternde, schillernde, tobende Zweistimmigkeit, der nichts Früheres und Späteres an die Seite zu setzen ist. Weltvernichtung. Traurig in a-moll schreitet das Andantino ein paar Takte; dann versinkt alles.

As-dur. Die grand monde; wo oft der Walzertakt reizend träumen ließ, soll der Geist der Ballade sich niederlassen. Hinter Ritter Eros sollen die Parzen stehen, immer im Begriff, den Faden zu zerschneiden. Anmut fehlt dem einleitenden Salongespräch gewiß nicht; aber unbefangene Koketterie, durch silberhelles Lachen erwidert. Ein Hintergedanke spielt in die Causerie hinein. Auch in den schönen Damen kommt die Salonstimmung nicht auf. Da -- in jener Ecke hat Eros seine Netze ausgeworfen. Stammelndes Geständnis; schüchterne Pausen; Seufzer. Dieses Geständnis wird wiederholt. Abseits vom Gewühl der Menschen, deren Rede an unser Ohr dringt, vollzieht sich scheinbar etwas Dramatisches. Aber wir sind ja in der grand monde. Die Dame lehnt sich gegen alles Tragische auf. Schon ist sie im Gewühl verschwunden, Eros und die Parzen stehen mit leeren Händen da. Das Mondaine hat gesiegt. -- Wohl nirgends hat Chopin dem Salon so vornehm ohne Kühlheit und so meisterlich zugleich gehuldigt wie in dieser Ballade. Sein As-dur hält allen Stürmen stand. Mit einem Sextakkord von langem Atem schließt er das gezwungene Ballgespräch ab, aber doch so, daß wir das lyrische Intermezzo ahnen. Die bittende und schmeichelnde F-dur-Phrase legt, von Bindungen und Modulationen geschoben, einen staunenswerten Weg zurück. Sie gelangt bis nach cis-moll, wo sie zuerst über rollenden Bässen weinerlich dahinzieht, dann unter schreiendem Diskant grollt: ein Liebeskampfduett, das sich nun im Halbton dramatisch, aber nicht verführerisch, fortsetzt und grandios wachsend das jubelnde As-dur erreicht.

Hier beobachtete unser Meister noch. In der f-moll-Ballade, dem Hymnus auf die Erotik des Schwermütigen, berauscht er sich selbst so sehr am Duft der Blumen seines Zaubergartens, daß er nicht eine einzige von ihnen zum Vorteil der Gesamtwirkung zu entfernen vermag. Und wir andern, wir bleiben bei jeder stehen, betrachten ihre strahlende Anmut, ihren feingegliederten Bau, atmen ihren Atem und können nicht von ihr scheiden. Es ist ein Fall, wo die unendliche Steigerung des Farbenrausches als Echo krankhafter Unruhe den zusammenfassenden Kunstverstand hemmt. Er darf sich im einzelnen verausgaben. Und wie tut er es! Ehe das echte Balladenthema erscheint, hat ein siebentaktiger, fragender, lockender Einleitungsgesang unser Gleichgewicht ins Wanken gebracht. Und das Thema selbst geht mit seinem Gefolge von Mittelstimmen verschlungene Wege, die den Begleitenden mehr und mehr ins Reich des Unbewußten führen. Er läßt sich willenlos einen Augenblick nieder, um bei einer B-dur-Stelle zu verweilen. Aber hier in dieser schwebenden, fiebrigen Stimmung findet er nicht Ruhe; es treibt ihn weiter. Er staunt bei einem Ornament, das sich ihm in lauter Ausdruck, Spannung, Sehnsucht auflöst; und hält bei einer kanonischen Wendung, die nur Vorwand ist, ihn zu verführen. Lang, lang ist der Weg, auf dem es von Perlen flimmert. Ein letzter Ruhepunkt: C-dur mit F-dur-Dominantstimmung durchsetzt. Das Ziel winkt. Aber ehe wir anlangen, schütteln wir den Rausch ab. Denn die Ruhe, die wir nun wandeln, führen allzu rasch zur Welt zurück. Virtuosen-, Allerweltspassagen stehen am Ende. Die Nerven riefen ihm Halt zu, und der Künstler nahm die von ihm selbst in seinen Frühwerken abgegriffene Münze. In der Darstellung dieses Werkes die Synthese zu schaffen, ist nicht leicht; wem es aber mit kunstvollem Phrasieren gelingt, der preise sich glücklich, den Schlüssel zu diesem Zaubergarten zu besitzen.

* * *

Man kann den Ton ein wenig dämpfen, wenn man von den Impromptus spricht. Nicht als ob sie nicht auch die gestaltende Hand eines Meisters rühmten. Ja, sie tun es laut und halten den

Genießenden im Bann. Aber sie spielen sich nicht auf dem Hintergrund des Unterbewußtseins ab, sie schreien nicht ein Seelenweh heraus, und sie sind dem Geisterreich ferner. Hier stellt der Musikwissenschaftler fest, daß der Name, die Gattung durch Franz Schubert kunstfähig geworden sei. Gewiß; aber ich kann versichern, daß es mir unmöglich ist, an ihn, den Verehrten, zu denken, wenn ich ein Chopinsches Impromptu höre; so sehr haben sein Geist und mit ihm die Form sich gewandelt. Es sind Miniaturstücke und doch keine; Notturnos und doch keine. Sie stehen wie ein Bindeglied zwischen Ballade und Notturno. Und sie sind in ihrer Art vollendet; sie geben ein großes Stück echtesten Chopins. Das Oberflächliche des Salons, das ihn reizte, setzt sich nun wieder in ein träumendes Selbstgespräch um, das sich oft zum behorchten Zwiegespräch weitet, verdünnt. Dann lächelt die Anmut, dann spielt die Schwermut, und wir sind entzückt.

Wie gleich im ersten op. 29 vom Jahr 1838. Es steht ja wieder in dem bevorzugten Salon-As-dur; und die Möglichkeiten der Klangentfaltung tauchen von selbst auf. Zweistimmiger Satz, der nur dann und wann einen neuen Partner heranzieht. Ein liebliches Passagensturzbad ergießt sich über uns; die reizend dissonierenden Anfangsachtel des zweiten Triolenaktteils steigern den prickelnden Reiz dieses Dialogs, der bald reiner Wohlklang ist, dann sich chromatisch verwickelt, endlich zur Rêverie mélancholique hinunterströmt. Sie bekennt sich selbstherrlich zum Nocturnengeist. Acht Takte spricht sie langsam, pausenlos, in der glänzenden Sonorität der Mittellage, aber ohne Mittelstimmen; eine Eroberung der Phantasie, wie sie der Rhythmus nicht ahnen ließ. Doch sie überrascht noch stärker. Unter der Maske der Ruhe vollzieht sich der Stimmungswechsel rascher denn je, und der Gedanke tritt, sich fortsetzend, in immer reicherem Gewand auf. So erfand der frische Chopin; kokett, süß und doch nicht untief.

Im Jahr 1840 ist auch das Impromptu tiefer, poetischer geworden. Mit Glockengeläut werden wir empfangen. Aber der katholische Glaube ist von tausend Innenströmungen durchkreuzt. Seine Mystik bleibt ihm erhalten; sie ist Ferment Chopinscher Stimmung geworden. So gibt es Choralartiges; aber auch die Engel haben Nerven, und ihr Gesang spricht nicht für die Felsenfestigkeit des

Bekenntnisses. Um so erstaunlicher wirkt nun die erheuchelte Männlichkeit des jubelnden, marschartigen D-dur-Satzes. Erheuchelt darum, weil schon das zweite ff mit seiner G-dur-Stimmung das Draufgängertum in Frage stellt. Wes Zutrauen aber noch nicht wankte, der betrachte einmal die tastenden Takte, die von diesem Satz nach F-dur führen. Es ist wie ein vorübergehendes Halbirresein, das wir belauschen. Sollte aber der überwachende Kunstverstand hier nicht nachträglich die Blößen verdeckt haben? Sollte da nicht dem Abschreiber ein kleiner Fehler untergelaufen sein? Jedoch: nach F-dur gewandt, kehrt die Andacht des Beginns sich mehr dem Weltlichen zu. Es gewinnt auch die Oberhand in dem Passagenjubel, den ein melodischer Baß geleitet. Dann faltet unser Chopin wieder die Hände. Wir sind noch ungläubiger als er. Die Linie des Stückes wird schon ein wenig durch die Farbe gestört; aber doch nicht so, daß wir im Genuß dieses op. 36 in Fis-dur gekürzt würden.

Das Ges-dur-Impromptu op. 51, im Jahr 1843 erschienen, ist künstlicher. Es zeigt die gleiche Meisterschaft im Gebrauch der eleganten, herablassenden und doch nervösen Phrase, die etwa dem Walzer op. 64 Nr. 3 das Überzeugende nimmt. Nur daß im Impromptu Chopin noch frischer ist und das Erwachen der Manier tatkräftig bekämpft, ohne sie dem Blick des Kenners gänzlich zu entziehen. Die Verzweigtheit und doch ungeschwächte Durchsichtigkeit dieses Klavierstils übt ihren alten Zauber; und eine G-dur-Durchgangsharmonie, die weitere zeugt, läßt sich nicht ohne die gewohnten süßen Schauer vernehmen. Auch die Gläubigkeit spielt leise hinein. Und die Cellokantilene des Mittelsatzes verrät, daß die Herablassung doch ein sehr naives menschliches, frauliches Empfinden verbirgt.

Auch die Impromptus ziehen hinter sich ein nachgelassenes Werk, eine Bastard-Komposition, her: Fantaisie-Impromptu genannt, als op. 66 numeriert, von zarten jungen Mädchen oft mißhandelt. Und man begreift auch warum. Es liegt zuviel Handgreifliches darin; am meisten in der unverblümten Melodik des Mittelteils, die leicht zur Karikatur wird. Aber die kämpfenden Rhythmen der Ecksätze, der schön vorbereitete Cis-dur-Ausklang des Schlusses haben diesem passagenreichen Stück etwas Legitimes gegeben.

* * *

Chopin wird von Italien heimgesucht: die Barcarole erscheint 1846 als opus 60. Die nachschaffende, nachdichtende Phantasie braucht hier nicht zweifelnd umherzuirren; sie wird durch den schaukelnden Rhythmus auf den rechten Weg gewiesen. Aber die zahlreichen Barcarolenkomponisten schauen starr dem Höhenflug des Geistes nach. Er läßt sie so weit hinter sich. Die Zeiten sind dahin, wo ein fremder Rhythmus unseren Meister beengte. Der Takt fängt sich nun in dem dichten Klangnetz, er wird ganz eingesponnen von der seltsamen Poesie des hellsichtigen Genius. Nicht das Meer tönt ihm im Ohr, — wie könnte es auch? — sondern die Sehnsucht, mit einer geliebten Frau auf den Wellen dahinzugleiten. Cis in klingender Oktave wird angeschlagen; noch trägt es das Pedal, und schon singen zwei Menschen ihre Liebe heraus. Sie besteigen umschlungen die Barke; der Schaukelrhythmus setzt ein. Terzen- und Sextenzusammenklänge, zweistimmige Triller, Sottovoce - Plauderei, leidenschaftliche Wechselrede, Aufjauchzen, das alles wäre ja nicht neu, träte es nicht in neuer Farbe, in befruchtendem Fis-dur, in einer hinreißenden Paarung von Belcanto und Ausdruckskoloratur auf. Es ist, als hätte der neue Rhythmus einen Zuwachs an Kraft gebracht. Von Erschöpfung ist in diesem Spätwerk keine Spur. Nein, alle Enttäuschungen des Daseins, alles, was er nicht erlebt, scheint zu einem letzten sehnsüchtigen Aufschwung zu drängen. Und wir danken dem Genius ob dieser ewigen Sehnsucht.

Auch die andere, die Sehnsucht nach der Heimat, hatte sich in einem umfassenden Meisterwerk erfüllt: in der f-moll-Fantasie op. 49 vom Jahre 1842. Chopin gewährt der Phantasie, sich in ungebundener großer Form auszuleben. Als ob er sie je zu der gebundenen hätte zwingen können. So durfte sie denn einmal zügellos werden? Aber siehe da! Gerade hier ersehnt sie nichts Geringeres als ein monumentales Kunstwerk; sie nimmt mit der Fessellosigkeit des Rhythmus auch das Verantwortungsgefühl für den Nachruhm, sie überwacht den Künstler und treibt ihn zur Straffheit. Sie steht ja auch im Solde der großen Idee. Der Meister soll einmal die Männlichkeit der Polonäse durch die Poesie des Klanges und des Herzens verklären, doch so, daß die Umfassungsmauern nicht wanken. Es gelingt, obwohl die innere Zerrissenheit, der elementare Aufschrei an ihnen rütteln.

Im Eingang steht die Trauer, aber sie hat Würde; am Ausgang
die Hoffnung, aber sie hat Größe. Innerhalb dieser Stimmungskontraste geschieht Außerordentliches. Aus dem rhythmisch ge-
faßten Schmerz quillt der Trost: jene zweitaktige Phrase, die sich
langsam herabsenkt, einen Gipfel erreicht, denselben Weg noch einmal wandelt, spendet ihn; aber es ist etwas Verschleiertes, Be-
wegendes in ihr; die Erhebung wird gelähmt, das Trauermarsch-
tempo hält an. Fermaten künden Großes. Das Schicksal spricht
in den Bässen inhaltschwere Worte. Die Voraussage hat nicht getrogen. Der Ernst und die Würde behaupten sich nicht mehr. Die
persönlichen Schmerzen triumphieren über die der polnischen Welt.
Aber wie stets bei Chopin regt sich auch hier im Unglück der fröhliche Geist. Er zaubert in einer von Triolen begleiteten As-dur-
Stelle Klangwunder hervor, die selbst unter reichen Schätzen ihre
glitzernde Pracht nicht verlieren. Gebietet er auch dem Schmerz
Haltung? Der hat die klangfreudige Sorglosigkeit mit einer disso-
nanzenreichen Hetzjagd von Triolen erwidert. Nun gebärdet er sich
noch wild genug, aber er zwingt sich zu einem maskierten Marsch-
tempo. So kann auch der Aufschwung nicht fehlen. Nach einem
ehernen Beethovenschen Es-dur-Akkord streben die Oktaven zu herr-
lichem Zusammenklang auseinander. Der Aufschrei droht den rhythmischen Faden zu zerreißen. Aber der Meister bändigt in seiner
Art, doch noch stärker, den Aufruhr der Kinder seiner Phantasie.
Sie haben seine Nerven, seine Stimmung; sie lösen sich ab, treten
auf, ohne je zu ermüden. Sie sind entwicklungsfähige Organismen
von Chopins Gnaden. Weise hat der Künstler durch eine lyrische
H-dur-Episode, einen Wiederklang der Gefaßtheit, die atembeklem-
mende Steigerung des Schlußteils vorbereitet. Er zündet und tröstet.
Die große Idee hat die Grundpfeiler des Baues hergegeben: den
Marschrhythmus, der stets leise mahnt. Sie hat auch dem rein
Spielerischen den Eintritt verwehrt. So entstand ein Meisterwerk.

AUS DES MEISTERS LEHRJAHREN
RONDOS, VARIATIONEN, KONZERTE, SONATEN, LIEDER

Dort ein Meister, hier ein Ringender.

Zu den mancherlei Sehnsüchten, die Chopins Leben und Schaffen durchziehen, tritt noch eine andere große: die, in der Reihe der Klassiker zu stehen. Sie lastet wie ein Albdruck auf ihm von der Kindheit bis zum Tode. Er möchte dem simpelsten Konservatoristen gleichsein in der handwerklichen Schnellfertigkeit, Sonatensätze zu bauen. Der simple Konservatorist aber schlägt ihn im Tempo, weil er nicht gegen eine starke Natur, gegen eine entschiedene Persönlichkeit in sich zu ringen hat.

So früh auch Chopin den Kampf gegen die theoretische Unsicherheit aufnimmt, es ist bereits zu spät, den Ausdrucksmusiker in ihm in Fesseln zu legen. Die Frühreife der klassischen Zeit kennzeichnet sich durch das geniale Insichaufsaugen des rein Formalen; die der romantischen durch den gesteigerten Klangsinn, der die Tatkraft bindet, die Spannung erhöht und die Aufmerksamkeit von der geraden Richtung ablenkt. Im Fall Chopin ist Frühreife Überreife des Innen-, des Nervenlebens geworden. Und nun hat der Wille, die Lehre mit dem Individuum zu durchdringen, eine ungeheure Aufgabe zu lösen: er möchte ein Früheres, stark Betontes in ein Streckbett zwingen. Ein wohlgeschulter, mit der Form vertrauter Musiker ist da, aber sein ausgewachsenes Unbewußtes stößt sich gegen das erworbene Bewußte und nur halb Unbewußte.

Etwas anderes noch hemmt seinen Schritt: der Rhythmus des polnischen Tanzes, der auf die Miniatur hindrängt. Er zieht den musikalischen Gedanken an sich, flößt ihm Geist von seinem Geist ein, umfriedigt und bezaubert ihn so, daß es nur dem noch stärkeren Individuum in Chopin gelingt, ihn aus dieser Umarmung zu lösen. Das normale Wachstum des Gedankens ist jedenfalls behindert. Er hat den Kampf gegen sich selbst zu führen.

Es ist verlockend, diesem Zweikampf zuzuschauen. Im Grunde ruht er nie. Aber er kann erbittert da werden, wo Chopin ernstlich in die Spur deutscher Klassiker tritt. Zuweilen streckt das Genie die Waffen und entlastet das Schulmäßige von der Bürde des Persönlichen; stets, wenn ein fremdes Instrument seinen Klangsinn beirrt, seinen Mittelstimmeninstinkt zurückstößt. Aber in der strengen Sonatenform kann die Reibung am heftigsten werden. Dann gibt's Funken und Blitze wie in der h-moll- und besonders in der b-moll-Sonate.

Der Weg zu diesen Höhen, die Vulkangipfel sind, führt über die Tummelplätze der Rondos und Variationen, über die lieblichen Auen der Konzerte. Man darf, um unermüdet anzulangen, nicht viel rasten; es hieße sich gegen Chopin versündigen, wollte ich zu retten versuchen, woran sein Herz nicht mehr hing und was dem Allgemeinempfinden fernliegen muß. Ein Chopin, der den Menschen nicht schüttelt, ist verloren.

Das Rondo ist's, das er dem leichtbeschwingten Hummel entleiht. Gleich mit seinem op. 1 vom Jahre 1825 springt er in diese Form hinein. Er hätte freilich etwas weiter, zu Mozart, seinem Gott, gehen können. Da hätte er auch diesen loser gedachten und gefügten Bau musikalisch verinnerlicht gefunden. Aber die Lust am Fabulieren treibt ihn zu dem Mozartepigonen, den er auch als Erben des höheren Geistes verehrt. Der tänzelnde Charakter des Stückes, das dem typisch-nationalen Moll nicht treu bleibt, erzählt von der frohen Laune seines Schöpfers; wie der flüssige passagenreiche Klavierstil von der zielsicheren Klangphantasie eines schon schreibfähigen Meisterschülers. Aber es ist noch nicht so echt wie das Rondo à la Mazur op. 5, das er der Komtesse Alexandra de Moriolles verehrt hat. Eine übermäßige Quart im ersten Takt schon meldet dem Westeuropäer, daß wir im Reich des Mazurs sind. Der läßt unserm genialen Gernegroß sofort die Flügel wachsen. Er spendet im kleinen mit vollen Händen. Da findet sich Erstaunliches im Satz; zuerst da, wo der Baß — ben marcato — das Signal zu einer Durchführung gibt. Da klettert das Motto kühn empor, da laufen die Mittelstimmen sich krümmend ohne jede Scheu unter dem Diskant hin. Und was individuell ist, klingt, weil Meister Hummel dahinter steht und selbst an der Chromatik nicht ganz unschuldig ist. Aber so reizend die Einfälle, so gewinnend der Klang ist, es fügt sich nicht zusammen, es bleibt wundervolles Material für die Zukunft, wo die Passagen nicht so selbstherrlich auftreten und sich einem tieferen Geist unterordnen. Bald darauf besinnt sich auch

der Mazur, er wird kleiner, gediegener, wächst aus sich selbst heraus und setzt sich auf den Thron.

Aber diese Auseinandersetzung mit dem unterhaltenden Rondo
dauert an. Man darf die Fantasie über polnische Weisen op. 13,
den Krakowiak, Rondo de Concert op. 14 und das op. 16 Rondo
in Es-dur als Erscheinungen des Jahres 1834 und als Glieder einer
Familie aneinanderreihen. Gewiß, die Fantasie und der Krakowiak
liebäugeln mit dem Orchester; aber es bedeutet ihnen nichts. Sie
wurzeln fest im Nationalen, so fest, daß sie für das Weltbürgertum
nicht zu retten sind. Und das Rondo in Es-dur, das ohne Orchester
geboren ist, es aber später von Richard Burmeister zum Geschenk
erhalten hat, gibt sich kosmopolitischer. Aber sie haben doch das
Keimhafte gemein. Der echte Chopin findet sich in ihnen, aber
unter einem Passagengerüst, das ihm den Atem benimmt. Und
diese Passagen selbst sind zukunftsträchtig. Man wird im Krakowiak, diesem bäuerlichen Ableger der Polonäse, sein besonderes
Unisono bemerken; in der polnischen Fantasie zahlreiche Themen-
embryos, die sich später in anderer Umgebung glänzend entwickeln;
im Hauptthema des Es-dur-Rondos einen Blutsverwandten des Rondo-
themas im letzten Satz des e-moll-Konzerts grüßen. Und man wird
endlich überall den leicht gezimmerten Bau erkennen, der durch
die Salongattung nicht allein zu rechtfertigen ist.

Auch hier hinkt ein Opus posthumum nach: Rondo in C-dur
für zwei Klaviere op. 73. In den Briefen des jungen Chopin wird
es nicht ohne Stolz erwähnt. Es stand ja auch gebunden in der Auto-
graphensammlung des Wiener Musikgelehrten Alois Fuchs. Der
Selbstkritik des Vollkünstlers hielt es nicht stand. Sein Urteil hat
die Nachwelt nur zu bestätigen.

Das waren Vorpostengefechte auf dem nicht gefährlichen Boden
des Rondos.

Für die Variation schien niemand geschaffen wie Chopin. Hier,
meint man, müsse das Unlogische fruchtbar werden, ein Feuerwerk
entzünden. Aber man irrt. Welches Ideal der Variation dem reifen
Meister vorschwebte, zeigt ja die Berceuse. Da war die Kunst
musikalischer Ornamentik so weit gediehen, daß sie eine Innen-
entwicklung ersetzte. Dem Thema so auf den Leib zu rücken, es
zu dehnen, zu recken, wie es das Formenspiel will, das war Chopin

nicht gegeben. Auch verpflichtete ihn künstlerische Sparsamkeit, die unbegrenzten Möglichkeiten der Ausdrucksveränderung, über die er gebot, in anderem Rahmen zu entfalten. Seltsamerweise aber hatte gerade „Ein Werk II", seine Variationen über „Là ci darem la mano" vom Jahre 1830, Robert Schumann zum begeisterten Apostel Chopins gemacht. Man muß nun, um einen Kunstkritiker von solchem Gewicht nicht Lügen zu strafen, den weiten Weg fast ein Jahrhundert zurück antreten. Da mochte der Glanz der neuen Verzierungen blenden. Die Triolensechzehntel, die sich unter der Kantilene hinziehen, sind gewiß nicht minder reizend als die chromatischen Zweiunddreißigstel, die sich oft gegen den Takt empören. Doch wenn Schumann schreibt: „Hier aber war's mir, als blickten mich lauter fremde Augen, Blumenaugen, Basiliskenaugen, Pfauenaugen, Mädchenaugen wundersam an; an manchen Stellen ward es lichter — ich glaubte Mozarts „Là ci darem la mano" durch hundert Akkorde geschlungen zu sehen, Leporello schien mich ordentlich wie anzublinzeln, und Don Juan flog im weißen Mantel an mir vorüber", so wird der zeitgenössische Chopinverehrer ein wenig verdutzt wie der Gefeierte selbst. Sind wir durch Liszt verdorben? Die letzte b-moll-Variation (Adagio) hat Farbe; sie läßt in der Tat hinter Vierundsechzigstel-Ungetümen etwas wie Tragik aufsteigen; das abschließende Alla Polacca mit Weberschem Einschlag aber ertränkt sie wieder in einem Meer von Tönen. Das Orchester ist um so schweigsamer. Doch der Variationen-Chopin kann noch sorgloser sein. Variations brillantes sur le Rondeau favori: „Je vends des scapulaires" de Ludovic de Hérold et Halévy erschienen 1833 als op. 12. Eine im Salonmenschen von damals verständliche Verbeugung vor der Virtuosensitte, die Volkstümlichkeit von Opernmelodien zur Entfaltung von Fingerakrobatenkünsten auszunützen. Welch ein Glück, daß die mißglückte Komposition den müden Pulsschlag eines unbeteiligten Herzens verrät! Es fehlen die dröhnenden Blender. Solche Schwächen ehren. Und Liszt, der es in diesem Genre bis zur Hexerei brachte, fühlte das auch. Er gab später die doppelte Buchführung des Künstlers auf. Aber selbst an diesem ungewöhnlichen Ort baut sich der echte Rondo-Chopin ein Nest. Das Scherzo vivace pp gehört ihm ganz zu eigen.

Die Temperatur wird wärmer. Über den Chopin der Rondos

und Variationen wäre der Gereifte selbst mit einem Scherz hinweggekommen; an dem der Klavierkonzerte hing ein großes Stück Mensch und Künstler. Gewiß: jene den ersten Erscheinungen vorgesetzten Opuszahlen sind meist Verschleierungen; bei der wunderbaren Raschheit der Entwicklung eines Ausnahmemusikers, in dem das Nurvirtuose sofort durch den Vorsprung des drängenden Geistes geschwächt, ja erstickt wurde, nicht eben folgenschwer. Und die Klavierkonzerte spielen in jene Kompromißzeit hinein; wir waren Zeugen ihres Entstehens. Auch ihre Numerierung besorgt er unbekümmert um den Ordnungssinn nachrechnender Philologen. Er wollte das e-moll-Konzert Kalkbrenner widmen, der an ihm seinerzeit klipp und klar den verbesserungsbedürftigen Fingermechanismus des Ankömmlings bewiesen hatte. So wurde dieses Zweitgeborene sein opus 11 und erschien 1833, während das ältere f-moll-Konzert 1836 als opus 21 veröffentlicht wurde. So schwer trat in die Welt, was mit dem hastigen Atem eines Verliebten geschaffen war. Freilich: Constanze Gladkowska war längst ehrsame Bürgersfrau geworden.

Für diese Konzerte wappnet er sich mit dem ganzen Rüstzeug des an Vorbildern erstarkten Musikers. Er will mit den ersten in die Schranke treten. Und es ist schmerzlich, sagen zu müssen, daß sie, reizend im Detail, im wesentlichen versagten: in ihrer Massenwirkungsfähigkeit. Man glaube nicht, daß erst unsere Zeit pietätlos auf ihre Schwächen weist. Gewiß: heute sind die zarten Finger selten, die Werke dieser Art mit ihrer ganzen Feinnervigkeit liebevoll und beredsam auseinanderfalten und zusammenfügen; heute hat das übermächtige Orchester mehr denn je das Klavier zu sich emporgehoben mit der Drohung, es in ein Nichts zu zerschellen, wenn es seinen Lockungen widersteht; heute hat auch das Publikum sich unter solchen Einflüssen gewandelt. Aber die Hindernisse für ihre Zukunft waren im Keim da; sie lagen schließlich in Chopins Seele selbst.

Das Klavierkonzert jener Zeit hatte die entscheidende Wendung gemacht. Hummel war von Beethoven nicht abgelöst, aber verdrängt worden. Und Liszt winkte schon; mindestens der Geist der Zeit, der ihn gebar. Es gab zwei Wege, das Klavierkonzert der Vergänglichkeit zu entrücken: die symphonische Gestaltung, die Rede und Gegenrede der beiden Partner sich logisch folgen ließ;

dieser Weg war der sicherste. Oder ein meist homophones, aber farbiges Orchester mußte dem Klavier mit dem Anspruch auf Gleichberechtigung gegenübertreten, immer bereit, die Herrschaft an sich zu reißen, wenn diese Forderung unerfüllt blieb. Beide Wege sind Chopin verschlossen. Sein ganzes Wesen ist auf Intimität gestellt. Sein Tastenreich hebt sich scharf gegen die Masse ab. Es hatte seine Spannkraft, seine Aufmerksamkeit, sein Können und seinen Farbensinn so aufgesogen, daß in die Grenzgebiete nichts überfloß. Sie verarmten aus Mangel an Nahrungszufuhr. Wenn er dann im Virtuosendrang zum Orchester griff, schaute es ihn fremd an. So hemmt ihm die Poesie des Empfindens und des Klanges nicht nur die baumeisterliche Entwicklung, sie entzog ihm auch eifersüchtig die Mittel, siegreich in die große Welt zu ziehen. So sind auch diese beiden Werke die einzigen Beispiele des intimen Klavierkonzerts; einzig schon darum, weil ihr innerer Wert sie immer wieder der Vergessenheit entreißt, wenn der Zeitgeschmack sich noch entschlossener von ihnen abzuwenden droht.

So umzäunt darf die Begeisterung über die Poesie dieses Zwiegesprächs, das fast immer nur ein Zwiegespräch zwischen dem Komponisten und seinem besten Freund bleibt, um so ungehemmter ausströmen.

Man gestatte mir, mit Chopin zugleich aufzusteigen: das f-moll-Konzert, ein Kind der Liebe, bewegt mich tiefer als sein Bruder in e-moll. Sie sind beide in dasselbe Gerüst gespannt. Aber diese Ähnlichkeit der Technik, der Ausdruck mangelnder Bewegungsfreiheit zügelt die Expansion nicht. Wie der Nachklang Spohrs edler melodischer Linie das Thema nicht hindert, ins Polnisch-Schwärmerische abzubiegen und dem Meister untreu in die Passagenbahn einzulenken. Kaum ist das erste Orchestertutti verhallt, so schlägt dem Klavierkomponisten sein Gewissen für die Masse nicht mehr. Eben noch schien es, als wollte das schwermütige Hauptthema sich in der Symmetrie des Weiterbaus gefallen; da setzen jene Läufe ein, die das Intervallverhältnis in den beiden Händen nach den Regeln des besten Tons mit einem graziösen Auseinanderführen der Quinte gestalten. Nicht immer geschieht es so parallel und in so sanften Formen, auch gewundener, chromatischer; stets aber so zauberhaft im Klang, daß uns der Weg zum zweiten Thema wie mit Blumen bestreut ist. Und dieses lächelt unter Tränen. Die sehnsüchtige None im letzten Achtel des poco ritenuto-Taktes enthüllt uns das innere Beben und deutet zugleich auf die Blutsverwandtschaft dieses Frühwerks mit allen anderen bis zu den letzten Pariser Schöpfungen des Schmerzes. Dann wird sie von tausend Leidenskindern umgeben sein; wird die Spannung nicht mehr niederkämpfen können. — Wieder scheint dem Gedanken eine ruhige Entfaltung gegönnt, da steigt ein Passagenwohlklang aus dem andern hervor, Kantilenen umkränzen ihn, die Logik im Episodischen, die Kleinmalerei treibt ihr loses Spiel. Was hilft es, daß das klassische Gewissen und das des Konzertschreibers ihn zur Ordnung und zur Rücksicht mahnen! Hölzerne Tutti halten ihn nicht auf. Auch die eigene Genialität nicht, die ihn das Hauptthema bei der Rückkehr plötzlich zum zweiten umlenken läßt.

Einzig aber steht das Larghetto da. Ließ sich bisher die Patenschaft deutscher Meister auch hinter dem Eigenen erkennen, so tritt hier sein lyrisches Selbst ungeschminkt auf. Im Sprachbereich der Liebe von Nervenmenschen ist dieser Ton der denkbar reinste. Ja, der junge Chopin spielt sich hier gegen den späteren aus. Inbrünstig, als ein Ahnungsvoller, aber noch nicht Wissender, singt er sein Innerstes hinaus; mit einem durch Mozart schönheitstrunkenen Geist und doch mit einem Gefühlsüberschwang, der unruhevoll und rubatosüchtig alle Fesseln des Taktes und der Notenlinie abstreifen möchte. Zögernde Schüchternheit und leidenschaftliche Anbetung suchen beide nach dem reichsten Ornament, das der des Schmuckes frohen jungen Polin angemessen wäre. Und träumende Sehnsucht schafft eine Szene, die vom Lyrischen zum Dramatischen aufsteigt: ein rezitativisches Unisono zweier Herzen und Stimmen, das bittet, drängt und jauchzt; alles mit dem Ungestüm eines Neunzehnjährigen, der als Genie seine intime Musik, die junge Opernerfahrung eines Theatergängers und das holde Traumbild der werdenden Opernsängerin zu verschmelzen weiß. So bleibt er auch nicht im Theatralischen haften. Das rundet sich wieder im Sinn des Eingangs, doch noch gesteigert ab. Nur, daß dieses Larghetto von wenigen Orchestertakten echt bühnenmäßig umrahmt wird. Es bleibt eine Merkwürdigkeit, die den Vorzug hat, so schön und ergreifend zu sein, daß der Mangel an klassischer Haltung im Mittelsatz eines

Konzerts niemandem mehr bewußt wird. Nun kann sich die Phantasie des Passagenerfinders im Finale wieder ausleben. Das ist ein ununterbrochenes Jubilieren. Wie prachtvoll weiß das As-dur-Triolenthema, obwohl in der Einstimmigkeit der beiden Hände einherhüpfend, das Klavier an der klangreichsten Stelle zu treffen; und mit welcher Anmut wendet es sich nach einem getrübten C-dur, um den Rückweg zum ersten Thema anzutreten! Aber — o Wunder — es gleitet auch ins erste Horn, das nun, wirklich einmal geistreich, das Zeichen zu einer wahren Triolenjagd mit leichter Chromatik und unter dem Schutz der aus dem Gedanken nachklingenden Terz gibt. So erfindet, so schafft ein Feuergeist, von der ersten Liebe entflammt.

Wer diesen gesunden Rausch hat auf sich wirken lassen, den mag auch das e-moll-Konzert in seinen Bann zwingen, doch ohne zu überraschen. Die heroische Absicht des ersten Satzes erfüllt sich nicht; sie wird von dem schwermütigen Unterton durchkreuzt. Aber der Nachklassiker bekämpft hier inmitten aller Spielfreudigkeit durch sinnvollere Themenentwicklung erfolgreicher den Hang zu Seitensprüngen. Die wunderschöne E-dur-Romanze ist nicht wie jenes Larghetto die Frucht innerer Spannungen. Sie gestattet dem sonst so programmlosen und wortkargen Komponisten selbst die Deutung: er vertraut sie seinem Titus an: „Es ist mehr romantisch, ruhig, melancholisch; es soll den Eindruck eines liebevollen Hinblickens auf eine Stätte machen, die tausende von angenehmen Erinnerungen wachruft. Es ist wie ein Hinträumen in einer schönen, mondbeglänzten Frühlingsnacht." Also: die Stimmung eines Tieck, in das Reich des Musikers emporgehoben. Hier fehlen auch neben der Pracht ausgezierten Gesanges die glitzernden Sterne nicht; die in den hohen Lagen schwebenden, mit Vorschlägen geschmückten Viertel. Der ganze Zauber der Frühlingsnacht kann dem Empfänglichen, wenn auch nicht im Konzertsaal, aufsteigen. Der Rondokomponist hat das Schlußwort. Er holt nur mit ganz anderem Schwunge aus. Da sprüht es wieder Passagenblitze; da vergißt sich der fröhliche Geist in ihm in gedehnterer Form und so espritvoll, daß der Genießer eingesteht, er sei auf die reizendste Art überrumpelt worden.

Freilich tut es dem orchesterfreudigen und dabei um die Zukunft dieser Konzerte besorgten Modernen noch immer weh, die Wirkung solcher Werke durch das Mißverhältnis der konzertierenden Partner geschwächt, wenn nicht untergraben zu sehen. So ist an ihnen von erlauchten Geistern wie Klindworth und Tausig herumoperiert worden. Begreiflicherweise berührte das pietätvoll den Kern dieser Salon-Klavierkonzerte nicht; sie spotteten in ausdrucksvoller Schwäche aller Kräftigungsversuche. Aber das nun weniger zurückhaltende Orchester schob doch mindestens das Chopinsche sanft beiseite.

Der Meister war in weiser Selbsterkenntnis des Experimentierens sehr bald müde geworden. Und das 1842 erschienene Allegro de Concert op. 46 ist das lebendigste Zeugnis für den Kampf, den ein gewissenhafter Künstler mit Stoff, Form und Mitteln zu führen hatte; durch erbittertes Ringen ist doch nur ein Pyrrhussieg erfochten. Das Bild drängt sich schon darum auf, weil wir nun wieder Chopin als Herold der Nation am Werke sehen. Heldenhaft wollte er auch einmal im großen Zuge sein; da taucht die helle, grelle Tonart A-dur von selbst auf. Aber der weit gedachte Rahmen und, was ihn ein hohes Ziel dünkte, die Verherrlichung des martialischen Polen, wies ihn auf das Orchester. Die Klangphantasie des Meisters fühlt sich durch die Ferne der Obertasten vereinsamt; sie irrt in erheuchelter Männlichkeit umher; und sie wird durch das fremde Gesicht des Adoptivpartners ernüchtert. Das geschah, wie der Briefwechsel anzudeuten scheint, nicht lange nach den Klavierkonzerten. Der falsche Freund wird entlassen; der wahre soll in seine Spur treten, weil nun einmal der Gedanke Gestalt angenommen hat und ausgeführt worden ist. So wird der vom Orchester abgezogene Klaviersatz massig und steif wie eine Übertreibung des in der A-dur-Polonäse peinlich empfundenen. Der gereifte Chopin versucht das Passagenungestüm des einstigen Hummelianers um der größeren formalen Straffheit willen zu dämpfen. Mindestens setzt er seinen wildjagenden Sechzehnteln mit der gewachsenen Harmonik sparsam neue Lichter auf; die Achteltriolen sind noch beredter. Damit wird aber der martialische Ton, der wohl schon früher durch das Spielerische zum Koketten erweicht und veredelt worden war, stellenweise ins Nervöse gezogen. Bei solchen Klängen atmen wir auf. Die Unausgeglichenheit des Charakters, die auch auf die Form übergreift, trübt die Freude an diesem Werk. Aber seine Metamorphose war noch nicht beendet. Jean Nicodé wollte Chopins Zukunftsgewissen sein: er stellte das Orchester wieder her und schob siebzig eigene Takte ein. Mit dem Erfolg, daß dieses verunglückte dritte Klavierkonzert gewöhnlich wieder nach des Meisters Wunsch behandelt wird. Er wollte das, wofür er schwer gerungen hatte, sein Schmerzenskind, nicht opfern; sonst stände es ganz gewiß unter den œuvres posthumes.

* * *

Wir sind nun bei der Sonate; also bei der Form, die unsern Chopin zur größten Selbstentäußerung hätte zwingen müssen, wenn eben ein Willensakt das Eigenste im Künstler unterdrücken könnte. Ein erst 1851 veröffentlichtes op. 4, Grande Sonate in c-moll, zeigt Chopin an der Klippe völlig gescheitert. Da ist ein ewiges Sichwinden der leeren Phrase unter einer drückenden Last, und nur ein Larghetto im Fünfvierteltakt könnte als Ehrenrettung des Komponisten gelten, wenn er dieser überhaupt bedürfte. Ließ hier die innere Gärung selbst den Klaviersatz im unkrautbewachsenen Steppenland mit versanden, so stellt sich die Kraft zum Konventionellen sofort ein, sobald das Instrument zur Rücksicht auf zwei unbekannte Mitbewerber gezwungen ist. So wird sich das mit dem Sonatenversuch ungefähr gleichaltrige, 1830 erschienene Trio op. 8 in g-moll das Lob jedes braven Musikanten als anständige Musik verdienen. Ja, hier und da wird der Eingeweihte wohl merken, wie das gefesselte Genie der Wohlanständigkeit entschlüpfen möchte.

Langsam rückt der große Augenblick der stärksten Reibung heran. Ein ganzes Jahrzehnt geht dahin. Die 1839 begonnene b-moll-Sonate erscheint 1840. Man bedenke: indes hat sich die Tragik des Lebens ihre Sprache geschaffen. Ein Künstler, geschüttelt von inneren Kämpfen, ein Meister von schier unbegrenzter Ausdrucksfähigkeit, ein überzeugter Aufrührer im Reich der Harmonik und der Tasten möchte noch einmal in seiner Art klassisch werden. Nun wird die Form nicht mehr ihn, sondern er die Form bändigen. Bändigen, nicht meistern. Die unbeschreibliche Erregung wird der Tyrann sein, der sich alle die kleinen und großen Künste der Sonatenschreiber unterwirft. Sie ist mächtiger als er selbst. Die g-moll-

Ballade war die letzte Schöpfung sich kreuzender, sich bedrängender Kräfte des Ausdrucks und der Form. Nun aber wird der Anprall so heftig, daß die Zerstörung den Weg des Schaffens bezeichnet. Stücke fliegen ab; aber ein erschütterndes Ganzes wird aus dem Chaos geboren.

Die b-moll-Sonate ist ein künstlerischer Widerschein von Schreckbildern der Phantasie. Der Aufschrei, ein Reflex der Denkohnmacht, die den Menschen zum pathologischen Kind demütigt, tritt hier entfesselt und gebunden zugleich auf. Wie auf einer Insel, abgeschieden von allem Leben des Geistes, thront der Kunstverstand. Aber die Wirkungen sind so elementar, daß sie, Dezennien überspringend, noch heute niederwerfen können. Die gellende Harmonik ist, weil aus Abgrundtiefen des Unterbewußtseins geschöpft, unnachahmlich. Unnachahmlich wie das Überschreiten des Taktes, das der Verwüstung des inneren Rhythmus entspricht. Dabei wird doch der klassische Sonatenbau in seinen Umrissen geschont. Ein erstes Thema führt zum zweiten; einen Abschluß, eine Krönung schafft der grandiose Einfall. Der Durchführungsteil verschlingt zwar die Reprise. Aber gesetzmäßig tritt das in der Stimmung veränderte zweite Thema auf und zieht den grandiosen Einfall organisch nach sich. Das in seinem Dasein gekürzte Leitmotiv wird durch ein wuchtiges Auftreten in den Bässen belohnt, und das Tonalitätsbewußtsein durch einen glänzenden B-dur-Schluß befriedigt. Doch innerhalb dieser Umfassungsmauern spielt sich Unerhörtes ab. Mit der Schwungkraft eines von der Nervenspannung zu übermenschlicher Anstrengung Getriebenen rast das keuchende Motiv nach einer gehaltenen, gespenstischen Einleitung davon. Es hetzt unklassisch würdelos, unbekümmert um die Entfaltung der äußersten Möglichkeiten zu dem rührenden Des-dur-Thema, das, sich prachtvoll dehnend, den scheinbaren Ruhepunkt des Innern bezeichnet. Dann heben sich plötzlich auf den Schwingen des Sechsvierteltaktes die harmonischsten Dominantschlüsse empor, fordern eine atembeklemmende Gegenbewegung heraus und werden so zu einem Hämmern, das die Klaviatur sprengen möchte und, unentschlossen irrend, von der Enharmonik geleitet, ein Des-dur erreicht. Doch auch jetzt noch krachen die rückleitende Dominante und die Tonika des Beginns so hart aufeinander, daß das Schreckbild wieder alle guten Geister verjagt. Wer aber weiter vordringt, dem treten andere Erscheinungen aus dem Schattenreich entgegen. Dieser Durchführungsteil, in dem es zuerst wie Drängen von Dämonen gegen das Weib ist, peitscht die Modulationen hintereinander her, stampft wie in Todesängsten alles nieder und rettet sich über die Brücke des Sechsviertelthemas ins Licht: nach B-dur; die rührende Kantilene setzt vorläufig den Schauern der Nacht ein Ziel.

Kaum ist nun von diesem vorläufigen Haltepunkt aus eine ruhige Schlußentwicklung geglückt, so setzt von neuem hämmernd in es-moll das Scherzo ein. Vier eigensinnig pochende Achtel gebären eine ganze Kette chromatischer Sexten, die über die Klaviatur hinstürmen. Wer aber die Übermacht des Grausigen beklagen möchte, den bezwingt das Trio in Des-dur mit seinem sanften Schweben; einer der herrlichsten Chopinschen Lyrismen, gehoben von dem Reiz der Mittelstimmen und auf den Fittichen zarter Harmonien wieder nach Des-dur zurückgetragen. Hier die Beredsamkeit des Cellos, dort die Chromatik von Oktaven fügen die Bausteine zusammen.

Nach der prächtigen Wildheit und dem holden Schwärmen des Scherzos hören wir anstatt eines Adagios jenen Trauermarsch, dessen zweifelhafte Volkstümlichkeit wie ein Hohn auf seine Umgebung ist. Das Seltsame ist geschehen, daß ein Sonatensatz, von seinen vornehmen Brüdern losgelöst, in der Gasse endet. Gewiß: er war immer nur ein Stiefbruder, nicht für die Gemeinschaft der Familie, sondern für ein Sonderdasein bestimmt. Aber ein Großer wie Liszt hatte ihn laut gerühmt: „Man fühlt, daß es nicht der Tod eines Helden ist, den man beweint, während andere Helden da sind, ihn zu rächen; sondern der einer ganzen Generation, die dahingesunken ist und nur die Frauen, die Kinder und die Priester zurückläßt." Das ist wahr, aber ich glaube, daß gerade das Unheroische ihn herabgedrückt hat. Den Tröstungen des Des-dur-Teils hat das Tempo des Schreitens die Chopinsche Überredungskraft geraubt. Er ist süßlich, weichlich zur Litanei geboren. Aber würdige Trauer umrahmt ihn, trägt auch ihn zu Grabe. Und wenn Trommelwirbel und Glockengeläut verklungen sind, ist nun auch für das Finale der rechte Sinn eingekehrt. Es ist in seinem leisen Dahinrauschen die größte Kühnheit, die je in die klassische Welt hinausgerufen wurde. Die Geister hatten bis jetzt den Bildner nur bedroht und zu keuchender Hast gezwungen. Nun wollen sie ihm den Griffel aus der Hand schlagen. Er kann sie noch gepeinigt, verängstigt aufs Papier bannen. Den Meister der Form wollen sie töten. Der aber bleibt ein Meister der Farbe. Haupt- und Mittelsatz zu schaffen reicht die Kraft nicht hin. Aber er rafft hastig sein Unisono, seine Chromatik zusammen, läßt beide im Bunde durch die Notenzeilen jagen. Ein zweimaliges röchelndes Atmen, und sie verenden in b-moll, im Quartsextakkord. Der Zukunft aber ist ein vorahnendes, impressionistisches Meisterwerk geboren. Das Notenbild selbst wird zur hingeworfenen Skizze. Die Köpfe beleben sich, und der Maler grüßt den Musiker. Wie selbstverständlich tobten die Klassiker. Aber einer, der ein Dichter war, sprach aus dem Zwiespalt eines ehrlichen, Bach und Beethoven ergebenen Herzens heraus folgende Worte: „Und doch gestehe man es sich, auch aus diesem melodie- und freudelosen Satze weht uns ein eigener, grausiger Geist an, der, was sich gegen ihn auflehnen möchte, mit überlegener Faust niederhält, daß wir wie gebannt und ohne zu murren bis zum Schlusse gehorchen — aber auch ohne zu loben; denn Musik ist das nicht. So schließt die Sonate, wie sie angefangen hat, rätselhaft, einer Sphinx gleich mit spöttischem Lächeln." Schumann sagte es. Auch er kannte die grausigen Nachtgedanken, auch er starrte entsetzt ins Leere. Der glatte Mendelssohn aber wandte sich angewidert ab.

Dieses Tongemälde im Sonatengewand, einzig auch bei Chopin, stieß sich nicht nur gegen die Form; es strebte als getreuer Abdruck eines Jenseits des Geistes über die Tasten hinaus. Die pochenden Oktaven, die schweren Baßfiguren, der fast völlige Verzicht auf feineres Satzgewebe, auf verführerisches Passagenwerk der rechten Hand sind aus Zwangsvorstellungen geboren, die den Fanatiker des Wohlklangs aus seinem Gleis heraustreiben. Anders die h-moll-Sonate op. 58. Hier ist der Anprall der Stimmung gegen die Form lange nicht mehr so heftig; hier durfte der Meister sich auf die Forderungen des Ohres wieder besinnen. Und doch erschien diese Sonate 1845 und war gewiß nicht lange vorher, also in einer Zeit inneren Jammers entstanden. Die Wege dieses Geistes waren unberechenbar; und die Laune wollte es, daß dem Sonatenschreiber Nocturnenhaftes, Lyrisches, Fröhliches in die Feder floß. Nur im ersten Satz wird der lebensfähige Gedanke, der sich ein breites Bett graben will, in seinem natürlichen Lauf gehemmt. Aber hier ballt sich nicht, wie in der b-moll-Sonate, die Faust eines im Krampf Gewachsenen und zur Eile, zur Straffheit Mahnenden. Hier darf das Thema zunächst seine vier Sechzehntel ruhig entfalten. Aber sie steigen zur enharmonischen Umdeutung empor. Es ist der erste Schritt vom Wege. Der Freund des Klaviers möchte gar zu gern, ohne den Strom abzulenken, seine Nebenkünste üben. Zwar glückt es ihm, in Achtelfiguren über aufwärts rollenden chromatischen Skalen die Erinnerung an das Thema wachzurufen; bald aber schwächt sie sich ab; und erst dann, wenn der zweite Einfall naht, tropfen jene Sechzehntel in langer Reihe herunter. Lauschen wir nun nicht wieder entzückt dem Kantilenensänger Chopin? Er entschlägt sich aller quälenden Sonatengedanken. Da sind sie nun, die weiten Bögen der Bässe, die der Oberstimme so reizend Ja sagen. Der Melodienfluß ist nicht mehr zu hemmen. Jener D-dur-Gesang treibt Zweige; nun laufen auch schon die Mittelstimmen anmutig unter dem Diskant hin; nun wirft auch schon die Linke der Rechten eine Handvoll Noten zu. Und mit diesem melodischen Spiel à la Chopin landen wir beim Strich. Da aber meldet sich der ganze Ernst der Sonate: diesem Durchführungteil fehlt die treibende Macht, die den andern über sich selbst hinaustrug. Das Spielerische möchte sich dem Schulgemäßen paaren. Langsam hilft sich der in seinem Wachstum so bald behinderte Hauptgedanke an den Krücken harmonischer Rückungen weiter und mündet endlich in Des-dur bei dem fröhlichen Seitenthema. Dieses wird verkürzt und vergrößert fortgeschoben, es findet auch die hilfreichen Passagen wieder, die es glatt zu dem zweiten Thema in H-dur herunterführen. Nun gibt's keine Stockungen mehr. Anmut, Wohllaut und Glanz kehren zurück, und ein accelerando mit stärkster Betonung des H-dur und der leitmotivischen Sechszehntelfigur zwingt den Schlußpunkt herbei.

Es war ein heftiges Ringen eben nur da, wo ein echt klassischer Geist gerade unbestrittener Sieger gewesen wäre: im Durchführungsteil; sonst war's ein liebenswürdiges Ausweichen, das schmeichelnd alle Bedenken beschwichtigte. Sie können sich auch im Es-dur-

Scherzo nicht mehr regen, das die Finger durch anmutige Krümmungen der Linie bis zu prächtigem Einklang dahinjagt; das die übersprudelnde Laune plötzlich sinnend, träumend, anbetend, lockend mit Orgelpunkten, Bindungen und geheimnisvollen Mittelstimmen unterbricht. Die Treibhausluft des Notturnos benimmt us im Largo den Atem; ja, hier möchten wir bei allem Reiz des Gesangs, bei allem Zauber der Stimmung leise abwehren. Allzu schwer, allzu müde ist der Schritt; allzu künstlich wird das Fehlen der Kontraste verschleiert, die das klassische Gewissen fordert. Der große Lyriker war nie ein Adagiokomponist. Hier wird der Spieler gebeten, chopinscher als Chopin zu sein, liebevoll gestaltend zu verhüllen, die Spuren der Erschöpfung zu verwischen; Gegensätze aus den Tasten herauszuträumen. Er wird durch den Schwung des Finales belohnt, das den kühnen Sprung aus dem Traumland in den Konzertsaal vollführt. Es kokettiert im stürmischen Sechsachtelschritt mit dem Ernst, legt dem Pianisten in jauchzenden Passagen kleine Steine in den Weg, die er nun bedächtig mit dem Fingersatz beiseiteräumt, um desto ungezügelter seiner Virtuosenlust zu leben. Dieses Finale läßt alle Sünden gegen den heiligen Geist der Sonate vergessen.

So hat der Kampf Chopins mit der Sonatenform zwei einzige Werke geschaffen: eines, das aufrüttelt; ein anderes, das entzückt.

Und eines noch, 1847 als op. 65 erschienen. Es war das letzte, das er mit seinem Namen deckte: die g-moll-Sonate für Klavier und Cello, Auguste Franchomme dargeboten. Noch einmal sollen die Sehnsucht nach dem Klassischen, die Anhänglichkeit an den Freund, die Liebe zu dessen melancholischem Instrument sich zu künstlerischem Tun zusammenfinden; noch einmal läßt er die Schwermut wie im Jugendtrio in g-moll austönen. Und mit den ersten Takten schon weist auch das Klavier seinen Partner auf jene herrliche Zeit zurück, da er sein f-moll-Konzert schuf; es wiederholt fast wortgetreu die Antwort auf das Hauptthema nach dem Tutti des ersten Satzes, wie wenn es sagen wollte: sieh, was ich damals ahnte, nun hat sich's ganz erfüllt. Dann aber schwebt er mit gesenkten Flügeln dahin. Die Liebe zum Cello hat er ja hunderte von Malen in seinen ureigensten Werken wie durch einen Schleier bekannt; sie ist so gänzlich von ihnen aufgesogen, daß die Phantasie im offenen Bekenntnis erlahmt. Die kurzen Lichtblicke im Scherzo und in den Außensätzen können pietätvolle Wehmut nicht in herzliche Zustimmung wandeln.

*　*　*

Im Schaffen des werdenden Meisters gibt es so manches, was seine Spur bezeichnet. So seine Lieder. Wir besitzen 17 von ihm, im op. 74 vereinigt. Fontana wollte, um Chopins abergläubische Abneigung gegen die Zahl 7 zu ehren, eines von ihnen fallen lassen. Schließlich scheint doch die Neigung zum Geldgewinn die Bedenken der Hinterbliebenen überwogen zu haben. Diese Lieder auf Texte von Mickiewicz, Zaleski und Witwicki rechnen meist nicht auf unsere Teilnahme. Das Feinnervige haben sie schon unter den Händen des Bearbeiters eingebüßt: der Klaviersatz rührt fast durchwegs von dem überaus geschäftigen Fontana her. Die Manuskripte mit den halbnackten Melodien waren unter den Freunden verstreut. Sollte man sie veröffentlichen, und wer sollte sie druckfähig machen? Auf die erste Frage erfolgte selbstverständlich die bejahende Antwort. Begründet wurde sie damit, daß diese Melodien privatim oft gesungen worden waren. Um die zweite erhob sich ein Streit. Franchomme wollte es übernehmen. Fontana bestritt ihm Recht und Fähigkeit dazu. Er sei als Nichtpole der Aufgabe nicht gewachsen; er habe sich an Chopin herangeschmeichelt, um sich, durch den Nimbus dieser Künstlerfreundschaft gehoben, bessere Erwerbsquellen zu schaffen.

So viel Erbauliches knüpfte sich an das, was der Liebe zur Heimat und schon dort entstammt war. In manchen Liedern läßt sich noch die leitende Hand auch im Klavierpart spüren. So atmet in Nr. 6 „Aus meinen Augen" das Nachspiel den echten Geist des Notturnos und der Mittelstimmen. Und während sonst der von ihm so gehaßte Stil der Orlowski, Sowinski usw. hier gegen Chopins Willen als der seinige in die Welt tritt, zeigt Nr. 9 (Eine Melodie), im Jahr 1847 entstanden, das merkwürdige chromatische Herumtasten einer getrübten Phantasie auch einmal in der Singstimme. Die liebe Einfachheit des „Lithauischen Liedes" Nr. 16, das dem Strophischen untreu wird, wie die des Nr. 1 „Mädchens Wunsch" haben ihnen ein wenig zu Rang und Namen verholfen. Alles dies ist deutsch von Ferdinand Gumbert bearbeitet.

Aber wenn je, so hat hier Liszt ein wahres Werk der Barm-
herzigkeit geübt. Er faßte sechs aus dieser Erbschaft zusammen
und schmückte sie in seiner Art in den „Chants polonais". Hier
war nicht dem Unsterblichen wie in Schubert der Weg zu bahnen;
hier war melodischer Besitz wenigstens für die Gegenwart zu retten.
So schlüpfte auch das Chopinsche Lied in die Hülle, die ihm künstliche Wärme gab.

Wir schauen uns um und erblicken noch einige Reste, die der
Meister sorglos zurückließ, und die man hastig auflas: so einen
Trauermarsch in c-moll, Variations sur „un air allemand" usw. Die
Liebe deckt den Mantel über sie. Sie darf sich selbst da, wo wir
einem Ringenden folgten, auf ganz andere Rechtstitel berufen.

SCHERZO

Ein langer, langer Aufschrei — das erste Scherzo.

Spott, Karikatur, Selbstironie waren die Waffen Chopins im Kampf gegen Leben und Menschen. Sie hielt sich auch der Musiker als Schild gegen den Pöbel vor. So verbirgt die Mazurka oft hinter der Anmut ein spöttisches Lächeln. Konnte aber wirklich, wie Liszt klagt, der Künstler den Menschen nicht rächen? Fand das Dämonische in ihm, das ihn in seltenen Augenblicken bis zur Raserei trieb, keinen Ausweg? Wie das geschah, wie es dann aufblitzte, das sagte ja die b-moll-Sonate. Im Scherzo hatte dort ein Tobender gegen die Wände der Erdenzelle gepocht, gegen die Begrenztheit seines schwachen Körpers gewütet. Die beherrschte Leidenschaft eines Beethoven trug den großen Bau der Sonaten und Symphonien; und sein Humor lachte grimmig auf. Chopin aber wagte nur jenes eine Mal im großen Stil zu trotzen. Er hatte längst den kühnen Einfall gehabt, den Aufschrei in eine andere Form zu zwingen. Sie nannte er nun in prachtvoller Ironie „Scherzo". Den höhnenden Zuruf an die Gottheit wollte er klassisch werden lassen; in einem Typus, der so gestaltet als seine Schöpfung gelten muß.

Aber schwach, wie er war, blieb er sich nicht treu. Jenes Scherzo der b-moll-Sonate hatte uns in seinem Trio Chopin wieder auf den Knien, wenn nicht vor der Gottheit, so vor der Göttin Weib gezeigt. Nichts in ihm war beständiger als der Stimmungswechsel. Aber die stärksten, ja fast unvereinbare Gegensätze faßte die Nervenkraft dieses seltsamen Meisters zusammen: auf dem kleinsten Raum in der Mazurka, auf dem größeren im weitgedehnten Scherzo.

Es ist nicht reiner Zufall, daß sich dies innerhalb des Dreivierteltaktes abspielt. Auch im Scherzo klingt die Idee des Tanzes nach; aber eines grausigen Tanzes, der die Rachegeister durcheinanderwirbeln, die Bewohner der Hölle mit verzerrten Gesichtern auftreten läßt. Chopin, der die Hände so gläubig falten konnte, wenn er nicht im Salon war, hatte oft unter der Vision zukünftiger Qualen schwer zu leiden. Der Unglaube des Künstlers mit dem geheimen Katholizismus ruhte auf tönernem Boden; wie er den Aberglauben mit sich führte, so auch den schrecklichen Gedanken an die Nemesis, gesteigert durch die Mittätigkeit einer ruhelosen, karikierenden Phantasie. Nur ein zerriebener Mensch konnte das Scherzo schaffen. Und es ist nicht anzunehmen, daß das erste in ihrer Reihe, das 1835 veröffentlichte in h-moll op. 20, viel früher entstanden war. Es mutet auch unter Chopinschen Merkwürdigkeiten merkwürdig genug an. Das Dämonische schafft sich neue Wege. Es stürmt ja presto con fuoco dahin, es rückt die Noten zusammen. So darf es sich auch blitzartig und doch nicht zerstörend aus Chopinschem Geist noch kühnere Passagen formen. Die Intervalle weiten sich noch, die Chromatik erleuchtet sie. Das Sprunghafte fügt sich zur Impression. Aber sie genügt dem klassisch Gestimmten nicht. Drei Achtel, die das Zeichen zur Teufelsjagd gegeben haben, zeugen nach kurzem Aufatmen den artikulierten Aufschrei zweier Höllengeister, einen fratzenhaften Durchführungsteil. Da bricht der Sterbliche zusammen. Ein schwermütiges Unisono; und er singt ein längst vergessenes Lied, ein polnisches Weihnachtslied. In Fis läuten ihm die Glöckchen dazu. Das Kindliche, das Einfache regt sich nun wieder. Aber auch das Schreckliche. Es scheint sich in zerlegten Septakkorden zu mildern. Da kündigt dumpfes Grollen etwas Grausiges an. Und schon schüttelt auch wieder ein Krampf den Dichter. Ein chromatischer Lauf pfeift über die Klaviatur. Der Spuk ist aus.

Keines der anderen wirkt so elementar wie dieses Scherzo; keines wühlt wie dieses als Tongemälde in den Tasten wider die Tasten. Das folgende in b-moll op. 31 vom Jahre 1838 ist durch Gouvernantenhände entweiht, gezähmt worden. Die Koketterie des Gesanges, der Wohllaut der Des-dur-Spannungen, das träumende A-dur-Intermezzo scheinen wirklich die Wildheit zu vereiteln, die uns die schwungvolle Triolenfigur des Beginns verhieß. Schwer löst sich aus der Melancholie der rezitativischen cis-moll-Phrase der echte Scherzo-Rhythmus. Er kämpft mit der Schwermut des Gesanges. Und wie anmutig schwingen sich, von der Säule der A-dur-Dominante gestützt, über singenden, klingenden Bässen die Passagen in die Höhe, um sich doch wieder in den tiefen Abgrund der Dominante, ins Kontra-E zu stürzen! Dann, nach neuem Anhieb, Stufe um Stufe herunterrückend, steigen und stürzen sie wieder, immer wilder, immer chromatischer. Wo vorhin noch der Scherzo-Rhythmus mit der Kantilene stritt, reißt die wachsende Erregung beides mit sich. Sie treibt von A-dur kühn nach b-moll zurück, sie führt einen prachtvollen Unisonosturm herauf, der verrauscht, um das Ganze, Tragödie und Komödie, von vorn beginnen zu lassen mit seinen stampfenden Vollgriffigkeiten, mit seinem dröhnenden Triller und seiner schmeichelnden Koketterie. Aber der Dämon wendet Lyrisches ins Groteske, jagt von Des-dur nach A-dur, von da wieder nach Des-dur zurück, wo rasend gewordene Achtel, hämmernde Akkorde, gellende Schreie im Jubel ausklingen.

Hart im Raum stoßen sich auch die Gegensätze im cis-moll-Scherzo op. 39. Es erschien 1840. Aber geschrieben wurde es in Majorka. Wer das weiß, der möchte der Poesie des Klosters Valdemosa nachspüren. Sie umfängt uns im Mittelteil, wo wechselnder Glockenklang und herabsteigende Engelstimmen sich abzulösen scheinen, wo die ausgebreitete Pracht der Dominantklänge die Sinne zu sich lockt: eine vom Pedal getragene, vergrößerte neue Harmonie, beiden Händen in gleicher Weise anvertraut. Die dämonische Wildheit, die sich von Anfang an in Quartolen gegen den Rhythmus stößt, in scharfem Oktavenritt vom Klavier die höchste Energie erzwingt, will diese Poesie nicht nur umrahmen, sie möchte auch mitgestaltend klassisch in sie hineinspielen.

Hier gelingt es ihr nur halb, trotz dem Harmonienzauber, den solche Stimmungspaarung erschafft. Aber das letzte Stück der Straße, die zum cis-moll-Gipfel, zur vulkanischen Höhe hinaufführt, berauscht uns durch den narkotischen Duft einer Tropenvegetation. Aus der Kontrabaßregion wachsen prachtvolle Notenketten empor, die immer wieder orgelpunktmäßig tief unten bei Gis münden; und darüber müssen die Glocken, die der Andacht tönen möchten, in der Sprache der Liebe reden. Dieser Zusammenklang von gläubigem Sinn und glücklich sündiger Kreatur, den Mephisto endlich hohnlachend zerstört, ist einer von jenen Punkten, die von dem Mangel einer letzten Synthese in diesem Werk siegesgewiß ablenken.

Im vierten Scherzo aber, in E-dur, vom Jahre 1843 ist die Ausdruckskraft im Dämonischen erlahmt; die Grazie will sich für sie einsetzen; doch auch sie flattert schwunglos, nach Stützpunkten suchend, umher; der Triller entfaltet sich reizvoll zum rhythmischen Achtelschritt; der Schluß entwickelt sich imposant. Aber hier sinkt großartiger Spott zurück vor dem besseren Selbst des Tondichters, der die Eintönigkeit der Farbe, des Ausdrucks fühlt, wenn Nachtgedanken ihn peinigend begeistern.

So konnten nur vier Scherzi entstehen, und nicht alle von gleichem Rang. Sie sind nicht gesundem Kraftgefühl, sondern der Wut des aufgepeitschten Nervenmenschen entsprungen. Aber fortreißend und fortzeugend haben sie nicht nur das Klavierscherzo als Eigengattung der Welt geschenkt; auch das Orchesterscherzo der Modernen lebt von solchem Vorbild der Stimmung. Der große Lyriker brauchte nur abzuschweifen, um selbst einer unlyrischen Zeit, deren Phantasie der Scherzorhythmus am sichersten beflügelt, den Weg zu weisen.

EWIGE MINIATUREN
PRÉLUDES — ETUDEN

Der Revolutionär Chopin wirft alle Ordnung über den Haufen. Frühreif und nach kurzem Schwanken zum Gipfel einer Eigenkunst aufgestiegen, verursacht er denen Beklemmungen, die um der lieben Regel willen sein Schaffen stufenweise betrachten möchten. Wie er sich von der Stimmung treiben läßt, verlangt er von seinen Nachfahren, daß selbst ihre Kapiteleinteilung seinen Geist atme. Er ist so wundervoll untraditionell. Übernimmt er traditionelle Formen, dann haucht er ihnen so viel vom Leben seiner Stimmung ein, daß sie sich nicht wiedererkennen; sie reihen sich wie selbstverständlich denen an, die er selbst ersann. Und endlich widerspricht die Tatsache seiner Größe zum ersten Mal dem, wie es schien, ehernen Gesetz, daß nur Werke von langem Atem den Anspruch auf Fortdauer begründen könnten. Chopins Größe liegt in der Miniatur. Unter den Miniaturen aber sind die Präludien und Etuden mit lapidarer Schrift in den Annalen des Schaffens verzeichnet. Sie haben anders als jene Mazurken, die hier das Einlaßtor in Chopins Reich bedeuten, die nationale Tracht abgestreift und bergen das nationale Herz eines Eigenen unter weltbürgerlicher Hülle.

Das Präludium bezeugt am stärksten den Zwang der künstlerischen, romantischen Persönlichkeit, die Form zum Abdruck des Ichs zu machen. Die Verehrung für Bach, die er als Kind schon eingesogen und wachsend in sich bestätigt und erneut hatte, klingt im Namen nach. Wie er ihm Liebe und Kraft zu den Mittelstimmen dankte, so sah er in ihm die Grundlage des klaviertechnischen Gerüsts; korrigierte er, über die Fehler der angeblichen Kenner lächelnd, die Pariser Bachausgabe; spielte er Bachs Präludien, wenn der Geist über ihn kam. Sie geleiten ihn, wie wir ja aus seinem eigenen Mund hörten, auch nach Majorka. Dort aber sind fast alle Stücke des op. 28 unter schweren Wehen, wenn nicht geboren, so doch nach der Skizze vollendet worden. Ein Meister in der Vollkraft der Ideen und des von ihnen befruchteten, sie gestaltenden Könnens flüchtet sich in der Not seines Herzens zu dem ehrsamen, gläubigen Thomaskantor; die Gespenster schrecken ihn, und er schreibt angstvoll, mit gesträubtem Haar Präludien nieder. Hätte er's je gekonnt, hier kann er nicht mehr die Vorlage nachzeichnen. Das einstige Choralvorspiel, die freie Fantasie, die zur Fuge überleitet, wird ihm nichts weiter als der Antrieb, seiner Stimmung in völliger Freiheit zu leben. Die Übersinnlichkeit der Fuge, aus der Weltentrücktheit geschöpft, schwebt ihm nicht vor; weltentrückt, übersinnlich ist auch er, aber so, daß nicht höchste Selbstentäußerung, sondern höchste Steigerung des Selbst ihn über das Dasein erhebt. Schweigt dort das Instinktleben, so ist es hier in seinem Urgrund entschleiert. Nirgends wie in den Präludien erscheint die Erregung, die Pein, die Beseligung des Künstlers so schrankenlos festgebannt. Sie versuchen klassisch zu sein, indem sie anders als die bunten Mazurken nicht in sich selbst, sondern nur gegeneinander kontrastieren. Aber sie erhellen seine Psyche mit dem Blitzlicht des Genies. Sie geben in ihrer ewig wechselnden Gestalt Zeugnis von der Verzweigtheit seiner Empfindung. Sie verraten die innere Hast und Ruhelosigkeit. Keuchend setzt er oft nur eine Skizze hin; zuweilen erreicht er einen Schein von Geschlossenheit. Immer aber ist das Präludium das treue, schlagkräftige Echo eines überreichen Unterbewußtseins.

Begreiflich ist's nach alledem, daß die Nachempfinder hier ihren Drang zur Verbildlichung mehr als irgendwo befriedigen wollten. Die aufreizende Vielgestaltigkeit des Rhythmus, die bunte Pracht der Modulation sprechen eindringlich zur Phantasie. Mögen aber die von Julius Kapp mitgeteilten Aufzeichnungen Laura Kahrers, einer Schülerin Hans von Bülows, zu den „Préludes" sich noch so sehr auf Liszt und die Chopinschüler Wilhelm von Lenz und Madame de Kalergis berufen, sie gelten nicht viel mehr als andere Deutungen. Der scharfsinnig analysierende Bülow hatte mit Chopin auch als Interpret wenig gemein; sein Unterbewußtsein geriet durch ihn nicht in Mitschwingung. Und die Quelle, aus der ihm die Mitteilungen zuflossen, ist individuell getrübt; der fesselnde und gesprächige Lenz vor allem verdient das Mißtrauen der Nachwelt. Konnte überhaupt Chopin jene Stimmung, die seine Präludien geboren hatte, später im Unterricht immer wieder in sich hervorrufen? Er stand ihnen dann als ein Rückschauender ebenso fremd gegenüber wie jene andern, die ihn gierig ausfragten. Nur wenige Stücke scheinen sich der Vieldeutigkeit zu entziehen; doch auch in sie hat der Genius ein Letztes getragen, das dem Programm das Bindende nimmt. Aber wie der Kunstverstand sie alle nach Tonarten aneinanderreihte, das ist sein klassisches Programm.

Chopin grüßt Bach in C-dur. Es ist wie die Widmung an den Meister, eine Verbeugung vor der Tradition, die der klarsten Diatonik den Vortritt läßt. Die Phantasie soll zeigen, was sie auch unter dem Joch leisten kann. Und sie findet selbst in dieser Klarheit, die das Halbdunkel gefährdet, noch den Weg zur Höhe. Man unterbindet ihren Hang, sich in Modulationen zu ergehen? Gut, dann wird sie sich rhythmisch ausleben. — Agitato stürmt sie dahin; zur Eile treibt sie noch einmal; Triolen verschränkt sie ineinander und läßt in der Mitte das Klavier mit klangvoller Stimme seine Melodie singen. Singen mit wechselndem Ausdruck, mit vielfältiger Abstufung und so, daß Bach, dem doch gehuldigt worden ist, grämlich dreinschaut.

Und er ist bald genug vergessen. Denn im zweiten (a-moll) Präludium wird alles Klassische niedergerissen. Es ist eines von denen, die sich der ohnmächtige Revolutionär auf die Kunde von der Einnahme von Warschau von der Seele schrieb. Nicht im ersten Toben des Schmerzes, das ihn donnernde Passagen, heftige Interjektionen hinausschreien ließ; sondern in der Gebrochenheit, die ihm folgte. Die Lähmung des Denkens durch eine fixe Idee, die Gemütsstarrheit setzt sich in eine musikalische Sprache um, die zu echt und zu neu war, um nicht auch Chopingläubige stutzig zu machen. Man darf wohl sagen, daß nirgends in der gesamten Musikliteratur der Grenzzustand des Geistes durch den Musiker in flagranti ertappt worden ist wie hier. Die Zwangsvorstellung zeugt das im gewöhnlichen Sinn Häßliche; eine Chromatik, die zwecklos und träge in den Tasten wühlt wie das Motiv, das, an sich ohne Rundung, in verschiedenen Tonstufen dieselbe unfruchtbare Frage an das Schicksal richtet. Die entgleiste Phantasie des Wahnsinnigen findet den Weg zur Tonart nicht mehr; Zwielicht und Schatten bekämpfen sich; G und Gis, D und Dis stoßen sich hart im Akkord. Die Bässe tasten umher; ihr Atem setzt aus. Umherirrend landen sie in a-moll.

Der Kunstverstand, der hinterher dieses ergreifende Dokument der Denklähmung und Willensohnmacht billigte, erschütterte unbewußt die Grundlagen der Ästhetik und baute dem modernsten Realismus vor.

Der fröhliche Geist und das traurige Herz lösen sich nun weiter ab. Diese vollendeten Stimmungsbilder, die oft nur aus wenigen Takten bestehen, wollen liebevoll betrachtet, nicht zerfasert werden. Wer ihre Poesie nicht empfindet, dem ist sie nicht einzuimpfen. Das entzückende Salongespräch in G-dur bedarf der Deutung nicht. Wer im e-moll-Präludium wirklich an einen Erstickungsanfall denken will, dem entgeht das Eigenste dieser Dichtung: sie spricht von tieferem Leid: von dem der Liebe. Eine Analogie findet sich bereits: die idée fixe. Während aber in jener a-moll-Skizze des Irren ein unmelodisches Leitmotiv bohrend umherzog, läßt sich hier ein melodisches vom Geist des Vorhalts zweimal hinuntertragen. Wer, der in Chopin heimisch ist, spürt da nicht den schweren Atem eines Sehnsuchtsvollen? Weiterziehend, begrüßen wir das jauchzende D-dur-Präludium, in dem Passagen sich neckisch nähern und fliehen; den Grabgesang in h-moll, wo nun wirklich in dem leise fortklingenden H der Oberstimme das Sterbeglöckchen läutet, das in A-dur, dessen naive Lust am Tanz nicht mißzuverstehen ist.

Da halten wir still. In fis-moll schreit und bebt ein in seinem seelischen Gleichgewicht Erschütterter. Dieses Präludium ist aus tiefster Seelenangst geboren. Es trägt uns mitten in die Phantastik von Majorka. George Sand war, so heißt es, mit ihrem Sohn Maurice ausgegangen, von einem Gewitter überrascht worden und erst am folgenden Tag zurückgekehrt. Sie trafen einen Halbirren an. Entgeistert, mit wirrem Haar starrte er sie an und ging ihnen mit den Worten entgegen: „Ich wußte wohl, daß ihr gestorben seid." Dann soll er dieses Präludium gespielt haben, das ein ununterbrochener Sturm des Rhythmus und der Modulation ist; und der traurige Gesang, der sich zwischen ihnen hinzieht, hat etwas Atemloses. Doch es war ein musikalisch unversehrter Geist, ein Meister gefühlter Farbe, der ihn schuf.

Von hier zum gläubigen Hinsinken (in E-dur) ist es nur ein Schritt. Aber ahnten wir je, daß das Gebet des Einsamen uns so tief ergreifen könne? Es tönt durch die weiten Hallen des Klosters Valdemosa; es sucht der Zerrissenheit Herr zu werden. Unter der Singstimme, die den Glauben kraftvoll betont, strömt des Herzens

Pein aus; und der Musikss geht staunend den verschlungenen harmonischen Pfaden nach, die in zwölf Takten Ausblicke in ein Wunderland eröffnen. So erstarrt ihm auch das Lächeln über die seltsame Deutung der angeblich Eingeweihten: hier soll Chopin, in der
Überzeugung, er könne nichts mehr erfinden, sich den Kopf mit
einem Hammer zerschlagen haben, um nachzusehen, woran es fehle.
Nein, es ist Verständnislosigkeit, die das Lyrische ins Dramatische
wenden will.

In cis-moll gibt's eine Begegnung zwischen Chopin und jenem
Schumann, dem er innerlich fremd war: „Vogel als Prophet" und
dieses Präludium mit seinen flatternden Sechzehnteln, die ganz gut,
wie man sie deutete, einem Nachtfalter gehören können, scheinen
aus der gleichen Romantik erwachsen. Wer aber tiefer dringt, dem
entweicht hier Chopin, wo Schumann, der Seher, den Blick noch
verträgt. Auch die Libelle, die im folgenden — in H-dur — einen
Bach umkreisen soll, mag man gelten lassen; es ist eine unbeschreibliche Anmut in diesem Stück mit den reizenden Krümmungen der
Bässe. So ließe sich wohl auch an ein Schäkern zwischen Liebenden denken.

Im folgenden (gis-moll) Präludium dagegen wollte man Schwer-
ter blitzen sehen; George Sand, die Ungetreue, wäre die Ursache
dieses phantastischen Duells gewesen. Als ob Chopin je einen Menschen zum Vertrauten seiner Eifersuchtsqualen gemacht hätte. Ein
rasender, echt polnischer Tanz ist's, der uns ein stürmendes Innere
verrät; und aus dem Grund von Schwermut, aus dem Moll steigen
immer neue Kühnheiten auf, wie sie nur der Mazurkenkomponist
ersinnen konnte. Dieser Sturm hat in einer prachtvollen Schlußwendung ausgetobt; und schon hören wir in Fis-dur den Sänger der
Nocturnes unter Tränen lächelnd eine seiner schönsten Weisen an-
stimmen. Die Gespenster bedrängen ihn; die Unisonostimmung im
letzten Satz der b-moll-Sonate taucht in es-moll, aber skizzenhaft
und weniger erschütternd auf.

Auch die Sammlung der Präludien enthält Stücke, die von ganzen
Generationen, nicht immer pietätvoll, betastet worden sind. So das
in Des-dur. Hier sollen Regentropfen das wiederholte As, das durch
enharmonische Verwechslung sich dann in Gis wandelt, geschaffen
haben. Gut; aber wenn je Natur durch ein Temperament gesehen

wurde, so geschah es hier. Lösen wir von dieser Phantasie die Schicht von Banalität; erfreuen wir uns an der Lieblichkeit des Gesanges, empfinden wir die düstere, gespenstische Stimmung des Mittelteils, in dem der Geist des Kartäuserklosters sich mit dem Klang jener Tropfen zu mischen scheint. Dann wird der Übergang zum b-moll-Präludium, in dem Passagen über hastenden, schwer akzentuierten Bässen heulen, nicht schwer sein. Es ist ein Wunder. Von Majorka fliegen wir nach Paris. Das As-dur-Präludium ist nur hübsch, nur anmutig; das einzige, in dem das kleine Format des Gedankens und die übermäßige Sorgfalt der Ausführung sich widersprechen. Mag sein, daß eine Liebesszene auf dem Notre-Dame-Platz geschildert ist, obwohl die Sprache der Liebe in Chopin anders klingt. Da er aber nicht sich selbst meinte, braucht die Kühlheit nicht zu befremden. Und der Ton der Glocken scheint in dem orgelpunktmäßigen tiefen As, das lange über den Harmonien schwebt, unverkennbar.

Ganz anders dramatisch aber, drängend, alle Grenzen überschreitend, ist der rezitativische Sturm des f-moll-Präludiums. Der Balladengeist erwacht. Will da jemand einen Unglücklichen sich von der Höhe eines Turms in die Tiefe stürzen sehen, so dürfen wir ihm zustimmen; aber auch das Ringen mit dem Schicksal, an dem die Kraft des Sterblichen zerschellt, kann keinen packenderen Nachklang finden. Von da zu dem Es-dur-Zauber des nächsten Stückes ist's unendlich weit. Der zweistimmige Satz erlebt einen neuen Triumph; und ein kaum für Augenblicke getrübtes Glücksgefühl sucht nach den höchsten Spannungen. Dem Himmelhochjauchzenden folgt die Todestraurigkeit: ein Trauermarsch c-moll von zwölf Takten, der aber volltönig, nuancenreich einherschreitet.

Ins Herz geschlossen habe ich das folgende Präludium in B-dur. Es hält sich in einem wundervollen clair-obscur. Die Bässe mit den auseinanderstrebenden Achteln; die nervöse Harmonisierung, die der Tonart etwas Schwebendes gibt; die Ges-dur-Episode, die sich auf das b-moll-Nocturne beruft; und das Schluß-Crescendo, das doch wieder dem schmeichelnden Celloton weicht; all dies erbittet Zärtlichkeit.

Der Schluß der Präludien rückt heran. Zweimal läutet es Sturm; in g-moll und d-moll. Und dazwischen schwebt jenes entzückende

F-dur-Intermezzo, das uns für den Schluß noch einen kleinen Scherz aufspart: einen Augenblick erheuchelt es einen Übergang nach B-dur, um der Erwartungsvollen durch vollendete Harmlosigkeit zu spotten. Aber von der Leidenschaft wird es überschrien. Grollend in ohnmächtiger Wut fährt der Meister in die Bässe: hier haben sie, die Stützen der Harmonien, das Sinnbild der Kraft, das Wort. Einmal sind es Oktaven, die über die Hälfte der Klaviatur sausen und in einem nach As-dur weisenden Des ihren Gipfel erklimmen. Das andere Mal umkrampft die linke Hand alles, was ihr in der Region des d-moll-Akkords erreichbar ist. Und die rechte schleudert Blitze. Koloraturen und chromatische Terzen streifen ihre spielerische Vergangenheit ab und bieten sich einem musikalisch bis an die Zähne Gewappneten als Rüstzeug dar. Die Welt scheint in ihren Fugen zu krachen. Denn dieses Präludium ward geboren aus der ersten Verzweiflung über den Fall Warschaus; da schäumte es noch in ihm auf. Da sah er die Russen über Lebende und Tote hinwegstampfen. Die Hand des Baumeisters ist aber noch nicht erlahmt. Der Schrei ist künstlerisch gebändigt. Unter Kanonendonner, mit dreimal pochendem Kontra-D versinkt die Welt.

Nach solchen Vorgängern vom Jahre 1839 kann ein 1841 nachgeborenes Prélude in cis-moll kaum beachtet werden. Es ist ohne Schlagkraft, halb Nocturne, halb Prélude, mit Nerven durchsetzt, aber vom starken Melodiker nicht zusammengehalten. Anders tobten die Stürme, leuchtete die Sonne, fiel der Regen, schreckten die Gespenster in Majorka als in Nohant.

*   *
*

Der sterbende Chopin erscheint uns. Und zugleich der unsterbliche. Jener wollte mit einer Methode der Methoden, die nur Skizze blieb, den Weg zur pianistischen Vollendung weisen; dieser hatte seinen ersten und letzten Willen in dem Schatz seiner Etuden niedergelegt.

In Chopins Werken ist überall und nirgends die Etude. Überall: denn es gab nur einen Chopin; den, der mit seinem Herzblut schrieb, der in jeder Note die Schwingungen seiner Seele verriet. Wo die Notenköpfe sich immer dichter folgten, die Passagen jubelten und klagten, die Bässe in weiten Bögen von ewiger Sehnsucht sprachen, da lächelte eine heimliche Etude. Nirgends: denn Ohr, Fingergefühl und Nerven dieses Unvergleichlichen konnten die landläufige Studie, die sich dem Teufel Technik verschrieb, nicht schaffen. Das zwingende Genie in ihm duldete nicht die Scheidung zwischen Nützlichem und Großem; es konnte nicht anders als bahnbrechend sein. „Ausdruck bis in die Fingerspitzen" war das Motto, das über seinem Schaffen schwebte. Dieser Ausdruck war s e i n Ausdruck. Und ein Künstler, der ihn vom Wohlklang tragen ließ, hatte sich als Etudenkomponist selbst die Bahn vorgeschrieben. Aber der begeisterte Nervenmensch, der im Reich des Rhythmus und der Harmonie ein beherrschender Neuerer war, fühlte hier ein Gesetz über sich. Er hütete sich vor der Einseitigkeit. Gewiß: als Maestro hatte er ein Zusammengehen des Geistes mit den Fingern gefordert. Aber derselbe Kunstverstand, der den Weg von der Skizze zum Werk so peinlich überwachte, leitete auch den Etudenkomponisten, der an die Lernenden der Gegenwart und der Zukunft dachte. Ja, hier war er siegreicher als dort. Hier gab ihm die technische Idee die Kraft, in kleinen Stimmungsbildern alles, was ihm dem höchsten Ausdruck zu dienen schien, nebeneinander zu setzen. Er will die Finger durch das Gewissen des Anschlags leiten lassen. Wer diese vierundzwanzig Etuden, denen sich noch drei für die Methode von Moscheles und Fétis geschriebene anreihen, in ihrer Gesamtheit überschaut, staunt und staunt. Da mußten die Clementi, Cramer u. a. sich selbstverständlich in eine dunkle Ecke flüchten. Waren sie aber darum ganz aus dem Feld geschlagen? Das Reich Chopins war groß; und die unbegrenzte Liebe zum Klavier hatte ihn hellsichtig gemacht. Ein Ahnungsvoller schuf das Mögliche zum Natürlichen um; lenkte von der geraden Straße in Seitenwege ab; schenkte den Fingern die völlige Bewegungsfreiheit, die der Ausdruck fordert. Durfte so der Nervenmensch der Zukunft das neue technische Fundament mit seinen schier unbegrenzten Möglichkeiten frohlockend betrachten, so blieb doch eine grandiose Einseitigkeit: diese Technik diente nur einer Kunst, die in der Linie der Chopinschen lag. Sie konnte den Adepten in einen Zauberwald locken, aus dem er nicht wieder herausfand. Der Dichtergeist, der diese Kunst gebar, hatte die transzendentale Mehrstimmigkeit in eine höchst sinnliche umprägen müssen; damit war der linken Hand, die dort unermüdlich und gleichberechtigt mitschaffte, nur die Rolle einer schönen, hingebenden Geliebten zugewiesen. Ihre Arbeitsleistung war begrenzt; meist hatte sie mit der Rechten mitzugehen, sich von ihr tragen zu lassen; sprach sie allein, dann mied sie fast stets jene Skalen, die das Pedal in wüstem Lärm unter sich begraben würde; die Obertasten in stetem Wechsel mit den Untertasten stützen die perlenden Läufe; Krümmungen und Spannungen, die zu belasten scheinen und doch entlasten, gebot der Dichter; und das Pedal, das den Klang bat zu verweilen, erwiderte seine Willigkeit mit Nachsicht für die Schwächen der Linken. Zweimal nur scheint diese hier tonangebend: in op. 10 Nr. 12, wo der Wutanfall des Patrioten wieder einmal alle Schranken niederreißen möchte, und in op. 25 Nr. 7, wo das Klavier den Spuren des Cellos folgt. So öffnen diese Etuden-Poesien die Pforten in ein Wunderland, aber sie sperren den Weg zur Heimat der Musik, wenn sie der Lernende nicht schon vorher aufgesucht hat. Chopin wußte das. Er selbst war ja von ihr ausgezogen und hatte den Inventionen, dem wohltemperierten Klavier die von allen bestätigte außerordentliche Ebenheit seines Passagenspiels zu danken. Er wußte es; und bei allem Bewußtsein von dem Schwergewicht des Eigenen ließ er seine Schüler von Cramer zu sich aufsteigen. Er achtete auch Moscheles. Diese beiden suchten ja auf dem Weg des Herkommens die Etude aus sandigem Grund zu lösen. Dem antipianistischen Titanen Beethoven vorzubauen, galt dem Selbstsicheren an sich wenig; aber Mozartscher Kantilene durch verfeinerten Anschlag die Bahn frei zu machen, dünkte ihn erstrebenswert.

Dies alles sich im Angesicht Chopinscher Etuden und mit ihrem zauberischen Klang im Ohr vorzuhalten, ist nicht leicht. Um so freudiger aber muß man bekennen, daß sie das Ideal der Klaviermusik überhaupt darstellen. Sie zeigen bisher die letzte Lösung des Problems, wie Poesie und Technik sich so umschlingen können, daß alles Gärende, alles Mißklingende von selbst entweicht; sie sind einzig. Bedenken wir aber, daß diese zur Hälfte 1833, zur andern 1837 erschienenen Gedichte ein Teil des Reichtums waren, den Chopin von Warschau nach Paris trug, dann fühlen wir erst recht, wie diese Erscheinung sich abseits von allem Gewöhnlichen, nur Talentvollen hält. Jugendliche Frische und höchste Originalität gepaart: es ist das Höchste, was die Kunst leisten kann.

Auch die Etuden teilen sich wie die mit ihnen in der Physiognomie und Schlagkraft innig verwandten Präludien einer gleichgestimmten Seele sofort mit; auch sie müssen als Ganzes empfunden werden, um nichts von ihren leuchtenden Farben einzubüßen.

C-dur-Jubel. Wieder läßt Chopin klassisch dem Vorzeichenlosen das erste Wort. Aber da schreitet er auch wieder mit Dezimen über jedes Vorbild hinaus. Die weit auseinanderliegenden Akkorde, die er als Kind schon suchte, sind hier zu Nutz und Frommen aller seiner Freunde in großen Lettern niedergeschrieben. Und wie mußte sein Geist die Finger beherrschen, wenn er diese Spannungen mit seiner kleinen Hand bewältigte! War er da nicht (nach Worten Stephen Hellers) die Schlange, die eine Beute ergriff? Auch die nächste Etude in a-moll mochte er für sich selbst erfunden haben. Dem störrischen vierten Finger war sie bestimmt, der in Gemeinschaft mit dem dritten und fünften der herrlichsten, berauschendsten Chromatik zu dienen hatte. Festgebannt als Stütze der Harmonie blieb der entthronte Daumen. So vereint leuchten sie in Wagners Reich hinein. Aber in der folgenden schon (in E-dur) muß der technische Zweck sich ganz und gar vor der Poesie flüchten. Hier ersann er ja nach eigenem Geständnis die schönste, herrlichste Melodie. Sie rief ihm die Vision der Heimat herbei. Alles, womit Chopin verführt, hier liegt es ja in zarter Umhüllung vor uns. Es ist, als ob dem Komponisten der Etudengeist bei der Niederschrift erstarrt wäre. Der Blick auf die Doppelgriffe der Sechzehntelnoten läßt einen Sturm ahnen; aber ein Lento ma non troppo hält die Finger zurück, und ein Duft strömt uns zu, daß wir uns nur hingeben können. Wir möchten sehen und entdecken den Zauber in den Mittelstimmen, die der wechselnden Oberstimme meist in gleichen Sechzehntelpaaren folgen und in der Umarmung die seltsamsten Zwielichtklänge schaffen. Es kommt Bewegung hinein; ist's die Etude oder die Leidenschaft, die diese überraschenden, vorahnenden verminderten Septakkorde zeugte? Aber wieder senkt sich, nur noch berauschender, das Halbdunkel nieder. Der Dominantklang ist der Zauberer. Er gibt Spannungen und läßt dann die Seele durch Schwebungen erzittern.

Nachdem ich hier, wo ich liebte, verweilt habe, mag ein Streif-
zug durch die folgenden Etuden genügen. Ihr Wesen haben sie
uns längst enthüllt. In cis-moll ist der Rhythmus straff, und die
Finger scheinen zu schwerer Arbeitsleistung angehalten. Doch der
erste Eindruck trügt, und der Geist braucht nicht zu darben. In
Ges-dur hat die Phantasie die seltsame Kaprize gehabt, die Obertasten nicht zu verlassen. War's wirklich nur eine Laune oder eine
Liebeserklärung an den von ihm bevorzugten Teil der Tastatur?
Sie wurde auch erwidert. Das silberne Lachen anmutiger Damen
braucht sich kein anderes Echo zu wünschen. Aber der Flug wird
durch die fehlende Septime gehemmt. Die Nerven schweigen. Die
freieren Bässe mühen sich vergeblich ab, in die Salonstimmung
Bresche zu legen. Chopin selbst dachte nicht hoch von dieser weiblichen Fingern willkommenen Etude; als Clara Schumann während
seiner Abwesenheit sie in Paris im Konzert als einziges Muster der
Gattung vorführte, war er von dieser Wahl nicht eben erbaut. Der
nächsten aber, in es-moll, mag er sein Herz geschenkt haben. Sie
ist aus dem Urgrund seiner Seele geschöpft, sie hat eine schwermütige Melodik, sie ist von einer gewundenen Figur geleitet, sie
lächelt im E-dur-Mittelteil unter Tränen. Wo der Wille zum Aufschwung gebrochen ist, das Schwelgen in der Wehmut die Erobe-
rungszüge auf der Klaviatur eindämmt, macht die Herzensnot erfinderisch im Modulieren; hier ist's gut sich zu versenken. Wir
sind nun wieder in C-dur. Aber wieviel hat hier der fröhliche Geist
des Dichters hineingeheimnißt? Während er im Fingerwechsel auf
derselben Taste dem Handgelenk schwere Prüfungen auferlegt, läßt
er mit Glöckchenklang einen Schlitten dahinjagen. Durch die Steppe
nach Sibirien, wie Hoesick meint? Nein, solche Tragik liegt nicht
dahinter. Fröhlichkeit wird Jubel in der folgenden F-dur-Etude,
die nicht vor Rätsel stellt. Die Schwermut der Nr. 9 in f-moll mit
starken Baßspannungen scheint mir nicht verzweigt genug. Aber die
in As-dur führt wieder ein Feuerwerk des Geistes herbei. Pikante
Gegensätze des Anschlags, des Rhythmus, das enharmonische Gleiten nach E-dur, das zärtliche Sichanschmiegen der beiden Partner
lenken liebenswürdig von den Klippen ab, an denen der Maestro
schalkhaft vorbeisegelt. Süße Arpeggien dringen ans Ohr; der
Zauber einer Serenata, dargebracht von dem feinsinnigsten aller

Musiker. Es ist die Es-dur-Etude Nr. 11. Beschlossen aber wird das op. 10 mit einer Huldigung an das Vaterland, die als Revolutionsetude mit ihren grollenden Bässen, ihren artikulierten Schreien einzig dasteht und die Brücke bildet zu dem Schöpfer der g-moll-Ballade, der b-moll-Sonate und der Scherzi.

Wie friedvoll leitet jene von Schumann so fein nachempfundene As-dur-Etude das op. 25 ein! Es ist eine Dreiklangseligkeit, die doch die gemeine Menge fernhält. Der Hirt, der die Schalmei blies, war ein Dichter. Marie Wodzinska ist die Muse, die der zweiten in f-moll ihre beschwingte Anmut auf dem Grund polnischer Schwermut lieh. Gewiß mehr Seele, als sie besaß. Robert Schumann hingegen wollte hier ein Kind leise, reizend, träumerisch im Schlafe singen hören. Wie muß unser Meister selbst im Spiel diese Perlen aneinandergereiht haben! Ein Notenbild wie das der folgenden in F-dur ward noch nie gesehen. Da lacht wieder der Schalk, der meist um zwei Achtel rhythmisch merkwürdig und harmonisch fesselnd herumkomponiert. Hastig atmet die in a-moll, die Legati und Stakkati sich feindlich und doch freundlich gegenübertreten läßt. Mit dem Ornament spielt ein wenig ironisch die in e-moll. Und die in gis-moll mit ihren Terzenketten ist ein Wunder, das immer nur von Meisterhänden und von einem Geist, der das Halbdunkel liebt, neu geschaffen werden kann. Die nocturnenhafte Melancholie im folgenden cis-moll-Stück singt sich in mitempfindende Seelen von selbst ein. Im Des-dur-Vivace jauchzen die Sexten; feiert der Klangsinn; und nicht zum wenigsten da, wo Quinten- und Oktavenparallelen vom Sforzando herabsteigen: eine Herausforderung von stärkster Überzeugungskraft an die Philister. Eine reizende, kaskadengleiche Jagd von einfachen, doppelten Noten und Oktaven ruft in Ges-dur Nr. 9 den Geist des Frohsinns herbei; aber vertraut dem leichten Handgelenk. Der Gespenster-Chopin fehlte bisher. Hier in den wild jagenden Oktaven der h-moll-Etude steht er vor uns; und wie immer sinkt er auch diesmal vor der Gottheit auf die Knie. War hier der Krampfanfall das Zeugende, so möchte in den beiden Schlußnummern die männliche Kraft Großes gebären. Und es gelingt ihr im Reich der Miniatur. In a-moll: ein Gebet zu Gott; erst leise einstimmig gesprochen, dann vierstimmig, choralartig wiederholt; über diesem Glaubensmotiv jagen in wilden Sprüngen die Passagen hin; ein Donner dröhnt über die Tasten; der Wind pfeift. In c-moll graben sich beide Hände ohne Unterlaß rasend, weitausgreifend, Säulen aufrichtend, den Weg. Wer in Chopins Seele zu lesen versteht, fühlt hier und dort den Aufruhr des polnischen Herzens. So endeten die Präludien; so auch jeder Teil der Etuden. Wie weit war doch der Weg von der gesunden Kraft des heiligen Sebastian zum nervösen Aufschwung, zur Farbenfreudigkeit des unheiligen Chopin!

Die drei nachhinkenden Etuden in f-moll, Des-dur und As-dur stören den Kreis, aber sie versöhnen bald, die letzte zumal durch Charme und Klang, die sie den andern als ebenbürtige Genossin anreihen.

Nach den Wundern der Präludien und Etuden, die zwei Welten umfassen und auseinanderreißen, fällt der Vorhang.

WIR UND CHOPIN

Und nun richtet, wer aus starkem Trieb einem Meister der Vergangenheit den neuen Epilog geschrieben hat, an sich die bange Frage: „Wie stehen die Lebenden zu ihm?" Denn in ihrer Hand ruht die Entscheidung. Sie dürfen, was als erstarrte Form ihr seelisches Sein nicht mehr berührt, ablehnen. Akte der Pietät verbietet der heilige Geist der Kunst, der die Entwicklung, die Entfaltung neuer Kräfte will. Vor den Richterstuhl der Zeit also tritt auch Chopin; nicht jener, der nur für das Klavier dichtete, sondern der Musiker: wieviel an ihm ist lebendig? Was sagt er den Menschen der Gegenwart, und was verheißt er der Zukunft?

Der bangen Frage wird die freudige Antwort: hier hat ein Eigener so tief geschürft, daß er Schrittmacher der Modernen wurde. Hier liegt eine Erbschaft vor uns, von der wir auch als Fürsprecher des Fortschritts noch lange zehren.

Es gibt eine Romantik des Gemütes, die vielen abzusterben beginnt. Robert Schumann, der tiefe deutsche Tondichter, scheint leider stückweise solchem Schicksal verfallen. Aber es gibt eine Romantik der Nerven, die uns gefangen hält. Sie ist es, die uns fest an Chopin, Berlioz, Liszt und Wagner kettet; die weltbürgerliche, die fremdem Boden entsproß, zu uns kam und weiter Zweige treibt. Diese Nervenromantik verehrt in Chopin ihren Vater. So sehr, daß all das Sehnen unserer Zeit, ihre Kraft und ihre Schwähe von ihm vorgeahnt ist.

Der Rausch der Enharmonik, den der Meister heraufführte, war ein holder, aber gefährlicher Rausch. Während er die Nerven betörte, narrte er das Ohr. Die Umschlingung zweier Tongeschlechter auf einer Stufe trug als Frucht gesteigerten Ausdruck, vertiefte Stimmung, glühenden Farbenreiz. Aber sie bedrohte die Feinhörigkeit nicht minder als die Chromatik, die das Tonbewußtsein erschütterte. Wie geschah es nun, daß jener Chopin selbst unter den Folgen seiner Eroberungen nicht litt? Aus dem Gesang sog er, auch hier voranleuchtend, die Thematik, an ihm erneuerte er die Kraft der Erfindung; an Mozart rankte er sich empor, solange er atmete. Aber es kam auch ihm ein Augenblick, da Chromatik und Enharmonik den Instinktmusiker übermannte. Er drohte künstlich, nur geistreich zu werden. Die Selbstkritik machte ihn trostlos. Er fühlte die Möglichkeiten seiner Kunst erschöpft. Auf dem Klavier, dem Reich seiner schönen Träume, war jeder Weg begangen; es war umgittert, es ließ ihn nicht entweichen.

Aber es gärte in ihm. Der Nervenmensch, der Dichter, konnte der dunklen Gefühle Gewalt nicht mehr meistern. Dann entsagte er dem Wohlklang, dann streifte er die Fesseln ab und bekannte die Unzulänglichkeit des Mittels, über das er allein gebot. Es ist irrig zu glauben, daß Chopin nie unklaviermäßig gewesen sei. Er war es dann, wenn der Sturm im Innern alles überschrie. Dann gab er, der Zauberer des Wohlklangs, selbst dem Orchester das Zeichen, daß es einzusetzen habe; dann barst ihm das Instrument unter den Händen. Denn seine Stärke war es, daß er dem Klavier nie die Sprache des Orchesters restlos abringen konnte. Es gab in ihm Hemmungen der Innerlichkeit, die ihm ungeheure Blöcke in den Weg stellten. Liszt, der Dramatiker, kannte sie nicht; er durfte lyrisch à la Chopin sein und doch ungestraft in Oktaven schwelgen. Aber er stürmte gegen die Intimität des Tasteninstruments.

Der moderne Musiker, der hier ein Stück eigener Tragik fühlt, ist dem Meister verschuldet für die Erkenntnis, daß die Verzweigtheit des Nervenlebens das Orchester fordert. Wagner war es gegönnt, die Lösung zu bringen, die Liszt nur äußerlich gelang.

So wäre denn Chopin von der Entwicklung wieder zurückgestoßen? Aber die Sehergabe des Nervenmenschen reichte noch weiter, über Wagner hinaus. Die Verästelung des Innern führte ihn zu Kühnheiten, die den kühnsten Träumen Moderner vorbauten. Dieser Musiker mit dem unerschütterlichen Tonalitätsbewußtsein läßt sich vom Ausdruck gelegentlich bis zur Verneinung der Tonalität treiben. Er wird so sehr Impressionist, daß ihm das Vorzeichen zuweilen nur noch Vorwand wird, ein Labyrinth zu durchschreiten, in dem ihn ein souveränes Ohr vor dem Abirren bewahrt; und der starke Rhythmiker sprang ihm hilfreich bei; auch er bereit, im Dienst des Ausdrucks Vielgestaltiges nebeneinander zu setzen. Die physiologische Schwäche des feinfühligen Menschen befähigte ihn, „den femininen Einschlag" des modernen Mannes und Musikers vorzuahnen.

Doch scheint es überflüssig, den Meister noch länger vor der

Zeit zu rechtfertigen. Nötig aber ist's zu fragen, wie wir so köstlichen Besitz zu hegen haben. Denn überall da, wo Chopin er selbst, wo er der Dichter des intimen Salons ist, hat er noch heute die werbende Kraft, die außer ihm nur Wagner besitzt. Wie er, wendet er sich an den Urgrund unseres Wesens, wie er, zwingt er mit seinem Ich zu bedingungsloser Hingabe des anderen Ichs; zu einem fanatischen Bekenntnis, das keine anderen Götter neben ihm duldet. Wer unsere geheimsten Wünsche, unsere Liebessehnsucht errät, macht uns ungerecht gegen andere, die, größer, umfassender, mehr Entsagung fordern.

Dem Weib schienen hier alle Kostbarkeiten zu Füßen gelegt zu sein. Es verstand sogleich den Sinn der Huldigung. Sie war nicht bedingungslos. So tat das Weib dem Musiker Chopin nur zu oft weh. Es verzerrte ins Sentimentale oder ins Haltlose, was dieser Feind des Melodramatischen als Dichter ausgesprochen hatte. In ihm steckt doch ein gut Teil Gesundheit; und nur wer das fühlt, wird sich vor dem Übermaß des Rubato hüten; wird den unvergleichlichen Rhythmiker ehren. Und wird auch unerschlafft den Weg zur anderen Musik zurückfinden, den ihm der Genius zu sperren schien.

Wie wir solchen Reichtum nützen sollen, sagt uns also der Musiker mit dem starken Willen zur Gestaltung. Er war Weltbürger. Hatte er sich nach eigenem Geständnis den Franzosen wie seinen Landsleuten angeschmiegt, so wollte er sich auch den Lorbeer von der Welt, nicht nur von den Polen reichen lassen. Das ist denen zu erwidern, die, wie Hoesick, ihn immer wieder als Nationalpolen für sich beanspruchen.

Wo ist die Tradition des Chopinspiels? Der Reiz dieser Individualität, die in Noten nicht zu bannen war, ist nicht mehr in die Welt zurückzuzaubern. Seine Schüler, selbst der feinsinnige Mikuli, boten kaum einen schwachen Widerschein von ihr. Aber überall klingt sein Werk wie am ersten Tage. Aus dem Klavier geboren, wird es klingen, solange dieses Instrument noch Sitz und Stimme unter den andern hat. Es erschließt sich denen, die der Poesie des Klanges nachgehen, wie denen, die dem Dichtergeist nahen möchten. Es sind die wenigsten. Denn das Klavier als kostbarster Hausrat ist verdrängt. Und der Konzertsaal lebt von der Masse;

12*

sie läßt sich leichter vom Klang als von der Dichtung erobern. Ein Wladimir von Pachmann gibt den seltenen, vollendeten Salon-Chopin, ein Emil Sauer betont ihn, oft allzu männlich, mit straffem Rhythmus. In beiden ist die überredende Koketterie, das ununterbrochene Hinblicken auf die Umgebung, die sie zur Causerie stimmt. Ihr Klang erbittet den Nachklang. Ein Moriz Rosenthal lebt in den Mazurkas, die er, sonst eine allzu bewußte und deutliche Kraftnatur, mit ihrem Duft den Tasten abschmeichelt. Ein Godowski empfindet in Chopin das Spielerische und das Netz der Mittelstimmen; er sucht es zu steigern und wurde in der Virtuosenlust ein wenig pietätlos, als er die Technik von der Poesie löste und des Meisters Etuden verdoppelte, ineinander verschränkte. Josef Pembaur, Konrad Ansorge endlich möchten den Pulsschlag des Herzens in Chopin hören. Und ihre Inbrunst wird belohnt. Doch Pembaur ist dem Meister näher, weil er auch das einzelne liebevoll pflegt.

Der Dichter aber, der einzige, nickt allen zu, die ihn ehren. Er kennt viele Wege, die zu ihm führen, und jubelt über den satteren Klang der neuen Klaviatur, die er vorfühlte. Er wohnt nun in reichen Palästen wie in den stillen Wohnungen; er entzückt Musiker, knüpft Freundschaften, verklärt die Liebe. Nicht überall lebt er in zartem Dämmerlicht; aber er hat gewonnen, was er ersehnte: den Weltruhm.

REGISTER ZU CHOPINS WERKEN

Mazurka

op. 30 Nr. 3 in Des 110. 111.

„ „ „ 4 „ cis 110. 111.

„ 33 „ 1 „ gis 110—112.

„ „ „ 2 „ D 110. 112.

„ „ „ 3 „ C 110. 112.

„ „ „ 4 „ h 110. 112.

„ 41 „ 1 „ cis 111. 112.

„ „ „ 2 „ e 111. 112.

„ „ „ 3 „ H 111. 112.

„ „ „ 4 „ As 112. 113.

„ 50 „ 1 „ G 112.

„ „ „ 2 „ As 112.

„ „ „ 3 „ cis 112. 113.

„ 56 „ 1 „ H 113. 114.

„ „ „ 2 „ C 113. 114.

„ „ „ 3 „ c 113.

„ 59 „ 1 „ a 113.

„ „ „ 2 „ As 113.

„ „ „ 3 „ fis 113.

„ 63 „ 1 „ H 114.

„ „ „ 2 „ f 114.

„ „ „ 3 „ cis 114.

„ 67 „ 1 „ G 114.

„ „ „ 2 „ g 114.

„ „ „ 3 „ C 114.

„ „ „ 4 „ a 114.

„ 68 „ 1 „ C 114.

„ „ „ 2 „ a 114.

„ „ „ 3 „ F 114.

„ „ „ 4 „ f 114.

in G (1825) 114.

„ B (1825) 114.

„ D (1829/30) 114.

„ C (1833) 114.

„ a (à Gaillard) 114.

„ a (Notre temps Nr. 2) 114.

Notturno

op. 9 Nr. 1 in b 129. 130. 169.

„ „ „ 2 „ Es 51. 129. 130.

„ „ „ 3 „ H 129. 130.

„ 15 „ 1 „ F 130.

„ „ „ 2 „ Fis 130.

„ „ „ 3 „ g 130.

„ 27 „ 1 „ cis 55. 56. 130. 131.

op. 27 Nr. 2 in Des 131. 134.

„ 32 „ 1 „ H 131.

„ „ „ 2 „ As 131.

„ 37 „ 1 „ g 132.

„ „ „ 2 „ G 132.

„ 48 „ 1 „ c 132.

„ „ „ 2 „ fis 132.

„ 55 „ 1 „ f 133.

„ „ „ 2 „ Es 133.

„ 62 „ 1 „ H 133.

„ „ „ 2 „ E 133.

„ 72 „ 1 „ e (1827) 133.

Phantasie

op. 13 in A 145.

„ 49 „ f 142.

Phantasie-Impromptu op. 66 in cis 140.

Polonäse

op. 22 in Es 121. 122.

„ 26 Nr. 1 in cis 122.

„ „ „ 2 „ es 122. 123.

„ 40 „ 1 „ A 123. 151.

„ „ „ 2 „ c 124.

„ 44 in fis 124. 125.

„ 53 „ As 125. 126.

„ 71 Nr. 1 in d 126.

„ „ „ 2 „ B 126.

„ „ „ 3 „ f 126.

Polonäse
  in gis (1822) 126.
  „ b (1826) 126.
Polonäse-Phantasie op.61 in As 126.
Präludium
  op. 28 Nr. 1 in C 165.
  „ „ „ 2 „ a 166.
  „ „ „ 3 „ G 166.
  „ „ „ 4 „ e 81. 166.
  „ „ „ 5 „ D 167.
  „ „ „ 6 „ h 81. 167.
  „ „ „ 7 „ A 167.
  „ „ „ 8 „ fis 167.
  „ „ „ 9 „ E 167. 168.
  „ „ „ 10 „ cis 168.
  „ „ „ 11 „ H 168.
  „ „ „ 12 „ gis 168.
  „ „ „ 13 „ Fis 168.
  „ „ „ 14 „ es 168.
  „ „ „ 15 „ Des 168. 169.
  „ „ „ 16 „ b 169.
  „ „ „ 17 „ As 169.
  „ „ „ 18 „ f 169.
  „ „ „ 19 „ Es 169.
  „ „ „ 20 „ c 169.
  „ „ „ 21 „ B 169.
  „ „ „ 22 „ g 169. 170.
  „ „ „ 23 „ F 170.
  „ „ „ 24 „ d 41. 170.
  „ „ „ 45 „ cis 170.
Rondo
  op. 1 in c 17. 18. 144.
  „ 5 „ F 144. 145.
  „ 16 „ Es 145.
  „ 73 „ C 145.
Scherzo
  op. 20 in h 161. 175.

Scherzo
  op. 31 in b 161. 175.
  „ 39 „ cis 162. 175.
  „ 54 „ E 162. 163. 175.
Sonate
  op. 4 in c 152.
  „ 35 „ b 81. 86. 144. 153 bis
    156. 160. 169. 175.
  op. 58 in h 144. 155—158.
  „ 65 „ g für Klavier und
    Violoncello 157. 158.
Tarantelle op. 43 in As 127.
Trauermarsch op. 72 in c 159.
Trio für Klavier, Violine, Violon-
  cello op. 8 in g 152. 157.
Variationen op. 12 in B 49. 146.
  „ über Là ci darem la mano
  op. 2 in B 25. 146. 147.
Variationen über ein deutsches
  Thema in E 159.
Walzer
  op. 18 in E 116.
  „ 34 Nr. 1 in A 116.
  „ „ „ 2 „ a 116.
  „ „ „ 3 „ F 116.
  „ 42 in As 116. 117.
  „ 64 Nr. 1 in Des 116.117.118.
  „ „ „ 2 „ cis 116. 118.
  „ „ „ 3 „ As 116.118.119.
    140.
  op. 69 Nr. 1 in f 55. 116. 119.
  „ „ „ 2 „ h 116. 119.
  „ 70 „ 1 „ Ges 116. 119.
  „ „ „ 2 „ f 116. 119.
  „ „ „ 3 „ Des 116. 119.
  in E (1829) 119.
  „ e 116. 119.

NAMENREGISTER

d'Agoult, Marie 60.
Ansorge, Konrad 180.
Artôt, Geiger 57. 71.
Auber 42.
Bach 14. 18. 48. 50. 71. 90. 92.
  93. 112. 155. 164. 165. 166. 168.
Baillot 43.
Balzac 67.
Beethoven 18. 24. 26. 31. 37. 43.
  50. 69. 82. 87. 89. 142. 147.
  155. 160. 172.
Bellini 52. 81. 99.
Bériot 43.
Berlin 19. 20. 21. 24. 26. 31. 44.
Berlioz 42. 50. 51. 65. 80. 87. 177.
Blahetka, Leopoldine 26.
Böhmen 14.
Bonn 69.
Brahms 90. 113.
Breslau 36.
Brodzinski, Kasimir 13.
Bülow, Hans v. 165.
Burmeister, Richard 145.
Byron 77.
Catalani 79.
Cherubini 44.
Chopin, Emilie (Schwester) 12. 19.
  41.
— Isabella (Schwester) 12.
— Justine (Mutter) 11. 12. 14. 41.
  54. 80. 84.
— Luise (Schwester) 11. 12. 13.
  44. 68. 69. 71. 80.
— Nikolaus (Vater) 11. 12. 13. 41.
  44. 45. 55. 65. 68. 80. 84. 90.
Cimarosa 21.
Clementi 171.

Clesinger 72. 80.
Cramer 48. 171. 172.
Custine, Marquis de 57.
Czartoryski 17. 44. 52. 70. 78. 79.
Czerny 26. 27.
Delacroix 8. 42. 67. 70. 79. 87. 100.
Döhler 66.
Dresden 36. 55.
Dudevant 59.
Edinburgh 77.
Ehlert, Louis 130.
Elsner, Joseph 18. 19. 23. 25. 34.
  35. 36. 40. 44. 109.
Ems 57.
England 8. 75.
Erkine Mrs. 77.
Fétis 49. 171.
Field 36. 48. 50. 129. 132.
Filtsch 71.
Fontana, Julian 65. 66. 71. 76. 89.
  96. 114. 158.
Franchomme, Auguste 45. 51. 71.
  72. 114. 157. 158.
Fuchs, Alois 145.
Gavard 79.
Genf 56.
Genua 66.
Gladkowska, Konstanze 28. 32. 33.
  34. 39. 41. 45. 147.
Glasgow 77.
Glinka 107.
Godowski, Leopold 180.
Goethe 82.
Grieg 107.
Grzymala, Graf Albert 62. 78.
Gumbert 158.

186